AF809251

DOCUMENTS DIPLOMATIQUES FRANÇAIS

1940

LES ARMISTICES DE JUIN 1940

MINISTÈRE DES AFFAIRES ÉTRANGÈRES

COMMISSION DE PUBLICATION
DES
DOCUMENTS DIPLOMATIQUES FRANÇAIS

DOCUMENTS DIPLOMATIQUES FRANÇAIS

1940

LES ARMISTICES DE JUIN 1940

P.I.E.-Peter Lang
Bruxelles · Bern · Berlin · Frankfurt/M · New York · Oxford · Wien
2003

Tous droits réservés pour tous pays. Toute reproduction, intégrale ou partielle, par quelque procédé que ce soit, des documents publiés dans le présent ouvrage est interdite, sauf avec l'autorisation du ministère des Affaires étrangères. Seules sont autorisées, d'une part, les reproductions strictement réservées à l'usage du copiste et non destinées à une utilisation collective et, d'autre part, les courtes citations justifiées par le caractère scientifique ou d'information de l'oeuvre dans laquelle elles sont incorporées (art. L. 122-4, L. 122-5 et L. 335-2 du Code de la propriété intellectuelle).

© Ministère des Affaires étrangères. Paris, 2003

Éditeur : P.I.E.-Peter Lang S.A.
PRESSES INTERUNIVERSITAIRES EUROPÉENNES
Bruxelles, 2003
1 avenue Maurice, 1050 Bruxelles, Belgique
info@peterlang.com ; www.peterlang.net

ISSN 1377-8773
ISBN 90-5201-181-8
D/2003/5678/28

MINISTÈRE DES AFFAIRES ÉTRANGÈRES

COMMISSION POUR LA PUBLICATION DES DOCUMENTS DIPLOMATIQUES FRANÇAIS

Président :

M. Robin, ambassadeur de France

Membres de droit :

M. Roé d'Albert, ministre plénipotentiaire, directeur des Archives du ministère des Affaires étrangères

M. Bariéty, professeur émérite de l'université de Paris-IV, conseiller historique du ministère des Affaires étrangères

Mlle Constant, conservateur général, adjoint au directeur des Archives du ministère des Affaires étrangères

Mme de Boisdeffre, directrice des Archives de France

M. Jeanneney, président de la Bibliothèque nationale de France

Général Le Bourdonnec, chef du Service historique de l'armée de l'Air

Colonel Senant, chef du Service historique de l'armée de Terre

Contre-amiral Bellot, chef du Service historique de la Marine

Mme Dreyfus, directeur de la Bibliothèque de documentation internationale contemporaine

Membres à titre personnel :

M. Ageron, professeur émérite de l'université de Paris-XII

M. d'Aumale, ambassadeur de France

M. Dejean de la Bâtie, ministre plénipotentiaire

M. Frank, professeur à l'université de Paris-I

Mme Fritsch-Bournazel, directeur de recherche à la Fondation nationale des sciences politiques

M. Guillen, professeur émérite de l'université de Grenoble-II

M. Husson, ministre plénipotentiaire, ancien directeur des Archives et de la Documentation du ministère des Affaires étrangères

M. Joyaux, professeur à l'Institut national des langues et civilisations orientales

M. KASPI, professeur à l'université de Paris-I
M. LAFRANCE, ambassadeur de France
M. MAILLARD, ambassadeur de France
M. MÉLANDRI, professeur à l'Institut d'études politiques de Paris
M. MICHEL, professeur émérite de l'université d'Aix-en-Provence
M. MILZA, professeur émérite de l'Institut d'études politiques de Paris
M. MONTANT, professeur à l'université d'Arras
M. DE MONTBRIAL, membre de l'Institut, directeur de l'IFRI
M. NOIVILLE, ministre plénipotentiaire
M. NOUAILHAT, professeur émérite de l'université de Nantes
M. PAGNIEZ, ministre plénipotentiaire
M. RAIMOND, ambassadeur de France, ancien ministre des Affaires étrangères
Mme DU RÉAU, professeur à l'université de Paris-III
M. RICHER, ministre plénipotentiaire, conseiller d'État
M. SOUTOU, professeur à l'université de Paris-IV
M. THOBIE, professeur émérite de l'université de Paris-VIII
M. TINÉ, ambassadeur de France
M. VAÏSSE, professeur à l'Institut d'études politiques de Paris
M. VERGÈS, professeur à l'université d'Aix-en-Provence
M. VERNET, journaliste
M. ZORGBIBE, professeur à l'université de Paris-I

Secrétaire :

Mme VEYSSIERE, conservateur aux Archives du ministère des Affaires étrangères

Ont collaboré à la préparation de ce volume
établi sous la direction de
M. André Kaspi :

Mme Anne Grynberg, professeur à l'Institut national des langues et civilisations orientales

Mme Claire Mouradian, directeur de Recherche au CNRS

Mme Catherine Nicault, professeur à l'université de Reims

AVERTISSEMENT

L'histoire des armistices de juin 1940 mérite un volume spécial qui entre, tout naturellement, dans la série des *Documents diplomatiques français*. Certes, les événements sont bien connus. Ils ont fait l'objet de nombreux mémoires, de colloques, d'études historiques. Le texte des conventions d'armistice a été analysé dans le détail depuis plus d'un demi-siècle. La délégation française auprès de la commission allemande a fait paraître, à partir de 1947, le recueil des discussions de Wiesbaden qui suivent la signature des armistices. Mais les notes, signées ou non signées, manuscrites ou dactylographiées, les dépêches et les télégrammes qui éclairent la démarche des négociateurs français avant le 25 juin 1940 n'ont jamais donné lieu à une publication systématique. On peut s'en étonner. On doit le regretter. L'arrêt des combats a créé un profond traumatisme, déclenché une guerre civile qui a opposé les partisans et les adversaires de l'armistice, provoqué l'interminable querelle qui a divisé les Français sur le bien-fondé ou sur l'inopportunité de la décision du gouvernement du maréchal Pétain. Bref, on ne saurait noyer dans un ensemble plus vaste des textes aussi fondamentaux. Il convient de leur faire une place singulière.

D'autant plus qu'ils revêtent un caractère exceptionnel. Il ne s'agit pas ici de rapporter des images, de supputer des intentions ou d'interpréter des propos. C'est un climat, et quel climat ! que dépeignent les documents qui suivent. Les événements se sont précipités. Le 28 mars, la France et la Grande-Bretagne prennent l'engagement de ne pas signer de paix séparée. De la mi-mai à la mi-juin, les armées françaises se battent avec courage, bien que leur résistance ait été trop souvent sous-estimée. Le 14 juin, les Allemands entrent dans Paris. Une partie de la population fuit sur les routes de l'exode. La débâcle désoriente les politiques. Faut-il capituler en métropole et transférer le gouvernement en Afrique du Nord ? Ou demander aux Allemands ce que seraient leurs conditions pour la signature d'un armistice ? Le 16 juin, Paul Reynaud démissionne de la présidence du Conseil. Pétain lui succède. Le nouveau gouvernement décide de s'enquérir des conditions d'armistice. L'Allemagne répond le 19 juin, tandis que les Italiens lancent une offensive dans les Alpes. Les plénipotentiaires français sont désignés. À leur tête, le général Charles Huntziger qu'accompagnent les généraux Parisot et Bergeret, le vice-amiral Le Luc et le diplomate Léon Noël. La délégation est conduite dans la forêt de Compiègne, à Rethondes, dans le wagon-salon où le maréchal Foch avait, vingt-deux ans auparavant, dicté ses conditions aux plénipotentiaires allemands. Le général Keitel manifeste, sur le texte qu'il présente, une inébranlable intransigeance. Les Français éprouvent les plus grandes difficultés à communiquer avec leur gouvernement, réfugié à Bordeaux. Ils sont soumis à un ultimatum. Tout au plus parviennent-ils à obtenir que les avions militaires ne soient pas livrés à l'Allemagne et que le ravitaillement de la zone Sud soit plus ou moins assuré. L'armistice est signé le 22 juin, à 18 heures 50 (heure d'été allemande).

Ce sont les mêmes plénipotentiaires français qui partent pour Rome le 23 juin. Là, l'accueil est plutôt convivial. Si les négociations sont plus faciles, le texte de la convention comporte de fortes ressemblances avec l'armistice allemand. La signature a lieu le 24 juin à 19 heures 12. Le double armistice entre en vigueur le 25 juin à 1 heure 15.

Voilà les événements tragiques que le présent volume décrit et explique. Il arrive que les notes soient griffonnées, prises ou retranscrites à la hâte, que la chronologie la plus fine pose des problèmes insolubles, que la provenance de tel ou tel document fasse l'objet d'interprétations contradictoires. Ces difficultés, nous les avons soulignées. Ce qui ressort, toutefois, de l'ensemble, c'est que deux stratégies restaient possibles. La première fut adoptée par le gouvernement de Pétain. Paul Baudouin, le ministre des Affaires étrangères, la justifie avec précision, le 27 juin, pour tous les postes diplomatiques. La seconde stratégie n'est pour le moment qu'esquissée. Les appels successifs du général de Gaulle l'illustrent. La guerre n'est pas perdue, puisque des forces nouvelles pourront entrer dans la bataille et en renverser l'issue. Les États-Unis assisteront-ils, sans réagir, à l'affaiblissement, peut-être à la défaite de la Grande-Bretagne ? S'ils s'inquiètent avec autant d'insistance sur le sort de la flotte française, n'est-ce pas qu'à leurs yeux, l'océan Atlantique constitue l'ultime rempart de leur sécurité ? Les Britanniques fondent leurs critiques de la diplomatie française sur l'accord du 28 mars. Eux aussi expriment la crainte que la flotte française passe sous le contrôle des Allemands. Ne vont-ils pas jusqu'à proposer, le 16 juin, une Union franco-britannique ? Du Levant et d'Afrique du Nord, des diplomates et des responsables militaires français font savoir que la résistance outre-mer est possible. Pourquoi, dans ces conditions, la France ne resterait-elle pas fidèle à ses alliances ?

La suite des événements a donné raison aux champions de la seconde stratégie. Mais, dans la confusion et l'incertitude qui règnent en juin 1940, on peut admettre qu'il fallait beaucoup d'imagination, au moins beaucoup de lucidité pour écarter la solution des armistices. C'est ce débat fondamental qu'éclairent les documents qui suivent.

André Kaspi

TABLE MÉTHODIQUE[1]

Date	Provenance et destination	Objet	Nature du document	Numéro du document
		A. ÉVOLUTION DES RELATIONS FRANCO-BRITANNIQUES		
1940 25 mars	Paris (dir. pol. adj.)	Élaboration d'une déclaration franco-anglaise par laquelle Paris et Londres s'engageraient à ne pas conclure de paix séparée.	N.	1
28	Londres	Engagement des gouvernements français et britannique de ne négocier ni conclure d'accord de paix séparé.	C.P.	2
13 juin	s. l.	Compte rendu des conversations franco-britanniques lors du Conseil suprême de Tours, le 13 juin 1940.	C.R.	6
14	Londres à Tours (Amb. d'Angleterre)	Message du gouvernement britannique au gouvernement français rappelant l'union indissoluble des peuples anglais et français et proclamant la résolution britannique de combattre l'ennemi jusqu'au bout.	T.	8
14	Londres à Tours	Selon W. Churchill, la réponse du président Roosevelt à l'appel de Paul Reynaud est assez encourageante pour galvaniser la résistance française.	M.	12
15	Bordeaux	Il est impossible d'espérer conclure avec Hitler un accord qu'il respecterait et qui n'impliquerait pas de trahir l'allié britannique.	N.I.	17
15	Bordeaux	Si l'Allemagne est indéniablement victorieuse sur terre, les Alliés conservent des atouts qui permettent d'espérer la victoire à terme : les flottes, les empires coloniaux et la perspective d'une supériorité aérienne écrasante.	N.I.	18
16	Londres à Bordeaux	Proposition anglaise d'Union franco-britannique.	N.	19

[1] Les lettres A., C.P., C.R., C.T., L., M., N., N.A., N.I., P.V., T., désignent respectivement un appel, un communiqué de presse, un compte rendu, une communication téléphonique, une lettre, un message, une note, une note d'audience, une note interne, un procès-verbal, un télégramme.

Date	Provenance et destination	Objet	Nature du document	Numéro du document
1940				
17 juin	Bordeaux	Les télégrammes de lord Halifax en date du 16 juin et relatifs aux conditions d'armistice demandées par la France à l'Allemagne, remis à Paul Reynaud avant le conseil des ministres du 16, n'ont pas été portés à la connaissance du Conseil. Le gouvernement britannique les présente une deuxième fois pour que le nouveau gouvernement français en prenne connaissance.	N.	31
17	Bordeaux (Secr. général)	Démarche des ministres des Dominions auprès du secrétaire général du Département lui proposant de s'entremettre pour faire comprendre à Londres les motifs de l'attitude française.	N.	32
18	Londres à Paris	La détermination britannique à poursuivre la lutte et à restaurer, un jour, la France dans ses frontières, ses possessions coloniales et sa grandeur, demeure totale. La France peut encore aider l'Angleterre en faisant en sorte que sa flotte et son aviation viennent grossir les forces de son ancien allié.	T.	35
18	Londres à Bordeaux	Même si l'annonce de la demande française d'armistice a été accueillie avec stupeur et déception en Grande-Bretagne, la presse et la classe politique font preuve de réserve dans leurs critiques de la France. Une seule crainte : le sort de la flotte française.	T.	37
18	Bordeaux (Aff. étrangères à Prés. du Conseil)	À la demande de Paul Reynaud, Paul Baudouin a demandé à l'ambassadeur d'Angleterre, R. H. Campbell, d'éclairer la portée des deux télégrammes de lord Halifax, en date du 16 juin par rapport à l'offre d'Union franco-britannique faite par W. Churchill.	N.	41
21	Bordeaux (Aff. étrangères à Ambassade d'Angleterre)	La France a toujours eu l'intention de consulter l'Angleterre sur les conditions d'armistice qui lui seront communiquées par le Reich.	L.	55
22	Londres à Bordeaux	Pour Londres, la clause de la convention d'armistice franco-allemande relative à la flotte française équivaut à une cession déguisée de celle-ci à l'ennemi.	T.	71
22	Bordeaux (Secr. général)	Instruits de la conclusion de l'armistice, les représentants de l'Angleterre et du Commonwealth annoncent leur intention de quitter le territoire français.	N.	74

Date	Provenance et destination	Objet	Nature du document	Numéro du document
1940 23 juin	Bordeaux (Aff. étrangères à Prés. du Conseil)	Note de Paul Baudouin relatant les visites que lui ont rendues les représentants de l'Angleterre, du Canada et de l'Afrique du Sud avant de quitter le sol français.	N.A.	76
23	Bordeaux à Londres	Protestations du gouvernement de Bordeaux contre la récente déclaration du gouvernement britannique accusant la France d'avoir violé ses engagements en signant l'armistice.	T.	77
23	Londres à Bordeaux	Démission de l'ambassadeur de France à Londres, Charles Corbin.	T.	78
23	Bordeaux à Londres	Message personnel de Paul Reynaud au Premier ministre britannique, cherchant à le tranquilliser sur le sort de la flotte française.	T.	79
23	Bordeaux à Londres	Les démarches accomplies par les agents britanniques auprès des autorités françaises d'Afrique du Nord pour les amener à se désolidariser du gouvernement de Bordeaux sont jugées « intolérables » par P. Baudouin.	T.	80
23	Bordeaux à Tunis, Rabat, Beyrouth	Devant les pressions exercées localement par les représentants britanniques, Paul Baudouin invite les autorités coloniales et mandataires françaises à rester loyales au gouvernement de Bordeaux.	T.	81
24	Bordeaux à Londres	La France exige le rappel des consuls généraux d'Angleterre en poste en Afrique du Nord.	T.	87
24	Bordeaux à Londres	Message personnel d'Albert Lebrun au roi d'Angleterre, l'assurant que la flotte française ne pourra être employée contre la Grande-Bretagne et souhaitant que perdure l'amitié entre les deux pays.	T.	92

B. L'ATTITUDE DES ÉTATS-UNIS

1940 10 juin	Paris à Washington	À l'heure où après l'Allemagne, l'Italie vient d'attaquer la France, Paul Reynaud conjure le président Roosevelt d'accorder publiquement tout le soutien moral et matériel des États-Unis aux Alliés.	M.	4

Date	Provenance et destination	Objet	Nature du document	Numéro du document
1940				
13 juin	Tours à Washington	Appel de Paul Reynaud au président Roosevelt.	M.	7
14	Tours à Washington	Appel solennel de Paul Reynaud au président Roosevelt : sauf entrée en guerre des États-Unis à très brève échéance, la France et le monde sont perdus.	M.	9
14	Washington à Tours	Compte rendu par R. de Saint-Quentin, d'une conversation avec Sumner Welles. Le gouvernement de Washington est résolu à soutenir la cause des Alliés autant qu'il lui est possible de le faire sans entrer en guerre, car ni le Congrès ni l'opinion publique américaine ne le suivraient jusque-là.	T.	10
14	Washington à Tours	Réception du message de Paul Reynaud par le président Roosevelt.	T.	11
15	Londres à Bordeaux	Selon lord Halifax, la réponse du président Roosevelt à Paul Reynaud « autorise de grands espoirs ».	T.	13
15	Washington à Bordeaux	Compte rendu d'un entretien entre le président Roosevelt et les ambassadeurs de France et d'Angleterre. Décidé à donner aux Alliés tout l'appui nécessaire sans pouvoir aller jusqu'à la guerre avec l'Allemagne, le président des États-Unis insiste pour que le gouvernement français se transporte, au besoin, en Afrique du Nord et préserve sa flotte.	T.	14
16	Washington à Bordeaux	Réaction du président Roosevelt à la demande d'armistice par la France : celle-ci doit absolument continuer la lutte depuis son empire et, si possible, mettre sa flotte à la disposition de Londres.	T.	20
16	Washington à Bordeaux	Le président Roosevelt s'est déclaré prêt à soutenir la résistance française, et à défaut, celle de l'Empire britannique, en soulignant avec insistance l'importance de l'enjeu que représente la flotte française.	T.	21
16	Washington à Bordeaux	L'ambassadeur R. de Saint-Quentin souligne le « tort irréparable » que causerait la livraison de la flotte à l'Allemagne auprès du gouvernement et de l'opinion américaine.	T.	22
16	Washington à Bordeaux	Réponse émue mais évasive du président Roosevelt au message de Paul Reynaud.	T.	23

Date	Provenance et destination	Objet	Nature du document	Numéro du document
1940				
17 juin	Bordeaux à Washington	Message d'adieu et de remerciement de Paul Reynaud au président Roosevelt.	T.	28
18	Bordeaux (Aff. étrangères à Prés. du Conseil)	Réaction au dernier message du président Roosevelt : la décision irrévocable de ne pas livrer la flotte française à l'Allemagne ayant été confirmée, il n'était pas besoin de menacer la France d'une rupture de l'amitié franco-américaine.	N.A.	39
21	Bordeaux (Secr. général)	M. Charles-Roux, secrétaire général du Département, se plaint à M. Biddle, représentant des États-Unis en France, des termes du dernier message du président Roosevelt au maréchal Pétain.	N.A.	57
22	Washington à Bordeaux	L'ambassadeur de France aux États-Unis, M. de Saint-Quentin, vient d'apprendre par Sumner Welles les conditions allemandes d'armistice. Les États-Unis s'apprêtent à aider plus vigoureusement la cause alliée.	T.	72
22	Washington à Bordeaux	Les États-Unis s'inquiètent du sort des possessions françaises sur le continent américain et dans le Pacifique, menacées, pensent-ils, par le Japon.	T.	73
24	Bordeaux à Washington	Il est absolument indispensable que le président Roosevelt comprenne ce qui explique, et justifie, la signature par la France des armistices avec l'Allemagne et l'Italie ; et qu'il use de toute son influence pour convaincre le gouvernement britannique.	T.	95
25	Washington à Bordeaux	Inquiétudes officielles aux États-Unis sur le sort fait à la flotte française par l'armistice franco-allemand et émotion de l'opinion devant l'article faisant obligation à la France de livrer les sujets allemands réclamés par le Reich.	T.	97

C. VERS LA CESSATION DES COMBATS

1940				
29 mai	Paris (Guerre, État-major à Prés. du Conseil)	Note du général Weygand à Paul Reynaud envisageant une cessation des combats pour le cas où l'ultime espoir d'arrêter l'avance allemande s'évanouirait.	N.	3

Date	Provenance et destination	Objet	Nature du document	Numéro du document
1940				
10 juin	Paris (Guerre, État-major à Prés. du Conseil)	Nouvelle note du général Weygand à Paul Reynaud : la lutte peut cesser à tout moment.	N.	5
15	Bordeaux à Londres	La réponse du président Roosevelt étant finalement négative et nombre des membres du gouvernement français refusant de quitter le sol national, Paul Reynaud demande à Londres l'autorisation de poser à l'Allemagne et à l'Italie la question des conditions d'un armistice.	T.	15
15	Rio de Janeiro à Bordeaux	Émoi des Brésiliens et des Français du Brésil à la nouvelle de la conclusion imminente d'une paix séparée entre la France et le Reich.	T.	16
17	Bordeaux	Notes de Roger Gasser, officier d'ordonnance du général Weygand, portant sur les journées du 12 au 16 juin.	Éphéméride	25
17	Bordeaux à tous les postes	Annonce aux agents en poste à l'étranger de la demande de cessation des hostilités par le gouvernement du maréchal Pétain à l'Allemagne et à l'Italie.	T.	29
17	Belgrade à Bordeaux	Incapable de supporter l'idée que la France cesse le combat sans l'aval de son allié britannique, le ministre de France à Belgrade annonce sa démission au cas où le gouvernement du maréchal Pétain signerait « la capitulation de la France ».	T.	30
17	Bordeaux (Secr. général)	Réflexions du secrétaire général du ministère, F. Charles-Roux, sur les éventuelles conditions d'armistice touchant à la flotte, et, d'une façon générale, sur l'attitude à tenir au cas où les conditions d'armistice seraient inacceptables.	N.	33
20	Ankara à Bordeaux	Transmission à Beyrouth, via Ankara, des assurances du gouvernement de Bordeaux concernant les points intéressant la Syrie sur lesquels il n'est pas question de transiger dans les négociations prochaines avec le Reich.	T.	50
20	Bordeaux	La demande d'armistice est annoncée dans une déclaration radiodiffusée par le maréchal Pétain au peuple français. Décision justifiée par la défaite militaire, fruit de « l'esprit de jouissance » des Français.	A.	51

Date	Provenance et destination	Objet	Nature du document	Numéro du document
1940				
20 juin	Bordeaux à Délégation française	Liste des cinq concessions qui ne sauraient être faites aux États vainqueurs de la France sans porter atteinte à son honneur.	N.	53
27	Bordeaux à Belgrade, Bucarest, Athènes, Le Caire, Sofia, Budapest, Moscou, Lisbonne, Madrid, Dublin	Justification de la décision prise par le gouvernement de Bordeaux de conclure les armistices avec l'Allemagne et l'Italie.	T.	100

D. L'ARMISTICE FRANCO-ALLEMAND

Date	Provenance et destination	Objet	Nature du document	Numéro du document
1940				
s. d. [16 juin]	Bordeaux	Dispositions pratiques à prendre concernant les aviateurs allemands prisonniers ainsi que les archives.	N.	24
17	Bordeaux (Aff. étrangères) à Amb. d'Espagne	Le gouvernement du maréchal Pétain demande au gouvernement espagnol de s'enquérir auprès des autorités du Reich des conditions d'armistice.	N.	26
18	Bordeaux (Amb. d'Espagne à Aff. étrangères)	Accusé de réception par l'Allemagne de la demande des conditions de cessation des hostilités présentée par la France via Madrid. Avant d'y répondre, le *Führer* consulte le *Duce*.	C.T.	34
19	Bordeaux	Annonce par l'ambassadeur d'Espagne, De Lequerica, que le Reich est prêt à faire connaître aux autorités françaises les conditions de la cessation des hostilités.	N.	45
19	Bordeaux à Berlin, via le gouvernement espagnol	Composition de la délégation française chargée de négocier les conditions de l'armistice avec le Reich.	N.	46
19	Bordeaux (Ravitaillement à Aff. étrangères)	En prévision des prochaines négociations d'armistice franco-allemandes, observations du ministère du Ravitaillement sur les questions d'approvisionnement et de répartition des vivres et des denrées.	L.	49

Date	Provenance et destination	Objet	Nature du document	Numéro du document
1940				
20 juin	Bordeaux	Notes de Charles Rochat sur les recommandations faites à la délégation française avant son départ de Bordeaux à l'issue du conseil des ministres du 20 juin.	N.I.	54
21	Bordeaux à Berlin	Message du maréchal Pétain au chancelier Hitler le priant de faire stopper l'avance de ses armées pendant les négociations d'armistice.	M.	56
21	Rethondes à Bordeaux	Propos échangés à Rethondes entre les délégations allemande et française lors de leur première rencontre dans l'après-midi du 21 juin 1940. Remise du texte de la convention d'armistice aux Français.	P.V.	58
20	Berlin à Rethondes (délégation française)	Déclaration du chancelier Hitler lue à l'ouverture des négociations de Rethondes par le général Keitel.	M.	59
21	Berlin à Rethondes (délégation française)	Traduction française du texte de la convention d'armistice remis par les Allemands à la délégation française à Rethondes, le 21 juin 1940.	Projet de convention d'armistice	60
21	Bordeaux	Dans l'attente que soient communiquées à Bordeaux les conditions d'armistice, spéculations sur l'attitude qui devrait être celle du gouvernement français au cas où ces conditions seraient contraires à l'honneur.	N.	61
21	Rethondes à Bordeaux	Deuxième rencontre entre les délégations allemande et française en fin d'après-midi, le 21 juin, à Rethondes. Ayant obtenu certaines précisions sur la convention, les Français se voient autorisés à communiquer par téléphone avec les autorités françaises à Bordeaux.	C.R.	62
21	Rethondes à Bordeaux	Notes de Léon Noël sur l'échange téléphonique du 21 juin, en soirée, entre le général Huntziger, chef de la délégation française à Rethondes, et le général Weygand à Bordeaux.	Verbatim	63
21	Bordeaux	Commentaires français, article par article, du projet allemand de convention d'armistice, préparés sans doute pour le conseil des ministres qui s'est tenu le 22 juin, à 1 h. du matin, à Bordeaux.	N.I.	64

Date	Provenance et destination	Objet	Nature du document	Numéro du document
1940				
22 juin	Bordeaux	Examen du projet de convention d'armistice par le conseil des ministres à Bordeaux du 22 juin à 8 h. 30 du matin. Demandes de modifications pour plusieurs articles du texte, et appel réitéré pour que cessent les hostilités durant les négociations.	N.	65
22	Rethondes à Bordeaux	Nouvelle réunion plénière des délégations allemande et française à Rethondes, le 22 juin à 10 h. : présentation par le général Huntziger des demandes formulées par le conseil des ministres tenu le jour même, à 8 h. 30, à Bordeaux, qui viennent de lui être communiquées par téléphone.	P.V.	66
22	Rethondes à Bordeaux	Ensemble de notes–réponses allemandes aux demandes françaises, commentaires sur les réponses allemandes–, rédigées, semble-t-il, en vue du conseil des ministres tenu à Bordeaux à 14 h., le 22 juin.	N.	67
22	Rethondes à Bordeaux	Récit des dernières heures de la négociation de Rethondes, le 22 juin, et signature de la convention d'armistice franco-allemande.	C.R.	68
22	Rethondes	Texte de la convention d'armistice franco-allemande.	Convention d'armistice	69

E. L'ARMISTICE FRANCO-ITALIEN

Date	Provenance et destination	Objet	Nature du document	Numéro du document
1940				
17 juin	Bordeaux à Rome Saint-Siège	Le gouvernement du maréchal Pétain prie le Saint-Siège de communiquer au gouvernement italien la note remise à l'ambassadeur d'Espagne en France à l'intention du gouvernement allemand, et de lui faire part de son désir de traiter également avec Rome.	N.	27
18	Bordeaux (Secr. général)	Le nonce apostolique n'a reçu aucune réponse au télégramme adressé la veille, à la demande française, au Saint-Siège.	N.A.	40
19	Bordeaux (Aff. étrangères à Amb. d'Espagne)	Madrid est chargé par le gouvernement français de faire connaître à Rome son désir de voir cesser les hostilités franco-italiennes.	N.	47

Date	Provenance et destination	Objet	Nature du document	Numéro du document
1940				
20	Bordeaux à Berlin et Rome	Composition de la délégation française chargée de recevoir les conditions d'armistice dictées par l'Allemagne et l'Italie.	N.	52
22	Berlin à Bordeaux	Par ordre du chancelier Hitler, Bordeaux sera exclu de la zone de guerre pendant les négociations d'armistice franco-italiennes.	T.	70
s. d. [24 juin]	Rome	Relation du voyage de la délégation française chargée de recevoir les conditions d'armistice de l'Italie, et de la remise de ces conditions à Rome le 24 juin.	C.R.	82
s. d. [24 juin]	Rome à Bordeaux	Traduction française du texte de la convention d'armistice remis par la délégation italienne à la délégation française, villa Incisa à Rome.	Projet de convention d'armistice	83
s. d. [24 juin]	Bordeaux	Échanges téléphoniques des 23 (21 h. 30) et 24 juin (11 h. 30) entre la délégation française à Rome et le gouvernement de Bordeaux.	Verbatim	84
24	Bordeaux (Aff. étrangères à Prés. du Conseil)	L'Angleterre étant susceptible de susciter de l'agitation en Afrique du Nord et en Syrie, Paul Baudouin, ministre français des Affaires étrangères, compte sur l'Espagne pour faire sentir à l'Italie l'imprudence qu'il y aurait à maintenir ses exigences concernant la démobilisation et le désarmement de ces territoires dans la future convention d'armistice franco-italienne.	N.A.	85
24	Rome à Bordeaux	Première réunion plénière, villa Incisa à Rome, entre les délégations française et italienne, le 24 juin : discussion, article par article, du projet de la convention d'armistice franco-italienne.	P.V.	88
24	Rome à Bordeaux	Échanges téléphoniques entre le général Huntziger, chef de la délégation française à Rome, et le général Weygand à Bordeaux, dans l'intervalle des deux séances plénières tenues par les délégations française et italienne, villa Incisa à Rome le 24 juin.	C.R.	89
24	Rome à Bordeaux	Deuxième séance plénière entre les délégations française et italienne le 24 juin à Rome : la convention d'armistice est prête à être signée.	P.V.	90

Date	Provenance et destination	Objet	Nature du document	Numéro du document
1940				
24 juin	Rome	Texte de la convention d'armistice franco-italienne.	Convention d'armistice	91
24	Bordeaux à Rabat, Tunis, Beyrouth, Alger	Annonce aux autorités françaises d'Afrique du Nord et du Levant de la signature imminente de l'armistice avec l'Italie aux conditions qui leur ont déjà été indiquées ce même jour.	T.	93
25	Bordeaux (Aff. étrangères à Prés. du Conseil)	Madrid a rempli sa mission de bons offices auprès de l'Italie. Son ambassadeur, M. de Lequerica, en a profité pour évoquer la question du Maroc.	N.A.	96

F. CONTINUER LA LUTTE ?

Date	Provenance et destination	Objet	Nature du document	Numéro du document
1940				
18 juin	Alger à Bordeaux	Par la voix du général Noguès, toute l'Afrique du Nord française adjure le gouvernement de venir poursuivre ou de laisser se poursuivre, le cas échéant, la lutte en Afrique du Nord.	T.	36
18	Ankara à Bordeaux	Réactions et interrogations turques devant les événements de France.	T.	38
18	Londres (général de Gaulle)	Appel du général de Gaulle prononcé à la *BBC* à la nouvelle de la demande d'armistice par le gouvernement de Bordeaux.	A.	42
19	Belgrade à Bordeaux	Offre de services du ministre de France à Belgrade pour organiser un centre de résistance en Syrie.	T.	43
19	Tunis à Bordeaux	Visite du consul général d'Angleterre à Tunis au Résident général Peyrouton pour l'encourager à poursuivre la lutte contre l'Allemagne.	T.	44
19	Londres	Nouvel appel du général de Gaulle appelant tous les soldats de France, et particulièrement ceux d'Afrique du Nord, à continuer la résistance.	A.	48
22	Londres (général de Gaulle)	Commentaire de la convention d'armistice franco-allemande sur les ondes de la *BBC* par le général de Gaulle.	C.R.	75
24	Bordeaux à Tunis, Alger, Rabat	Message de Paul Baudouin aux autorités françaises d'Afrique du Nord, leur donnant certaines assurances et les invitant à suivre loyalement les consignes du Gouvernement.	T.	86

Date	Provenance et destination	Objet	Nature du document	Numéro du document
1940				
24 juin	Londres (général de Gaulle)	Le général de Gaulle exprime la honte qu'il ressent devant l'acceptation par le gouvernement de Bordeaux des armistices franco-allemand et franco-italien.	C.R.	94
25	Bordeaux	Les autorités militaires et civiles des États du Levant se déclarant prêtes à poursuivre la lutte derrière le général Noguès, le général Weygand a mis un terme à ces initiatives.	N.	98
25	Bordeaux à Beyrouth	Rappel à l'ordre adressé par Paul Baudouin, ministre des Affaires étrangères, à Gabriel Puaux, Haut-Commissaire des États du Levant.	T.	99

DOCUMENTS DIPLOMATIQUES FRANÇAIS

ARMISTICES DE JUIN 1940

1

NOTE DU DIRECTEUR POLITIQUE ADJOINT

Projet de déclaration franco-britannique portant engagement de ne pas conclure de paix séparée

N. *Paris, 25 mars 1940.*

Le 19 décembre 1939, le Conseil suprême a estimé qu'il convenait de saisir une occasion favorable pour étudier les termes d'une déclaration commune par laquelle la France et l'Angleterre s'engageraient à ne pas conclure de paix séparée[1].

La conclusion d'un tel accord se recommande du point de vue diplomatique par les motifs suivants :

1) Cette réaffirmation solennelle de la volonté commune des deux pays témoignerait, au regard de l'Allemagne et des pays neutres, de leur unité de résolution et d'action. Elle contribuerait à décourager les tentatives de paix séparée et ne serait pas sans influence sur l'opinion publique allemande.

2) Les accords Paul Reynaud-sir John Simon ont engagé les deux gouvernements dans une politique monétaire commune jusqu'à la fin d'une

[1] Pour contrecarrer la propagande allemande qui cherche à diviser les Alliés, certains hommes politiques français et britanniques pensent qu'il pourrait être bienvenu que les deux gouvernements signent un engagement formel de ne pas conclure de paix séparée. Cette question figure donc à l'ordre du jour de la réunion du Conseil suprême interallié qui se tient à Paris le 19 décembre 1939. Quelques jours plus tôt, au cours du Conseil de guerre du 7 décembre, lord Halifax a proposé de rédiger une déclaration franco-britannique dans ce sens et, avec le soutien de N. Chamberlain, a écrit à ce propos le 11 décembre à Daladier. Celui-ci est réticent, surtout parce que cette question soulève le problème des buts de guerre des deux Alliés. Il souhaite que la signature éventuelle d'un tel engagement s'accompagne de garanties matérielles sur la sécurité française, sur lesquelles les Britanniques ne paraissent pas prêts à s'engager. Malgré les pressions de Londres, la question reste donc en suspens. Cf. François Bédarida, *La Stratégie secrète de la drôle de guerre*, Paris, Presses de la FNSP-Éditions du CNRS, 1979, pp. 196-198.

période de six mois après le dernier jour des hostilités[1]. Ils font ainsi implicitement état de la décision de la France et de l'Angleterre de cesser en même temps les hostilités. L'accord envisagé ne ferait qu'expliciter cette résolution sur le plan politique.

3) Dans des circonstances analogues, la France, l'Angleterre et la Russie avaient signé à Londres, le 4 septembre 1914, une déclaration tendant à ne pas faire de paix séparée (texte ci-joint, annexe n° 1)[2].

4) L'article 4 du traité franco-polonais du 4 septembre 1939 stipule que les parties contractantes « ne concluront d'armistice ou de traité de paix que d'un commun accord »[3]. Nous ne pouvons nous montrer plus réticents à l'égard des Anglais qu'à l'égard des Polonais. Une clause identique figure du reste à l'article 7 de l'accord anglo-polonais du 25 août 1939[4]. La France et l'Angleterre se trouvent donc déjà indirectement, mais formellement, liées entre elles par cet engagement, qui les oblige à ne conclure de paix que d'accord avec leur allié commun[5]. Il n'y aurait que des avantages à exprimer dans un document proprement franco-anglais cette obligation déjà existante.

D'ores et déjà le gouvernement britannique a suggéré au gouvernement français le texte ci-joint :

« Les soussignés, dûment autorisés par leurs gouvernements respectifs, font la déclaration suivante :

"Le gouvernement de la République française et le gouvernement du Royaume-Uni de Grande-Bretagne et d'Irlande du Nord s'engagent mutuellement à ne négocier ni conclure d'armistice[6] ou de traité de paix durant la présente guerre, si ce n'est de leur commun accord". »

[1] C'est le 12 décembre 1939 qu'ont été annoncés les accords économiques et financiers Reynaud-Simon. Voir le « Communiqué officiel franco-anglais consacrant la solidarité du franc et de la livre », in Papiers 1940, Bureau d'études Chauvel, 102, document non reproduit. Sur le contenu détaillé de ces accords, cf. *Keesing's Contemporary Archives*, vol. 3, 1937-1940, Londres, Keesing's Limited, p. 3841.

[2] Le conseiller juridique du Foreign Office fit remarquer qu'il ne s'agissait pas là d'un précédent particulièrement encourageant, cf. F. Bédarida, *La Stratégie secrète ...*, *op. cit.*, p. 197.

[3] On trouvera le texte de ce protocole franco-polonais signé à Paris le 4 septembre 1939 dans les *Documents diplomatiques français, 1932-1939, 2e série (1936-1939)* – ci-après référencé *DDF (1936-39)* –, XIX, Paris, Imprimerie nationale, 1986, Addenda VI, pp. 482-483. Il est également reproduit en annexe de la dépêche n° 1611 envoyée par É. Daladier à C. Corbin le 20 septembre 1939. Voir *Documents diplomatiques français, Sous-série Deuxième Guerre, (1939-1944)* – ci-après référencé *DDF (1939-44)* – T. I (4 septembre-31 décembre 1939) document n° 126, Bruxelles, P.I.E.-Peter Lang, 2002.

[4] Voir *DDF (1936-39)*, XVIII, document n° 401.

[5] Voir *DDF (1939-44)*, I, document n° 25.

[6] Le fait que le mot « armistice » figure dans le texte proposé à cette date par les Britanniques infirme l'accusation portée par É. Daladier selon laquelle ce serait P. Reynaud qui l'aurait fait ajouter au mois de juin.

Ce texte, sous réserve de quelques modifications de forme, n'appelle pas d'observations particulières de notre part.

Toutefois, il paraîtrait opportun de le compléter par une déclaration prolongeant au-delà de la durée des hostilités l'engagement franco-anglais de coopération dans tous les domaines.

Diverses formules ont été examinées qui sont inscrites dans la note ci-jointe (annexe n° 2).

La formule ci-dessous semble contenir tous les points essentiels qui paraissent devoir figurer dans une déclaration de ce genre, laquelle s'ajouterait à l'engagement de ne pas signer de paix séparée :

« [...] De plus, ils s'engagent mutuellement à maintenir, après le rétablissement de la paix, leur communauté d'action dans tous les domaines, en vue de garantir la sauvegarde de leur sécurité et en vue de procéder, avec le concours des autres nations, à la reconstruction d'un ordre international assurant en Europe la liberté des peuples, le respect du droit et le maintien de la paix. »

Annexe n° 1

Déclaration tendant à ne point faire de paix séparée signée à Londres le 4 septembre 1914 par les gouvernements français, britannique et russe

Texte de la déclaration

Les soussignés, dûment autorisés par leurs gouvernements respectifs, font la déclaration suivante :

« Les gouvernements britannique, français et russe s'engagent mutuellement à ne pas conclure de paix séparée au cours de la présente guerre. Les trois gouvernements conviennent que lorsqu'il y aura lieu de discuter les termes de la paix, aucune des puissances alliées ne pourra poser des conditions de paix sans accord préalable avec chacun des autres Alliés ».

Fait à Londres, le 4 septembre 1914

(signé) Edward Grey

Paul Cambon

Comte Benckendorff.

Le 19 octobre 1915, le Japon a adhéré à cette déclaration.

Le 30 novembre 1915, une déclaration reproduisant celle du 4 septembre 1914 a été signée à Londres au nom des gouvernements britannique, français, italien, japonais et russe.

ANNEXE N° 2

Avant-projet de déclaration politique

Les soussignés, dûment autorisés par leurs gouvernements respectifs, déclarent :

Le gouvernement de la République française et le gouvernement du Royaume-Uni de Grande-Bretagne et d'Irlande du Nord s'engagent mutuellement à maintenir, après le rétablissement de la paix,

Variante 1 : leur coopération actuelle,

Variante 2 : la communauté de leur action politique,

Variante 3 : la concordance, la communauté de leur action.

Variante A : en vue de sauvegarder leur sécurité mutuelle et d'instituer, avec le concours des autres nations, une organisation effective de la paix, de la sécurité et du bien-être en Europe.

Variante B : en vue de sauvegarder leur sécurité mutuelle et d'instituer, avec le concours des autres nations, une organisation propre à assurer effectivement en Europe le respect des principes dont s'inspire le pacte de la Société des Nations.

Les deux gouvernements assument le présent engagement pour la période transitoire qui s'écoulera jusqu'à ce que soient réunies les conditions nécessaires pour créer effectivement la confiance dans la permanence de la sécurité restaurée au profit de toutes les nations de l'Europe et dans la fidélité aux engagements pris.

Variante C : en vue de sauvegarder leur sécurité mutuelle et d'arriver, avec le concours des autres nations, à une reconstruction, en Europe, d'un ordre international dans lequel tous les peuples, vivant en sécurité sous l'empire du droit, pourront déterminer leur vie politique et économique hors de toute ingérence de la part de voisins puissants.

(inspirée du discours Halifax 5 décembre)[1].

Variante D : s'engagent :

à réaliser entre eux une politique effective de collaboration en vue du maintien de la paix et à s'efforcer d'obtenir la participation des autres puissances à cette politique et à coopérer dans la recherche de solutions

[1] Il s'agit d'une condamnation de l'agression soviétique contre la Finlande.

aux difficultés économiques en présence desquelles se trouveront leurs nations et les autres nations de l'Europe.

(inspirée du projet italien de Pacte à quatre)[1].

Variante E : à agir dans un parfait concert afin de se procurer à elles-mêmes et à l'Europe une paix générale, sous la protection de laquelle les droits et la liberté de toutes les nations pourront être établis et assurés.

(inspirée du traité de Chaumont, du 1er mars 1814)[2].

Papiers 1940, Papiers Charvériat, 3

2

Communiqué de presse

Déclaration franco-britannique[3]

Londres, 28 mars 1940.

Le gouvernement de la République française et le gouvernement du Royaume-Uni de Grande-Bretagne et d'Irlande du Nord s'engagent mutuellement à ne négocier ni conclure d'armistice ou de traité de paix, durant la présente guerre, si ce n'est de leur commun accord.

Ils s'engagent à ne discuter les termes de la paix qu'après un complet accord entre eux sur les conditions nécessaires pour leur assurer respectivement la garantie effective et durable de leur sécurité[4].

[1] Appelé aussi « Pacte d'entente et de collaboration » : accord signé à Rome le 14 juillet 1939 entre l'Allemagne, la France, la Grande-Bretagne et l'Italie. Conclu pour dix ans, il prévoit que les quatre puissances se concerteront régulièrement et s'efforceront de collaborer au maintien de la paix dans le cadre de la SDN.

[2] Par le traité de Chaumont daté du 1er mars et signé le 9 mars 1814 (et non 1914 comme indiqué dans le document à la suite d'une erreur typographique), la Russie, l'Autriche, la Prusse et l'Angleterre conclurent une alliance de vingt ans contre Napoléon et s'engagèrent à ramener la France à ses frontières de 1792.

[3] Cette déclaration (dont l'original se trouve dans le fonds « Conservation des traités » classé par pays), est adoptée lors de la sixième séance du Conseil suprême interallié, le 28 mars 1940, à Londres. Voir l'aide-mémoire adressé le 26 mars au ministère des Affaires étrangères par l'ambassadeur de Grande-Bretagne à Paris, dans lequel figure l'ordre du jour de cette séance, avec, en point n° 2 : « Déclaration franco-britannique concernant une paix non séparée et la coopération après la guerre », in Papiers 1940, Papiers Dejean, 1, document non reproduit.

[4] C'est Paul Reynaud qui, sous l'influence de P. de Villelume, devenu l'un de ses conseillers militaires, fait insérer ce deuxième paragraphe. « Margerie me dit que cet additif avait été adopté en quinze secondes par les ministres britanniques. Il est dommage qu'on ne leur ait pas demandé plus » indique P. de Villelume dans son *Journal d'une défaite, août 1939-juin 1940*, Paris, Fayard, 1976, p. 255.

Ils s'engagent enfin à maintenir, après le rétablissement de la paix, leur communauté d'action dans tous les domaines, aussi longtemps qu'elle sera nécessaire pour la sauvegarde de leur sécurité et pour la reconstruction, avec le concours des autres nations, d'un ordre international assurant en Europe la liberté des peuples, le respect du droit et le maintien de la paix[1] ».

cité in F. Bédarida, *La Stratégie secrète de la drôle de guerre*, Paris, Presses de la FNSP-Éditions du CNRS, 1979, pp. 342-343

3

NOTE DU GÉNÉRAL WEYGAND,
CHEF D'ÉTAT-MAJOR GÉNÉRAL DE LA DÉFENSE NATIONALE

Note pour Monsieur le Président du Conseil

N. n° 1094 cab/FT[2] *Paris, 29 mai 1940.*

Secret.

La résolution de se défendre à outrance sur les positions actuelles et l'interdiction de regarder en arrière donnée à tous les chefs subordonnés ne suppriment pas pour le commandant en chef[3] le devoir d'examiner, en raison de la gravité des circonstances, toutes les hypothèses.

L'armée française met en jeu, pour la défense de ses positions actuelles, toutes les forces dont ses revers successifs sur la Meuse et dans le Nord lui ont laissé la disposition[4]. Dans le cas où cette défense serait finalement

[1] Sur la question de la validité de la déclaration de Londres du 28 mars 1940, dans la mesure où elle a été signée entre les deux Premiers ministres sans avoir été soumise à la délibération du conseil des ministres français, cf. Albert Kammerer, *La Vérité sur l'armistice*, Paris, Médicis, 1944, p. 13, note 1. Le projet paraît avoir été soumis au Cabinet de guerre à plusieurs reprises ; la dernière version, en date du 27 mars, aurait été approuvée par lui, mais il n'existe pas de procès-verbal de cette réunion. Cf. F. Bédarida, *La Stratégie secrète ...*, *op. cit.*, p. 303, note 64.

[2] *Note du document* : Destinaires : M. le Président du Conseil, remis à M. Paul Baudouin ; M. le maréchal Pétain, remis en mains propres. Cette mention ne figure que dans la copie trouvée dans les Papiers Baudouin, 1, et non dans celle des Papiers Reynaud, 6.

[3] Deux décrets ont été publiés le 19 mai : le premier supprime le poste de commandant en chef des forces terrestres (fonction du général Gamelin) ; le second nomme le général Maxime Weygand chef d'État-Major général de la Défense nationale et commandant en chef sur l'ensemble des théâtres d'opération, « généralissime ».

[4] Cf. Jean-Baptiste Duroselle, *L'Abîme, 1939-1945*, Paris, Imprimerie nationale, 1982, chap. V, « La bourrasque, 10 mai-10 juin 1940 », pp. 131-158 et chap. VI, « L'effondrement », pp. 159-163. Voir aussi Christine Levisse-Touzé (sous la dir. de), *La Campagne de 1940*, Actes du colloque des 16-18 novembre 2000, Paris, Tallandier, 2001. Michel Launay présente

disloquée, le gouvernement français aurait à prendre des décisions capitales. Il importe de les envisager à l'avance, afin de n'être point obligé de décider sous la pression des événements.

En raison de l'énorme disproportion des forces et moyens entre l'attaque et la défense – cette dernière en partie improvisée au cours de la bataille – il est possible que, malgré l'effort héroïque de tous, les positions actuellement défendues viennent à être sérieusement entamées. Dans cette éventualité, la puissance de pénétration et d'exploitation que l'ennemi tire de ses unités cuirassées et de son aviation pourrait lui permettre d'atteindre rapidement les centres vitaux du pays. En particulier, l'armée française pourrait être impuissante à arrêter un raid adverse sur la région parisienne, où se trouve concentrée une quantité importante de nos industries de guerre. Dans ce cas, la France serait hors d'état de continuer une lutte assurant une défense coordonnée de son territoire. Dans les grandes batailles de la dernière guerre, il a toujours été possible de « colmater » les « poches » faites par les attaques, parce que les armées ne disposaient pas d'un organe d'exploitation comparable à la combinaison chars-avions. Au cours de la guerre de 1870, il a été possible au gouvernement de la Défense nationale de reconstituer, une fois les armées de campagne anéanties, des armées qui ont pu prolonger la résistance pendant cinq mois et sauver l'honneur. Aujourd'hui, même si la France disposait, ce qui n'est pas (*sic* [le cas ?]), des armes, de l'habillement et de l'équipement nécessaires, l'ennemi ne lui laisserait pas le temps de les organiser et de les instruire dans l'emploi des engins de guerre modernes.

*
* *

Le commandant en chef a mis le gouvernement au courant de la situation militaire au cours de la séance du Comité de guerre du 25 mai[1]. Depuis cette date, nos armées de gauche ont renforcé leurs dispositions sur l'Aisne et sur la Somme. Mais la défection de l'armée belge[2] accélère

une courte synthèse de la situation militaire de la France à la fin du mois de mai 1940 dans *L'Armistice de 1940*, Paris, PUF, coll. « Dossiers Clio », 1972, pp. 7-10.

[1] Cette réunion se tint dans l'après-midi du 25 mai 1940 à l'Élysée sous la présidence d'Albert Lebrun. Le général Weygand, qui venait d'effectuer une inspection sur le front, y rendit compte des grandes difficultés rencontrées par l'armée française et exposa son plan. Cf. A. Kammerer, *La Vérité …, op. cit.*, pp. 38-41, ainsi que les pp. 302-305 pour un procès-verbal de la réunion ; M. Weygand, *Mémoires. Rappelé au service*, Paris, Flammarion, t. 3, 1950, pp. 145-149.

[2] Le protocole militaire de reddition a été signé par le général Derousseaux et le général Reichenau le 28 mai à 0 h. 20, après que le roi Léopold III eut pris l'initiative d'envoyer un émissaire auprès de Hitler, la veille. La Belgique a donc cessé d'exister en tant que puissance militaire, moins de deux semaines après la capitulation hollandaise. Le front allié est rompu.

dans le Nord la décision, qui laissera les divisions cuirassées allemandes libres d'agir contre notre ligne de défense.

L'importance à attacher à la résistance victorieuse sur cette ligne est telle qu'aucun effort ne doit être épargné pour la renforcer.

L'urgence est grande. C'est pourquoi le commandant en chef juge nécessaire que le gouvernement britannique, mis au courant de la situation, soit invité à donner à la défense de nos lignes tout le concours en son pouvoir. Savoir : deux ou trois divisions formées en Angleterre ; des unités de chars, d'artillerie anti-tank et antiaérienne ; le concours de l'aviation basée en Angleterre.

Il paraît, d'autre part, tout aussi nécessaire que le gouvernement britannique sache qu'il peut venir un moment à partir duquel la France se trouverait, malgré sa volonté, dans l'impossibilité de continuer une lutte militairement efficace pour protéger son sol.

Le moment serait marqué par la rupture définitive des positions sur lesquelles les armées françaises ont reçu l'ordre de se battre sans esprit de recul[1].

Papiers 1940, Papiers Baudouin, 1

4

MESSAGE

Message de M. Paul Reynaud, Président du Conseil à M. Roosevelt, Président des États-Unis.

M. *Paris, 10 juin 1940.*

Monsieur le Président,

Je veux d'abord vous exprimer toute ma gratitude pour l'aide généreuse que vous avez décidé de nous accorder en matière d'aviation et d'armement.

[1] Souligné dans le texte. Le texte de la réponse de P. Reynaud n'a pas été retrouvé. Selon Michel Launay, « Reynaud répondit par lettre à Weygand. Il affirma sa conviction que la défaite n'était pas consommée et qu'en tout cas, l'accord du 28 mars 1940 avec la Grande-Bretagne interdisait tout armistice séparé. », cf. M. Launay, *L'Armistice de 1940*, *op. cit.*, pp. 12. Voir aussi A. Kammerer, *La Vérité ...*, *op. cit.*, pp. 54-55. Ce dernier signale que le texte de la note de Weygand du 29 mai 1940 « n'est pas encore connu » (au moment de la publication de la première édition de son ouvrage).

Depuis six jours et six nuits, nos divisions se battent sans une heure de répit contre une armée disposant d'une supériorité écrasante en effectifs et matériel. L'ennemi est aujourd'hui presque aux portes de Paris.

Nous lutterons en avant de Paris, nous lutterons en arrière de Paris, nous nous enfermerons dans une de nos provinces, et, si nous en sommes chassés, nous irons en Afrique du Nord et, au besoin, dans nos possessions en Amérique.

Une partie du gouvernement a déjà quitté Paris[1]. Moi-même, je m'apprête à partir aux armées. Ce sera pour intensifier la lutte avec toutes les forces qui nous restent, et non pour l'abandonner.

Puis-je vous demander, Monsieur le Président, d'expliquer tout cela vous-même à votre peuple, à tous les citoyens des États-Unis, en leur disant que nous sommes résolus à nous sacrifier dans la lutte que nous menons pour tous les hommes libres ?

À l'heure où je vous parle, une autre dictature vient de frapper la France dans le dos[2]. Une nouvelle frontière est menacée, une guerre navale va s'ouvrir[3].

Vous avez généreusement répondu à l'appel que je vous ai lancé, il y a quelques jours, à travers l'Atlantique[4]. Aujourd'hui, 10 juin 1940, c'est un nouveau concours, plus large encore, que j'ai le devoir de vous demander.

En même temps que vous exposerez cette situation aux hommes et aux femmes d'Amérique, je vous conjure de déclarer publiquement que les États-Unis accordent aux Alliés leur appui moral et matériel par tous les moyens, sauf l'envoi d'un corps expéditionnaire. Je vous conjure de le faire pendant qu'il n'est pas trop tard. Je sais la gravité d'un tel geste. Sa gravité même fait qu'il ne doit pas intervenir trop tard[5].

[1] Dans la soirée du 9 juin, le conseil des ministres a été convoqué : le président du Conseil, qui a repris le portefeuille des Affaires étrangères depuis le remaniement du 5 juin 1940, a annoncé l'occupation imminente de Paris par les forces armées allemandes et souligné la nécessité que les membres du gouvernement et les parlementaires quittent la capitale. C'est le signal du départ pour la Touraine. Paris est déclarée « ville ouverte ».

[2] L'Italie vient d'entrer en guerre aux côtés de l'Allemagne.

[3] La flotte italienne est particulièrement redoutée, surtout en raison de ses nombreux sous-marins.

[4] Le 16 mai, le président Roosevelt a adressé un message au Congrès dans lequel il demande le vote d'un important crédit supplémentaire pour l'accroissement des effectifs militaires et la livraison de matériel de guerre aux Alliés. Le Congrès vote un crédit plus important encore que celui qui a été demandé. Paul Reynaud fait ici directement référence à son message téléphonique du 5 juin 1940 (voir *DDF (1939-44)*, II, document n° 365).

[5] Le même jour, 10 juin 1940, le président Roosevelt prononce un discours très important à Charlottesville, à l'université de Virginie. Il critique vivement l'attitude des isolationnistes américains et condamne l'entrée en guerre de l'Italie par une formule très forte, qui porte la marque de l'influence française : « Aujourd'hui, le 10 juin 1940, la main qui tenait le poignard a frappé dans le dos de son voisin. » Cf. André Kaspi (sous la dir. de), *La Deuxième Guerre*

Vous nous avez dit vous-même, le 5 octobre 1937[1] :

« Je suis contraint et nous sommes contraints de regarder les choses en face. La paix, la liberté et la sécurité de 90 % de la population du monde sont mises en péril par les 10 autres pour cent qui menacent de briser tout l'ordre et toutes les lois internationales. Certainement, les 90 % qui désirent vivre en paix sous la règle de la loi et en conformité avec les principes moraux qui ont été universellement acceptés à travers les siècles peuvent et doivent trouver un moyen de faire prévaloir leur volonté. »

L'heure est maintenant venue pour ces 90 % des citoyens du monde de s'unir contre le danger mortel qui nous menace tous. J'ai confiance dans la solidarité du peuple américain, dans cette lutte vitale que les Alliés mènent pour leur propre salut, mais aussi pour le salut de la démocratie américaine.

Guerre 1939-45, Vichy, Y Internationale, 19

mondiale. Chronologie commentée, Paris, Perrin, 1990, pp. 84-85. À ce moment-là, Roosevelt n'a pas encore connaissance de l'appel de P. Reynaud. Ce discours a rencontré un vif écho en Europe. Voir le télégramme n°s 1152 à 1156 de Charles Corbin, qui qualifie les propos du président Roosevelt de « véritable déclaration de guerre morale », le 10 juin au soir (in Papiers 1940, Reconstitution Fouques-Duparc, 26, document non reproduit). Voir également le message envoyé le 12 juin par Paul Baudouin qui se félicite de ce « message si noble et si énergique [qui] a éveillé chez le gouvernement français et dans le peuple de notre pays un profond sentiment de gratitude envers les États-Unis et le chef éminent de leur république » (*ibid.*, document non reproduit).

[1] Dans un discours prononcé à Chicago le 5 octobre 1937, devant 50 000 personnes « enthousiastes » (selon le *New York Herald Tribune* paru le lendemain), le président Roosevelt a mis en garde les isolationnistes contre les risques générés par leur position et déclaré que les États-Unis étaient « décidés à se joindre aux efforts mis en œuvre sur le plan international pour le maintien de la paix ».

5

Note du général Weygand, Chef d'État-Major général de la Défense nationale

Note pour Monsieur le Président du Conseil

N. n° 1501-3e B/FT[1] *Paris, 10 juin 1940, 10 h.*

Très secret.

La note adressée le 29 mai à M. le président du Conseil[2] indiquait au gouvernement les conditions dans lesquelles allait s'engager la bataille attendue.

Cette bataille s'est engagée le 5 juin[3]. Nos armées se battent héroïquement. Elles font éprouver à l'ennemi des pertes considérables. Mais le nombre réduit de nos divisions ne permet pas de relèves. La fatigue, le manque de sommeil, les pertes diminuent leur puissance de résistance.

Au matin du 6e jour de la bataille, je dois constater que les attaques ennemies nous obligent à des reculs de plus en plus profonds. Chaque jour, l'adversaire augmente vers l'est l'étendue de son offensive. Grâce au nombre d'unités fraîches dont il dispose, il peut donner plus d'ampleur encore à ses entreprises dont le front s'étend déjà de la Manche à l'Argonne.

En un point de ce front, des unités cuirassées allemandes sont parvenues, par l'exploitation rapide d'un succès partiel, à séparer en deux les forces de notre armée de gauche et à menacer sérieusement la Basse-Seine.

Nos armées se rétablissent sur le front Basse-Seine, position de sûreté de Paris, Marne, dernière ligne sur laquelle nous puissions espérer une résistance efficace.

Je terminais ma note du 29 mai en précisant qu'il « pourrait venir un moment à partir duquel la France se trouverait, malgré sa volonté, dans l'impossibilité de continuer une lutte militairement efficace pour protéger

[1] *Note du document* : Note remise en mains propres à M. le président du Conseil le 10 juin, à 11 h.

[2] Voir document n° 3.

[3] Le 5 juin, a commencé la « bataille de France » sur la ligne de l'Aisne à la Somme. Mais deux jours plus tard, les armées françaises doivent commencer à céder du terrain : « Le 7, la ligne française fut rompue entre Oise et Somme. Les Allemands dépassaient la Bresle, atteignaient la Seine, entraient à Rouen, traversaient le fleuve à Pont-de-l'Arche, et commençaient à remonter vers Paris. Plus à l'est, le 8, les Allemands franchirent l'Aisne. Le 9, ils attaquèrent en Champagne. La ligne continue n'avait tenu que deux jours. » (J.-B. Duroselle, *L'Abîme* ..., *op. cit.*, p. 158.)

son sol ». J'ajoutais que « ce moment serait marqué par la rupture définitive des positions de défense sur lesquelles les armées françaises ont reçu l'ordre de se battre sans esprit de recul ».

Je suis loin d'avoir perdu tout espoir d'arrêter l'ennemi, ainsi qu'en témoigne mon ordre d'hier[1]. Nos armées se battent et leurs manœuvres sont encore coordonnées.

Mais les événements des deux dernières journées de bataille me font un devoir d'avertir M. le président du Conseil que la rupture définitive de nos lignes de défense peut survenir d'un moment à l'autre, soit que l'adversaire réussisse à se saisir des passages de la Basse-Seine et à déborder par le sud la région parisienne, soit qu'il parvienne en Champagne à pousser une autre incursion profonde d'engins blindés, soit enfin que nos divisions, recrues de fatigue et diminuées par les pertes, soient impuissantes, sous la pression d'un ennemi trois fois plus fort, à se rétablir solidement sur la ligne de la Basse-Seine, position de Paris, Marne.

Si pareille éventualité se produisait, nos armées continueraient à combattre jusqu'à l'épuisement de leurs moyens et de leurs forces. Mais leur dissociation ne serait plus qu'une affaire de temps.

Papiers 1940, Papiers Baudouin, 1

6

COMPTE RENDU DE R. DE MARGERIE,
DIRECTEUR DE CABINET DE M. REYNAUD

Le Conseil suprême de Tours (13 juin 1940)

C R[2]. *s.l.*

Dans le deuxième volume de ses mémoires, en grande partie reproduit par *Le Figaro*, M. Winston Churchill a donné des extraits du compte rendu anglais du Conseil suprême franco-britannique qui s'est réuni à Tours le 13 juin 1940 dans des circonstances particulièrement

[1] Le 9 juin, le général Weygand adresse un appel solennel aux troupes françaises : « [...] L'ordre demeure, pour chacun, de se battre sans esprit de recul, en regardant droit devant lui, là où le commandement l'a placé. [...] Officiers, sous-officiers et soldats, le salut de la patrie réclame de vous non seulement votre courage, mais toute l'opiniâtreté, toute l'initiative, tout l'esprit combatif dont je vous sais capables. L'ennemi a subi des pertes considérables. Il sera bientôt au bout de son effort. Nous sommes au dernier quart d'heure. Tenez bon ! » (ordre n° 1471, 3 FT du 9 juin à 10 heures, cité in M. Weygand, *Mémoires*, t. 3, *op. cit.*, pp. 186-187).

[2] Mention marginale manuscrite : « 25 février 1949. Remis à M. le directeur des Archives pour tenir lieu de l'original disparu. Signé : R. de Margerie. ». On a choisi de publier ce docu-

dramatiques. Cette conférence a eu trois témoins français : M. Paul Reynaud, qui en a fait un bref récit au tome II de son ouvrage *La France a sauvé l'Europe*[1] ; M. Paul Baudouin, qui en a présenté un récit détaillé dans un mémoire intitulé *À propos d'un nouveau livre de M. Kammerer* (reproduit par ce dernier dans la deuxième édition de *La Vérité sur l'armistice*)[2], puis dans son volume *Neuf mois de gouvernement*[3] ; et moi-même, qui exerçais alors les fonctions de directeur du cabinet du président du Conseil, ministre des Affaires étrangères, et qui, en cette qualité, assistais aux réunions du Conseil suprême, traduisais les déclarations des ministres britanniques et établissais ensuite le procès-verbal français de ces réunions.

C'est ce compte rendu que l'on trouvera plus loin, reproduit pour la première fois. Il fut rédigé, au lendemain même des événements, à l'aide des notes extrêmement détaillées que j'avais prises pendant la séance et qui équivalaient à peu près à une sténographie. Ces documents, emportés par moi aux États-Unis en août 1940, y sont restés jusqu'à une date récente, ce qui explique qu'ils n'aient pu être publiés plus tôt.

L'on constatera que ce récit des délibérations n'est pas absolument complet : en effet, je n'ai pas assisté au début de la réunion. La présidence du Conseil venait de s'établir au château de Chissay, à une cinquantaine de kilomètres de Tours. J'en étais absent au moment où l'on prévint M. Paul Reynaud de l'arrivée de M. Winston Churchill[4] et de ses collaborateurs, et c'est vers trois heures de l'après-midi seulement que je pus me mettre en route pour rejoindre le président du Conseil. Mon

ment plus complet, plutôt que l'extrait original du procès-verbal de la même réunion figurant dans les Papiers 1940, Papiers Dejean, 5, dans lesquels on trouve également le compte rendu anglais. Sur celui-ci, sont mentionnés comme participants à la réunion, du côté britannique : Winston Churchill (Premier ministre), lord Halifax (secrétaire d'État aux Affaires étrangères), lord Beaverbrook (ministre de l'Industrie aéronautique), sir Ronald Campbell (ambassadeur britannique en France), sir Alexander Cadogan (sous-secrétaire d'État permanent aux Affaires étrangères), le général H.L. Ismay (secrétaire militaire adjoint au Cabinet de guerre), le général E.L. Spears, le capitaine C.M. Berkeley (interprète) ; du côté français, P. Reynaud, le général de Gaulle, P. Baudouin, le capitaine de Margerie.

[1] En deux volumes, Paris, Flammarion, 1947.

[2] Paris, Médicis, 1944, rééd.

[3] Paris, La Table ronde, 1948.

[4] À la fin de la réunion dramatique du conseil des ministres du 12 juin 1940, qui s'est tenue de 18 h. 30 à 23 h. au château de Cangey, en présence du général Weygand qui participe à la délibération sur la signature de l'armistice, Camille Chautemps suggère que Winston Churchill, qui était la veille à une « conférence militaire » à Briare et devait se rendre à Tours pour une réunion du Conseil suprême interallié, vienne discuter de la situation avec les membres du gouvernement français. (Cf. A. Kammerer, *La Vérité ...*, *op. cit.*, pp. 83-84). Y eut-il un problème d'organisation, un réel quiproquo ou un certain manque de bonne volonté de la part des Britanniques ? (Cf. J.-B. Duroselle, *L'Abîme ...*, *op. cit.*, pp. 170-171). En tout cas, ces derniers se rendirent directement à Tours, se disant persuadés qu'ils y trouveraient l'ensemble des ministres français (Cf. Winston Churchill, *Mémoires sur la Deuxième Guerre mondiale*, Paris, Plon, 1949, T. II, vol. 1, pp. 190-191).

automobile éprouva la plus grande difficulté à remonter le flot des réfugiés qui s'écoulait vers le sud et parvint néanmoins à effectuer le trajet en trois quarts d'heure environ. Quand je pénétrai dans le cabinet du préfet d'Indre-et-Loire, dont les deux fenêtres étaient ouvertes sur un vaste jardin, j'y trouvai réunis : du côté britannique, M. Winston Churchill, lord Halifax, lord Beaverbrook, sir Alexander Cadogan et le général Spears ; du côté français, M. Paul Reynaud et M. Baudouin. Le président du Conseil était assis au bureau du préfet, et les assistants, rangés en demi-cercle devant lui. Le général Spears, qui avait servi d'interprète, jusqu'à mon arrivée, venait de traduire un exposé de M. Paul Reynaud sur la situation militaire, et M. Churchill était en train de parler. C'est à ce moment, quelques minutes après le début de la séance, que commence mon compte rendu.

M. Winston Churchill : « Il faut nous donner du temps. Nous vous demandons de continuer la lutte aussi longtemps que possible, sinon dans Paris, du moins derrière Paris, en province ou dans l'Empire. Nous pensons qu'une telle résistance pourrait durer très longtemps, surtout si la France peut compter sur une promesse américaine de soutien. Il est possible, cependant, qu'Hitler soit pour quelque temps le maître absolu des peuples de l'Europe, mais cela ne durera pas, cela ne saurait durer. Toutes ses victoires n'ébranleront pas les forces naturelles de toutes les nations, grandes ou petites, qui peuvent se trouver passagèrement sous son joug. Si la France, avec sa marine magnifique, avec son empire, avec ce qui reste de son armée, mène contre l'Allemagne la grande guérilla, la guerre des communications, si la lutte continue, si l'Allemagne échoue dans cette destruction de l'Angleterre qui lui est indispensable, si elle est repoussée dans deux ou trois mois, si le pouvoir de son arme aérienne, à cette époque, est affaibli, brisé, dompté, alors, après des mois de souffrances, viendra le moment où le régime hitlérien tremblera. Surtout si les États-Unis donnent une force plus directe à l'aide qu'ils portent aux Alliés, et s'ils se décident à déclarer la guerre à l'Allemagne, il est bien possible que le moment de la victoire ne soit pas si éloigné qu'il semble aujourd'hui. Quoi qu'il arrive, le gouvernement britannique entend continuer la guerre ; nous sommes convaincus que nous briserons Hitler et son régime ; nous ne changerons pas nos buts de guerre, nous poursuivrons toujours la destruction de ce système, nous n'écouterons aucune proposition de paix qui viendra de lui – autrement, ce serait de nouveau Munich, puis l'occupation de Prague. Non, la guerre continuera, elle ne peut finir que par notre disparition ou notre victoire. »

M. Paul Reynaud : « Dans la question que j'ai posée tout à l'heure, je n'ai pas demandé ce que ferait l'Angleterre : M. Winston Churchill m'a toujours dit que jamais il ne cèderait, et que la résolution du peuple britannique était indomptable ; et je suis convaincu, pour ma part, que ce peuple ne cèdera pas avant d'avoir connu des souffrances égales à celles que connaît actuellement le peuple français. Mais ce que j'ai demandé, c'est ceci : "Si un gouvernement français (qui ne comporterait pas ma personne) venait dire au gouvernement britannique : nous savons que vous allez continuer la guerre, et, si nous pensions qu'avec le temps nous aurions une chance de refaire la France, nous serions à vos côtés pour continuer la lutte, au besoin en Afrique du Nord ; mais les États-Unis ne peuvent pas prendre position maintenant, de longs mois avant l'élection présidentielle, et, aussi, M. Roosevelt peut mourir. S'il est donc tout naturel que la Grande-Bretagne continue, étant donné que, jusqu'ici, elle n'a pas beaucoup souffert, nous, gouvernement français, nous ne pensons pas que nous puissions abandonner notre peuple sans lui faire au moins entrevoir une lumière au fond du tunnel, et nous ne voyons pas cette lumière. Nous nous trouvons alors en présence de ce cas de conscience : devons-nous continuer sans espoir, et devons-nous quitter la terre de France ? (car il est trop tard maintenant pour organiser le réduit breton[1], et le gouvernement français ne pourrait s'y maintenir). Une fois l'armée française hors de combat, nous n'aurions plus le moyen d'empêcher les Allemands d'occuper la totalité du territoire, et ce serait très grave, car Hitler pourrait alors créer en France un pouvoir à prétentions légales, et le pays se trouverait livré à la propagande la plus perfide. Si un gouvernement français hypothétique, raisonnant comme je viens de le faire, jugeait n'avoir pas le droit d'abandonner ainsi la France à l'Allemagne, alors le gouvernement britannique n'estimerait-il pas que la France, qui aura sacrifié le meilleur et le plus beau de sa jeunesse, serait justifiée à conserver le bénéfice de la solidarité franco-britannique, tout en étant autorisée par l'Angleterre à faire une paix séparée ?" Voilà la question que j'ai posée. »

M. Winston Churchill : « Dans tous les cas, nous ne gaspillerons pas nos forces en reproches et récriminations. Mais c'est là une chose différente que de devenir partie consentante à une paix séparée conclue contrairement aux engagements conclus.

Nous pensons que la première chose à faire est d'exposer au président Roosevelt la situation telle qu'elle est actuellement et de voir ensuite quelle sera sa réponse. Les choses vont vite en Amérique. Des considérations d'ordre électoral peuvent aussi bien amener à précipiter qu'à écarter l'intervention américaine dans le conflit, si les partis voient là un moyen de propagande électorale. Avant donc de nous poser des questions décisives, il faut en appeler à Roosevelt. Le gouvernement français s'en chargera, et nous appuierons par télégramme. C'est la première chose à faire avant de répondre à la question si grave qui a été posée par M. Paul Reynaud.

[1] Le 30 mai 1940, Paul Reynaud donne au général Weygand l'instruction d'étudier l'hypothèse d'un « réduit breton » dont l'idée viendrait de De Gaulle (Cf. J.-B. Duroselle, *L'Abîme* ..., *op. cit.*, pp. 160-161).

J'ai déjà répondu que nous nous abstiendrions de reproches et de récriminations. La cause de la France nous restera toujours chère, et nous la restaurerons *in all her power and dignity* (dans toute sa puissance et sa dignité), si nous triomphons. Mais c'est une chose différente que de nous demander actuellement notre consentement, avant consultation avec le président Roosevelt. »

M. Paul Reynaud : « La déclaration que vient de faire M. Winston Churchill est profondément émouvante, et j'y suis très sensible. Le gouvernement français va donc télégraphier à M. Roosevelt en lui indiquant les changements survenus dans la situation et en lui disant toute la vérité : l'armée française, avant-garde de la démocratie, s'est fait tuer en première ligne. Le gros des forces démocratiques suivra-t-il ? Il ne s'agit pas de la Grande-Bretagne seulement, mais aussi des États-Unis. Si l'Amérique n'intervient pas, ou intervient trop tard, le combat d'Hitler contre les démocraties sera celui des Horaces contre les Curiaces. Nous avons tous commis de nombreuses fautes, nous pouvons bien le reconnaître, nous autres Français ... Si nous avions tous été prêts en même temps, la situation serait meilleure aujourd'hui. Hitler tue la France d'abord, puis il s'attaquera à l'Angleterre, ensuite à l'Amérique. C'est un péril à la fois moral et matériel qui nous menace tous.

Il s'agit maintenant de télégraphier à M. Roosevelt et d'attendre sa réponse. Je souhaite vivement que M. Winston Churchill puisse s'identifier avec mon message et faire savoir au Président que c'est aussi le sien, celui de la Grande-Bretagne comme celui de la France ; et je tiens à le remercier de ses paroles en mon nom personnel. »

M. Winston Churchill : « Je crois que nous pouvons en rester là pour le moment. Si la réponse de M. Roosevelt conseille de continuer la lutte, il y aura là un fait nouveau, à la lumière duquel il conviendra de reconsidérer la situation. Sur d'autres points, le gouvernement français aura à prendre ses décisions en dehors de tout consentement du gouvernement britannique. Mais nous avons un certain nombre de questions à examiner ensemble. Car la guerre continuera de toute façon, et sera de plus en plus terrible. Nous marchons vers le blocus universel, et les nazis s'empareront de tout ce qui pourra aider à leur ravitaillement. Ne cherchons pas à éluder ces terribles perspectives. Si nous nous battons avec succès et si nous parvenons à franchir l'hiver, la lutte se poursuivra ensuite avec acharnement. La France n'échappera pas aux conséquences de ce duel, et on peut craindre qu'à la faveur de cette évolution ne se développe un antagonisme franco-anglais. Tous ces problèmes demandent examen et considération. Peut-on prévoir dès maintenant combien de temps s'écoulera avant la demande d'armistice ? Une semaine ou davantage ? »

M. Paul Reynaud : « Ce qui me préoccupe le plus, c'est l'hypothèse où, la guerre continuant, la Grande-Bretagne se trouverait infliger indirectement des souffrances au peuple français. Ce serait une catastrophe sans nom si l'Angleterre et la France venaient à se séparer. Je croirai jusqu'à ma mort qu'il ne peut y avoir d'indépendance séparée pour les deux pays. C'est pourquoi, si M. Roosevelt est incapable de nous donner un conseil ou un espoir, si je ne puis décidément tenir là où je cherche à me cramponner, je voudrais du moins éviter tout antagonisme durable entre la France et l'Angleterre. Si la France continue de souffrir dans son armée, dans ses soldats, dans son peuple, sans que se produise, de la part de l'Angleterre, quelque geste reconnaissant ce que nous avons souffert, j'en serais très préoccupé pour l'avenir, et il en résulterait une situation nouvelle très grave en Europe. »

M. Winston Churchill : « Nous aurons à considérer tout cela entre nous après l'arrivée de la réponse américaine, qui mettra peut-être vingt-quatre heures à nous parvenir. Ainsi que je l'ai déjà dit, si cette réponse est défavorable et si, alors, vous nous annoncez votre résolution de traiter séparément, nous aurons tout un ensemble de problèmes à examiner. Pour l'instant, il s'agit de faire à M. Roosevelt un exposé brutal de la situation. Je suggère maintenant que nous suspendions la séance pendant une dizaine de minutes pour que je puisse me concerter avec mes collaborateurs. »

La séance fut aussitôt levée, M. Paul Reynaud et M. Paul Baudouin se rendirent dans la pièce voisine où se trouvaient un certain nombre de ministres. Pendant ce temps, M. Winston Churchill et ses collègues anglais conféraient dans le jardin. Après une demi-heure environ, les délégués français et britanniques reparurent, et le Premier ministre reprit la parole.

M. Winston Churchill : « Rien, dans la conversation que je viens d'avoir avec mes collaborateurs, n'a changé nos vues. Lord Halifax et lord Beaverbrook ont donné leur approbation aux déclarations que j'ai faites tout à l'heure, et il y a tout lieu de penser que le Cabinet se rangera à notre opinion. Nous pensons qu'il faut aborder maintenant sans tarder le président Roosevelt et nous retournerons ce soir en Angleterre pour y lancer notre appel aux États-Unis, appel qui sera identique au vôtre. »

M. Paul Reynaud : « Je vous remercie de cette déclaration. J'ai la conviction que M. Roosevelt accomplira un pas en avant, et que je pourrai alors me mettre d'accord avec le gouvernement britannique sur les conditions dans lesquelles nous pouvons continuer la guerre. Nous nous reverrons alors pour mettre en commun toutes nos forces, c'est ma conviction profonde, même après vous avoir dit tout ce que le conseil des ministres m'avait chargé de vous dire.

Je vais maintenant préparer le message à M. Roosevelt. Je dirai franchement au Président quelle est la situation et combien elle vient de s'aggraver ; je lui montrerai que, dans ces conditions, il est indispensable de donner un espoir au gouvernement et au peuple français, et je chercherai à obtenir de lui qu'il déclare la guerre comme je le lui ai déjà demandé, c'est-à-dire sans l'envoi d'un corps expéditionnaire, mais en nous prêtant l'appui de sa marine et de son aviation, et en autorisant l'envoi d'aviateurs américains. Ce seraient là des facteurs très importants. – Auriez-vous d'autres suggestions à nous faire ? »

M. Winston Churchill : « Non, il n'y a qu'à agir suivant les directives que vous venez d'indiquer. Nous dirons les mêmes choses au Président, de façon très brutale, et nous lui indiquerons que nous ne pouvons lui laisser que très peu d'heures pour répondre. Ensuite, à la lumière de sa réponse, nous examinerons la situation avec vous. S'il consent à entrer dans la guerre, alors la victoire est assurée. Ce sera une lutte entre continents, où nous disposerons des océans, et nous libérerons les unes après les autres les différentes nations européennes comme nous l'avons déjà fait pendant la dernière guerre : ce n'est pas la propagande allemande, si habile soit-elle, qui leur fera aimer le régime nazi.

Il y a un point secondaire sur lequel je voudrais attirer votre attention, car nous ne pourrons pas le discuter au cours de notre prochaine rencontre, où nous aurons à décider de la continuation même de la guerre, alors qu'en tout cas des mesures pourraient être prises dans l'intervalle. Il y a en France plusieurs centaines d'aviateurs allemands prisonniers, dont beaucoup ont été abattus par la RAF. Donnez-les nous pour que nous puissions les transporter en lieu sûr pendant qu'il est temps. Ce serait un grave danger que de les laisser échapper. Il faudrait donner dès ce soir des ordres à cet effet. »

M. Paul Reynaud : « Le nécessaire sera fait. »

M. Winston Churchill : « Merci. Pendant les quarante-huit heures qui vont s'écouler, nous continuerons de débarquer des troupes en France et de renforcer l'appui que nous vous prêtons. »

M. Paul Reynaud : « Quant à moi, je n'ai voulu vous parler que de certaines éventualités. Ne vous y trompez pas : si la réponse du président Roosevelt est négative, alors il y aura dans la situation un fait nouveau qui entraînera de grandes conséquences. C'est de cela que j'ai voulu vous mettre au courant dès aujourd'hui. »

M. Winston Churchill : « L'heure à laquelle nous nous rencontrons aujourd'hui est peut-être la plus noire que nous aurons à connaître. Mais je conserve toute ma confiance dans la destruction du régime hitlérien. Hitler ne peut pas gagner. Attendons avec patience son effondrement. »

M. Paul Reynaud : « Je garde aussi toute ma confiance dans l'avenir, sans quoi la vie, pour moi, ne vaudrait pas la peine d'être vécue. »

C'est sur ces paroles que s'acheva la dernière réunion que le Conseil suprême ait tenue en France en 1940. Il fut question, le 15 juin, d'une nouvelle rencontre entre M. Paul Reynaud et M. Winston Churchill, dans la rade de Quiberon où le Premier ministre se serait rendu à bord d'un navire de guerre, et le président du Conseil en hydravion.

Au cours de la soirée, je parvins à atteindre au téléphone notre ambassadeur à Londres, M. Corbin, et à le mettre au courant de ce projet. Mais, dès la matinée du lendemain, il apparut clairement que l'entrevue ne pourrait avoir lieu, et, à la fin de la journée, M. Paul Reynaud était démissionnaire.

Papiers 1940, Papiers Reynaud, 6

7

Déclaration radiodiffusée

Appel de M. Paul Reynaud au Président Roosevelt[1]

s.l. [*Tours*] *13 juin 1940, 23 h. 30.*

Dans le malheur qui s'abat sur la patrie, il faut avant tout qu'une chose soit dite. Au moment où le sort les accable, je veux crier au monde l'héroïsme des armées françaises, l'héroïsme de nos soldats, l'héroïsme de leurs chefs. J'ai vu, arrivant de la bataille, des hommes qui n'avaient pas dormi depuis dix jours, harcelés par les avions, rompus par les marches et les combats ; ces hommes, dont l'ennemi avait cru briser les nerfs, ne doutaient pas de l'issue finale de la guerre, ils ne doutaient pas du sort de la patrie. L'héroïsme des armées de Dunkerque a été dépassé dans les combats qui se livrent de la mer à l'Argonne. L'âme de la France n'est pas vaincue. Notre race ne se laisse pas abattre par une invasion ; le sol sur lequel elle vit en a tant vu, au cours des siècles ! Elle a toujours refoulé ou dominé les envahisseurs. Tout cela, les souffrances et la fierté de la France, il faut que le monde le sache ; il faut que partout sur la terre, les hommes libres sachent ce qu'ils lui doivent. L'heure est venue pour eux de s'acquitter de leur dette.

L'armée française a été l'avant-garde de l'armée des démocraties. Elle s'est sacrifiée, mais, en perdant cette bataille, elle a porté des coups redoutables à l'ennemi commun. Les centaines de chars détruits, les avions abattus, les pertes en hommes, les usines d'essence synthétique en flammes, tout cela explique l'état présent du moral du peuple allemand, malgré ses victoires. La France, blessée, a le droit de se tourner vers les autres démocraties et de leur dire « J'ai des droits sur vous ». Aucun de ceux qui ont le sentiment de la justice ne pourrait lui donner tort. Mais autre chose est d'approuver et autre chose d'agir.

[1] Ce texte a été radiodiffusé, tard dans la soirée, après la fin du conseil des ministres.

Nous savons quelle place tient l'idéal dans la vie du grand peuple américain. Hésiterait-il encore à se déclarer contre l'Allemagne nazie ? Je l'ai demandé au président Roosevelt, vous le savez. Je lui adresse ce soir un nouvel et dernier appel. Chaque fois que j'ai demandé au président des États-Unis d'augmenter sous toutes les formes l'aide que permet la loi américaine, il l'a fait généreusement, et il a été approuvé par son peuple[1]. Mais, aujourd'hui, nous n'en sommes plus là ; il s'agit aujourd'hui de la vie de la France, en tout cas des raisons de vivre de la France. Notre combat, chaque jour plus douloureux, n'a désormais de sens que si, en le poursuivant, nous voyons, même au loin, grandir l'espoir d'une victoire commune. La supériorité en qualité de l'aviation britannique s'affirme ; il faut que des nuées d'avions de guerre, venus d'outre-Atlantique, écrasent la force mauvaise qui domine l'Europe. Malgré nos revers, la puissance des démocraties reste immense ; nous avons le droit d'espérer que le jour approche où toute cette puissance sera mise en œuvre.

C'est pourquoi nous gardons l'espérance au cœur ; c'est pourquoi aussi nous avons voulu que la France garde un gouvernement libre et, pour cela, nous avons quitté Paris : il fallait empêcher qu'Hitler supprime le gouvernement légal, déclare au monde que la France n'a pas d'autre gouvernement qu'un gouvernement de fantoches à sa solde, semblable à ceux qu'il a tenté de constituer un peu partout. Au cours des grandes épreuves de son histoire, notre peuple a connu des jours où les conseils de défaillance ont pu le troubler. C'est parce qu'il n'a jamais abdiqué qu'il fut grand. Quoi qu'il arrive dans les jours qui viennent, où qu'ils soient, les Français vont avoir à souffrir. Qu'ils soient dignes du passé de la nation, qu'ils deviennent fraternels ; qu'ils se serrent autour de la patrie blessée. Le jour de la résurrection viendra.

Guerre 1939-45, Vichy, Y Internationale, 19

[1] Voir document n° 4.

8

Lord Halifax, Secrétaire d'État au Foreign Office,
à Sir R. Campbell, Ambassadeur de Grande-Bretagne
en France.

T. *Londres, 14 juin 1940.*

Extrême urgence.

Ci-joint la répétition de mon télégramme 352[1] adressé à Tours, pour le cas où ce télégramme ne serait pas parvenu :

Prière d'envoyer immédiatement le message suivant du gouvernement de Sa Majesté au gouvernement français :

« En cette heure solennelle pour les nations française et britannique et pour la cause de la liberté et de la démocratie, à laquelle elles se sont vouées, le gouvernement de Sa Majesté désire payer au gouvernement de la République française le tribut qui est dû à l'héroïque courage et à la constance des armées françaises contre une immense adversité. Leur effort est digne des plus glorieuses traditions de la France et il a infligé un dommage profond et durable à la force ennemie. La Grande-Bretagne continuera à donner toute l'aide en son pouvoir. Nous saisissons cette occasion pour proclamer cette indissoluble union de nos deux peuples et de nos deux Empires. Nous ne pouvons mesurer les formes variées de tribulations qui peuvent assaillir nos deux peuples dans un proche avenir. Nous sommes certains que l'épreuve du feu les fusionnera ensemble en un tout invincible[2]. Nous renouvelons notre serment à la République française et nous décidons de continuer de combattre à tout prix en France, dans cette île, sur les océans, dans les airs, partout où la lutte pourra nous conduire, utilisant toutes nos ressources jusqu'à la dernière limite et portant ensemble le fardeau de réparer les ravages de la guerre. Jamais nous ne renoncerons au combat, tant que la France ne sera pas rétablie dans toute sa grandeur, tant que les États et les peuples mutilés et asservis n'auront pas été libérés et tant que la civilisation ne sera pas débarrassée du cauchemar du nazisme. Nous sommes plus convaincus que jamais que ce jour se lèvera. Il se lèvera peut-être plus tôt que nous n'avons en ce moment le droit de l'espérer.

Papiers 1940, Papiers Dejean, 5

[1] Document non retrouvé. Le présent télégramme porte la mention : « traduction démarquée du télégramme du vicomte Halifax à sir R. Campbell le 14 juin 1940. » Dans Guerre 1939-45, Vichy, Z Europe Grande-Bretagne, 331, on trouve le texte anglais de ce même télégramme, avec la mention marginale manuscrite : « Remis au Pt [président] du Conseil le 14 juin à 23 h. par l'ambassadeur d'Angleterre. »

[2] Voir document n° 19.

9

Message

Message de M. Paul Reynaud, Président du Conseil
à M. Roosevelt, Président des États-Unis

M. *Tours, 14 juin 1940.*

Monsieur le Président,

Je vous remercie d'avoir publié en Amérique le message que je vous ai adressé le 10 juin[1].

Je vous disais alors que, depuis six jours et six nuits, nos troupes se battaient sans une heure de répit, à un contre trois, avec un matériel de guerre cinq fois moins puissant.

Quatre jours de sanglants combats se sont déroulés depuis lors. Notre armée est maintenant coupée en plusieurs tronçons. Nos divisions sont décimées. Il arrive que des généraux commandent des bataillons. La Reichswehr vient d'entrer dans Paris. Nous allons tenter de replier nos forces épuisées pour livrer de nouveaux combats. Il est douteux qu'étant aux prises avec l'ennemi qui renouvelle incessamment ses troupes, elles puissent y parvenir.

À l'heure la plus tragique de son histoire, la France doit faire un choix.

Va-t-elle continuer à immoler sa jeunesse dans une lutte sans espoir ?

Son gouvernement va-t-il quitter le territoire national pour ne pas se livrer, lui-même, à l'ennemi ?

Le pays tout entier va-t-il vivre alors, abandonné à lui-même, dans la nuit de la domination nazie, avec tout ce que cela signifie pour son corps et pour son âme ?

Ou bien la France va-t-elle demander à Hitler des conditions d'armistice ?

Nous ne pouvons choisir la première voie, celle de la résistance, que si une chance de victoire apparaît dans le lointain, que si une lumière brille au fond du tunnel.

[1] Voir document n° 4. Cet appel de Reynaud en date du 10 juin 1940 a été rendu public par la Maison Blanche le 13 juin. Tout en soulignant le fait que le président Roosevelt avait prononcé le discours de Charlottesville (voir document n° 4, note 5) avant d'en avoir pris connaissance, son secrétaire Stephen Early a alors déclaré que les propos tenus à cette occasion constituaient la réponse (anticipée) du gouvernement américain.

Or, dans la situation présente, malgré l'affaiblissement des forces de l'ennemi dû au sacrifice de l'armée française, la défaite de notre loyale alliée, l'Angleterre, laissée à ses seules forces, apparaît comme possible, sinon probable.

Dès lors, la France ne peut continuer la lutte que si l'intervention américaine vient renverser la situation, en rendant la victoire des Alliés certaine.

La seule chance de sauver la nation française, avant-garde des démocraties, et par là de sauver l'Angleterre, aux côtés de qui la France pourra alors rester avec sa puissante flotte, c'est de jeter, aujourd'hui même, dans la balance, le poids de la force américaine.

C'est la seule chance aussi d'éviter qu'après avoir détruit la France, puis l'Angleterre, Hitler ne s'attaque à l'Amérique, renouvelant ainsi le combat d'Horace contre les trois Curiaces.

Je sais que la déclaration de guerre ne dépend pas de vous seul.

Mais je viens vous dire, à cette heure grave dans votre histoire, comme dans la nôtre, que si vous ne pouvez pas donner à la France, dans les heures qui viennent, la certitude que les États-Unis entreront en guerre à très brève échéance, le destin du monde va changer.

Vous verrez, alors, la France s'enfoncer comme un homme qui se noie et disparaître, après avoir jeté un dernier regard vers la terre de liberté d'où elle attendait le salut.

Papiers 1940, Papiers Reynaud, 6

10

M. de Saint-Quentin, Ambassadeur de France à Washington, à M. Reynaud, Président du Conseil, Ministre des Affaires étrangères.

T. n°s 1176 à 1178. *Washington, 14 juin 1940, 11 h. 30.*

(*Reçu* : le 15, 11 h. 30)

J'ai commenté en termes très pressants le message[1]. M. Sumner Welles m'a déclaré que le gouvernement des États-Unis était résolu à aller aussi loin en faveur des Alliés qu'il pourrait le faire sans entrer en guerre car ni le Congrès, ni l'opinion ne le suivraient jusque-là. Le Président aurait contre lui, en ce cas, non seulement les républicains, mais aussi les syndicats avancés et un certain nombre de démocrates dissidents trop heureux de trouver un terrain favorable d'attaque.

Les déclarations récentes du sénateur Wheeler, porte-parole habituel de John Lewis, et du sénateur Tydings, adversaire personnel de M. Roosevelt, me paraissent significatives à cet égard. Il suffirait d'ailleurs probablement d'un incident affectant directement les intérêts américains pour [...][2] un mouvement d'opinion qui entraînerait le Congrès.

Pour le moment, mon interlocuteur m'a indiqué que l'Administration était prête :

1) à élargir les cessions de matériel de toutes espèces récemment consenties aux Alliés par les départements militaires. M. Sumner Welles lui-même venait de conférer à cet effet avec les services des chefs d'état-major de l'armée et de la marine. M. Purvis a été invité aujourd'hui par M. Morgenthau à lui présenter lundi prochain une nouvelle liste de nos besoins en matériel ;

2) à fournir dès maintenant devant le Congrès la modification du régime de la neutralité et de la loi Johnson[3]. Une indication de ces nouvelles dispositions a été donnée aujourd'hui par le Trésor qui a accepté d'avancer aux usines, au lieu de nous les faire payer immédiatement,

[1] Il s'agit, selon toute vraisemblance, de l'appel que vient de lancer P. Reynaud au président Roosevelt. Voir document n° 9.

[2] Lacune de déchiffrement.

[3] Pour un historique des lois de neutralité aux États-Unis entre 1934 et 1939, se reporter à L. Thanassekos, *Chronologie des relations internationales, 1914-1971. Exposés thématiques*, Paris-La Haye, Mouton, 1972, p. 209, J.-B. Duroselle, *De Wilson à Roosevelt. La politique extérieure des États-Unis, 1913-1945*, Paris, Librairie Armand Colin, 1960, pp. 267-290 et André Kaspi, *Franklin Roosevelt*, Paris, Fayard, 1988.

les frais d'extension et de construction des usines exécutant nos commandes.

J'ai insisté naturellement sur l'importance du facteur « temps ». Le Sous-Secrétaire d'État m'a paru être exactement renseigné sur tous les aspects de la question, à l'exception peut-être des transports.

J'ai souligné à cet égard que la fermeture d'un grand nombre de nos usines et les nécessités du ravitaillement de la population avaient accru dans des proportions considérables nos besoins.

Guerre 1939-45, Vichy, B Amérique, États-Unis, 58

11

M. DE SAINT-QUENTIN, AMBASSADEUR DE FRANCE À WASHINGTON, À M. REYNAUD, PRÉSIDENT DU CONSEIL, MINISTRE DES AFFAIRES ÉTRANGÈRES.

T. *Washington, 14 juin 1940, 22 h. 27.*

(*Reçu* : le 15, 12 h.)

Le message adressé par Votre Excellence au président Roosevelt et dont la teneur serait très sensiblement celle du discours[1], est parvenu ce matin au président Roosevelt. Le Sous-Secrétaire d'État, qui venait d'en conférer avec ce dernier, m'a dit que le ton et l'esprit de ce document avaient fait profonde impression [...][2]. Il ne m'a pas précisé quand ni en quel [...][3] M. Roosevelt répondrait.

Guerre 1939-45, Vichy, B Amérique, États-Unis, 24

[1] Voir document n° 7.

[2] Lacune de déchiffrement.

[3] Lacune de déchiffrement.

12

MESSAGE

Message de M. Churchill, Premier ministre de Grande-Bretagne, pour M. Reynaud, Président du Conseil, Ministre des Affaires étrangères

M[1]. *Londres, 14 juin 1940.*

À notre retour ici, nous avons reçu copie de la réponse du président Roosevelt à votre appel du 10 juin[2].

Notre cabinet est unanime à considérer ce magnifique document comme décisif en faveur de la poursuite de la résistance française, conformément à votre propre déclaration du 10 juin au sujet de la lutte devant Paris, derrière Paris, dans une province, ou, s'il est nécessaire, en Afrique et au-delà de l'Atlantique. La promesse d'un redoublement de l'aide matérielle corrobore mes exhortations à la France de continuer la lutte, même dans les cruelles conditions que vous mentionnez. Si la France, sur la foi du message du président Roosevelt, continue à combattre, nous avons le sentiment que les États-Unis sont moralement engagés au-delà de tout ce que l'on peut dire à faire le dernier pas, c'est-à-dire à devenir belligérants, dans la forme que leur permet la Constitution. La Constitution rend possible, pour le Président, comme vous l'avez prévu, de déclarer la guerre lui-même[3]. Si vous agissez sur la base de la réponse que vous avez reçue, nous croyons sincèrement que cette déclaration de guerre doit suivre inévitablement. Nous demandons au Président de permettre la publication du message, mais, même si, pendant un jour ou deux, il n'accède pas à ce désir, ce message n'en demeure pas moins une base pour votre action. Je vous prie instamment, vous et vos collègues, dont nous avons aujourd'hui tant admiré la résolution, de ne pas négliger cette occasion de mettre sur pied une coalition financière et économique aussi vaste que

[1] On peut lire le texte original en anglais de ce message dans Guerre 1939-45, Vichy, Z Europe, Grande-Bretagne, 33. Il porte la mention marginale manuscrite : « Communiqué le 14 juin à 23 h. au président du Conseil par M. Campbell. »

[2] Selon différents témoins dont P. Baudouin (cf. *Neuf mois au gouvernement, avril-décembre 1940*, Paris, La Table ronde, 1948, pp. 168-169), Paul Reynaud lui-même n'eut communication de la réponse du président Roosevelt que le 15 juin en fin de journée. Puis il en reçut le texte des mains de l'ambassadeur Biddle le 16 juin, vers 12 h. 30. Étant donné l'évolution des événements survenus entre-temps, il oublia d'en informer F. Charles-Roux qui prit connaissance du texte par la presse. Cf. Paul Reynaud, *Mémoires.* Tome II. *Envers et contre tous*, Paris, Flammarion, 1963, pp. 331-333 et 337-338.

[3] Mention marginale manuscrite devant cette phrase : « j'en doute ».

le monde, et qui doit être fatale à la domination nazie. Nous apercevons un plan défini de campagne et nous percevons déjà au fond du tunnel le rayon de lumière dont vous avez parlé.

Papiers 1940, Papiers Dejean, 5

13

M. Corbin, Ambassadeur de France à Londres,
à M. Reynaud, Président du Conseil, Ministre des Affaires étrangères.

T. n° 2523. *Londres, 15 juin 1940, 0 h. 55.*
Réservé. Secret.
(*Reçu :* le 15, 11 h. 15)

Lord Halifax m'a fait un bref compte rendu des conversations que le Premier ministre et lui ont eues[1] avec vous.

Il m'a parlé du second message que vous avez adressé au président Roosevelt[2], et il a ajouté que l'ambassadeur des USA était venu la nuit dernière apporter à M. Churchill une copie de la réponse que M. Roosevelt a faite à votre communication du 10 juin.

D'après le Sous-Secrétaire d'État, cette réponse autorise de grands espoirs et est conçue en termes qui font présager l'entrée prochaine des USA dans la guerre.

Le Premier ministre lui-même estime qu'il faut y voir la « lumière à la sortie du tunnel » à laquelle vous faisiez allusion.

Guerre 1939-45, Vichy, B Amérique, États-Unis, 58

[1] Voir document n° 6.

[2] Voir document n° 9.

14

M. DE SAINT-QUENTIN, AMBASSADEUR DE FRANCE À WASHINGTON, À M. REYNAUD, PRÉSIDENT DU CONSEIL, MINISTRE DES AFFAIRES ÉTRANGÈRES.

T. n°s 1190 à 1195. *Washington, 15 juin 1940, 18 h.*

Extrême urgence.

(*Reçu* : le 16, 9 h. 45)

Le président Roosevelt, que l'ambassadeur d'Angleterre et moi avions inutilement cherché à joindre hier après-midi, nous a reçus ce matin pendant plus d'une heure en présence du Secrétaire d'État.

Après nous avoir donné connaissance du message qu'il venait d'adresser à Votre Excellence, il a ajouté qu'il ne pouvait évidement déclarer la guerre à l'Allemagne car, le voulût-il, il ne serait pas suivi par le Congrès. Lord Lothian et moi avons répondu que nos gouvernements ne l'ignoraient pas, mais qu'ils désiraient savoir si « l'assistance jusqu'aux limites de la guerre », à laquelle l'opinion américaine semblait en grande majorité favorable[1], leur serait donnée avec l'ampleur et la rapidité nécessaires. M. Cordell Hull nous a dit qu'une proposition de loi avait été déposée ce matin même en vue d'autoriser par dérogation à la loi Johnson l'ouverture de crédits aux belligérants pour achats de vivres. En ce qui concerne les autres modifications au régime de la neutralité, le Président s'est montré plus réticent. Il nous a confié qu'il avait hier demandé à l'Amirauté de réformer à notre intention une vingtaine de vedettes porte-torpilles très rapides, motif pris de ce que la préparation systématique des lance-torpilles devrait être améliorée. En apprenant cette nouvelle, la commission des Affaires ordinaires du Sénat s'était révoltée et n'avait pas encore été apaisée.

J'ai repris que cet exemple montrait la nécessité de mettre le Congrès une fois pour toutes en face de ses responsabilités.

Le Président a poursuivi que s'il [...][2] donne aux Alliés un « conseil d'ami », ce serait de ne pas signer de paix précipitée ni d'armistice car ils n'éviteraient pas pour cela l'occupation totale de leur territoire mais de résister pied à pied tant qu'ils le pourraient et au besoin de se retirer en Afrique du Nord[3]. Il s'était convaincu, m'a-t-il dit, que ce serait la seule

[1] Sur l'opinion publique américaine, on peut se référer au télégramme n°s 1149 à 1150 de M. de Saint-Quentin en date du 10 juin, in Papiers 1940, Papiers Lacoste, 4, document non reproduit.

[2] Lacune de déchiffrement.

[3] Il est clair que ce « conseil » du président Roosevelt s'applique à la France et non aux Alliés. Le texte passe d'ailleurs au singulier, ce que nous n'avons pas pensé pouvoir maintenir pour des raisons de syntaxe.

manière pour la France de conserver l'Empire comme pour l'Empire britannique, de conserver leur intégrité et leur indépendance. J'ai répondu qu'une telle solution supposait à tout le moins, comme Votre Excellence l'avait indiqué dans ses messages, un appui moral sans réserves et un appui matériel beaucoup plus puissant que nous ne l'avions reçu jusqu'à présent.

Le Président a particulièrement insisté sur la question des marines française et britannique qu'il a grandement craint de voir livrer à l'ennemi ou même coulées [...][1] équipages, ce qui placerait la flotte américaine en état d'irrémédiable infériorité à l'égard des flottes japonaise, allemande et italienne réunies. Il a somme toute repris les idées développées dans le mémoire de l'Amirauté résumé par mon télégramme 1181-1188[2] hier, mais sans mentionner, comme le faisait ce document, l'entrée des USA en guerre. Lord Lothian a souligné avec une grande vivacité le caractère *sine qua non* de cette condition.

J'ai vu cet après-midi, le Sous-Secrétaire d'État qui m'a dit que le Président était décidé à s'engager toujours plus avant pour les Alliés, mais qu'il devait être très attentif à ne pas faire un pas sans être sûr d'être suivi par le Congrès, plutôt en retard sur l'opinion générale, car un tel échec compromettrait irrémédiablement la cause commune. J'ai cru devoir observer que, d'après nos informations, les hésitations et flottements du Congrès tenaient dans une large mesure à ce qu'il ne recevait pas de l'Administration la direction résolue qu'il en attendait.

La publication [...][3] la cession aux États-Unis de nos possessions du continent américain. En tout cas, et quelles que soient les décisions auxquelles nous contraignent les circonstances, il conviendrait de ne pas manifester les récriminations ou les déceptions que pourrait à bon droit nous inspirer la politique américaine car nous nous aliènerions ainsi des sympathies et des concours, faute desquels notre reconstruction serait très difficile.

Guerre 1939-45, Vichy, Y Internationale, 19

[1] Lacune de déchiffrement.

[2] « Notre attaché naval a eu connaissance ce matin, à titre très secret, d'un mémoire établi par le service de renseignements de l'Amirauté sur la situation extérieure et ses conséquences. Ce document expose que l'armée française étant à bout de souffle et de résistance, les États-Unis doivent entrer en guerre immédiatement pour défendre le continent américain. Il serait trop tard pour agir sur le continent européen et la défense des îles britanniques semblerait très douteuse. » Ce télégramme non reproduit figure en fait sous les n°s 1180 à 1182 dans les Papiers 1940, Bureau Chauvel, 202.

[3] Le télégramme n° 1194 est manquant dans les archives, ce qui explique la rupture de sens au début du télégramme n° 1195 qui commence par « la cession aux États-Unis ... ».

15

M. REYNAUD, PRÉSIDENT DU CONSEIL, MINISTRE DES AFFAIRES ÉTRANGÈRES,
À M. CHURCHILL, PREMIER MINISTRE DE GRANDE-BRETAGNE.

T[1]. *Bordeaux, 15 juin 1940.*

Le conseil des ministres réuni cet après-midi a jugé que le départ du gouvernement hors de France, abandonnant le peuple français au moment où l'ennemi envahira tout le territoire national et imposera à la population de cruelles privations et souffrances, peut provoquer une violente réaction de l'opinion publique s'il n'est pas établi que les conditions de paix de MM. Hitler et Mussolini sont inacceptables, comme contraires à l'honneur et à l'intérêt vital de la France.

Le Conseil ne doute pas que ces conditions le seraient, en effet, mais il considère comme indispensable que la preuve en soit rapportée, faute de quoi le gouvernement se disloquerait, un grand nombre de ses membres refusant de quitter le territoire national.

Pour parvenir à connaître les conditions de l'Allemagne, le Conseil a décidé de demander au gouvernement britannique l'autorisation de faire poser au gouvernement de Berlin, par le gouvernement des États-Unis, la question de savoir quelles seraient les conditions d'armistice de l'Allemagne et de l'Italie envers la France[2].

Le président du Conseil a été autorisé à déclarer au gouvernement britannique que la remise de la flotte à l'Allemagne serait considérée comme inacceptable si le gouvernement britannique autorise le gouvernement français à faire cette démarche[3].

[1] Le document porte la mention marginale manuscrite : « Projet de télégramme remis le 15 juin 1940 à l'ambassadeur d'Angleterre en présence de M. Spears. »

[2] C'est C. Chautemps qui aurait proposé de demander à l'Allemagne quelles seraient ses conditions d'armistice : « Il déclara, au nom des éléments de gauche du Cabinet, que P. Reynaud avait raison d'affirmer qu'un accord avec l'ennemi était impossible, mais qu'il fallait en faire la démonstration en demandant à celui-ci ses conditions d'armistice, quitte à les repousser. » écrit A. Kammerer, *La Vérité ...*, *op. cit.*, p. 118. Celui-ci évoque la proposition de C. Chautemps comme un « coup de pioche » (contre l'union, ou du moins la majorité du gouvernement), « une procédure insidieuse, cauteleuse, lourde de conséquences », « une *combinazione* ». Dans ses mémoires, C. Chautemps, quant à lui, affirme qu'il a formulé cette suggestion « pour la première fois à la séance du 16 au matin », mais juge la controverse inutile. Cf. Camille Chautemps, *Cahiers secrets de l'armistice (1939-1940)*, Paris, Plon, 1963, p. 141. La majorité du Conseil se rallie à cette proposition – même s'il y a débat sur la répartition exacte des voix. J.-P. Azéma signale qu'il y eut des précédents : « Bergery en octobre 1939, Flandin en mars 1940, avaient déjà réclamé qu'on demande au *Führer* dans quelles conditions il était prêt à négocier. » (Cf. Jean-Pierre Azéma, *1940, l'année terrible*, Paris, Le Seuil, 1990, p. 157, note 6).

[3] On peut noter qu'il n'y a aucun engagement d'envoyer la flotte de guerre française dans les ports britanniques.

Au cas où le gouvernement britannique refuserait son consentement à cette démarche, il paraît vraisemblable qu'en raison de l'opinion qui s'est manifestée au Conseil d'aujourd'hui, le président du Conseil serait appelé à donner sa démission[1].

Le président du Conseil vient de recevoir la réponse du président Roosevelt qui se déclare incapable de fournir aux Alliés le concours militaire qui lui est demandé[2].

À la réunion qui a eu lieu à Tours jeudi dernier, il avait été convenu, sur votre demande, que la question de l'autorisation d'une demande d'armistice serait posée à nouveau si la réponse du président Roosevelt était négative[3]. Ce cas ne s'étant pas produit, la question est de nouveau posée.

Papiers 1940, Papiers Reynaud, 6

16

M. Jules Henry, Ambassadeur de France à Rio de Janeiro, à M. Reynaud, Président du Conseil, Ministre des Affaires étrangères.

T. n°s 587 à 588. *Rio, 15 juin 1940, 19 h. 50.*

Les rumeurs de plus en plus courantes parvenues ici sur l'imminence d'une paix séparée de la France causent de la stupeur et de la consternation. On envisage, certes avec [...][4] la perspective d'une occupation totale de notre territoire. On admet que nous puissions être contraints à une capitulation militaire. Mais on se refuse à envisager une capitulation politique de la part du gouvernement qui, estime-t-on, pourrait continuer à fonctionner en Afrique du Nord ou ailleurs, symbolisant ainsi notre inébranlable volonté de vivre. On déplorerait que la France, dont la position morale n'a jamais été plus élevée, ne continuât pas la lutte avec tous les moyens en son pouvoir plutôt que d'être forcée de livrer sa flotte et ses colonies et de renoncer en quelque sorte à participer à la croisade anti-hitlérienne que la Grande-Bretagne entendra poursuivre avec

[1] Au début de l'après-midi du 15 juin, avant l'ouverture du conseil des ministres, P. Reynaud a eu une entrevue avec le général Weygand qui a refusé catégoriquement de donner l'ordre de capitulation ou de cessez-le-feu. L'armistice – geste politique auquel P. Reynaud reste fermement opposé – apparaît donc comme la seule possibilité.

[2] Voir document n° 12, note 1.

[3] Voir document n° 6.

[4] Lacune de déchiffrement.

l'aide probable de plus en plus grande des États-Unis et éventuellement de l'Amérique du Sud.

Les Brésiliens s'attendent d'autant moins à une paix séparée qu'autour de l'ambassade d'Allemagne et dans les milieux germanophiles on déclare que si une telle paix consacrait la victoire définitive du Reich, une prolongation de la guerre pourrait bien remettre en question cette victoire.

Plusieurs de nos compatriotes, qui se sont émus à l'annonce de ces nouvelles d'ailleurs démenties par Londres et que j'ai rassurés, me prient de faire savoir au gouvernement, au nom de la colonie française, qu'ils partagent le sentiment de l'opinion brésilienne telle que je l'ai indiqué ci-dessus.

Guerre 1939-45, Vichy, B Amérique, Brésil, 118

17

NOTE INTERNE[1]

N. *Bordeaux, 15 juin 1940.*

Peut-on négocier avec Hitler, c'est-à-dire composer avec lui, même au prix de grands sacrifices ?

La question est, à l'heure actuelle, d'un intérêt capital.

Interrogeons les faits. Leur langage est d'une parfaite clarté.

Sur le plan intérieur[2], Hitler a anéanti ou domestiqué tous ceux avec lesquels il a feint de pactiser. Tel a été le sort des « Nationaux allemands », du « Casque d'Acier », des Églises catholique et protestante, et de toutes les associations de tendance nationaliste.

Dans le domaine extérieur, les faits ne sont pas moins éloquents :

L'*Autriche* a signé avec Hitler l'accord du 11 juillet 1936, qui devait garantir son indépendance en tant qu'État allemand.

Elle a été envahie et rayée de la carte le 13 mars 1938.

Par l'accord de Munich du 29 septembre 1938, la France et la Grande-Bretagne se sont efforcées de créer un *modus vivendi* entre le Reich et la

[1] Cette note – dont le rédacteur n'a pu être identifié – a, selon toute vraisemblance, été écrite en vue du conseil des ministres qui s'est tenu le 15 juin 1940 en fin d'après-midi. Il en est de même pour le document suivant n° 18 qui semble en être la suite.

[2] Souligné dans le texte, comme tous les mots en italiques suivants.

Tchécoslovaquie. Le 15 mars, la Tchécoslovaquie a été envahie et réduite à l'état d'une colonie.

La *Pologne* a essayé de jouer la carte de l'amitié allemande.

Pendant des années, elle a reçu du gouvernement allemand une série de *satisfecit*[1]. Tout cela a abouti à l'agression du 1er septembre 1939 et à la disparition de la Pologne.

Le *Danemark* a, en juillet 1939, accepté de signer avec l'Allemagne un pacte de non-agression.

Il a été occupé, sans même que le Reich ait éprouvé le besoin d'invoquer un prétexte quelconque.

La *Belgique*, qui a cru aux assurances allemandes concernant le respect de sa neutralité, a subi le même sort que la *Hollande* qui a jugé superflue toute déclaration de ce genre.

Jusqu'ici, tout accord conclu par Hitler avec ses adversaires n'a été qu'une étape vers leur asservissement ou leur destruction totale.

Il serait vain d'espérer qu'il puisse en être autrement de la France.

Il est tout naturel que Hitler cherche aujourd'hui à traiter avec la France, afin de pouvoir se tourner contre la Grande-Bretagne.

Les conditions qu'il nous imposerait impliqueraient, à n'en pas douter, une trahison totale à l'égard de l'Angleterre. Les ménagements que nous pourrions songer à obtenir pour prix d'une telle trahison n'auraient, s'ils nous étaient consentis, qu'un caractère précaire.

Dans les circonstances actuelles, un accord comportant de notre part la cessation complète des hostilités – sur terre, sur mer et dans les airs – signifierait des siècles de servitude.

Il ravalerait la France au niveau de la Slovaquie.[2]

Guerre 1939-45, Vichy, Y Internationale, 19

[1] L'allusion concerne la signature, le 26 janvier 1934 à Berlin, d'un pacte de non-agression et de consultation mutuelle entre l'Allemagne et la Pologne pour une durée de dix ans. Le 27 septembre de la même année, le gouvernement de Varsovie refuse de souscrire au projet de Pacte oriental (le « Locarno de l'Est »), à la grande satisfaction de Berlin.

[2] Ce texte n'est pas signé. On peut cependant en rapprocher la teneur des propos tenus par P. Reynaud le 12 juin : « Vous prenez Hitler pour Guillaume Ier, un *gentleman* qui nous a pris l'Alsace-Lorraine, et tout était dit ; or Hitler, c'est Gengis Khan. » cité par Jean-Pierre Azéma, *1940, l'année terrible*, *op. cit.*, p. 144.

18

NOTE INTERNE[1]

N. *Bordeaux, 15 juin 1940.*

L'Allemagne est victorieuse sur terre.

C'est là un fait dont la douloureuse portée n'a pas besoin d'être soulignée.

Il ne doit pas nous faire oublier cependant les atouts que nous conservons.

Notre flotte est intacte[2]. Avec la flotte britannique, elle possède *la maîtrise des mers*[3]. Il s'ensuit que notre empire colonial et l'Empire britannique – avec leurs immenses ressources humaines et matérielles – sont hors des atteintes de l'ennemi[4].

Maîtresses des mers, premières puissances coloniales du monde, liées aux États-Unis par une étroite amitié, la France et l'Angleterre contrôlent les principales sources des matières les plus indispensables à la conduite de la guerre moderne (pétrole, caoutchouc, etc.).

D'autre part, le cours des opérations – telles qu'elles se sont déroulées jusqu'ici – a révélé – à notre détriment – le rôle primordial de l'aviation. Si l'Allemagne a pu remporter, dès le début, des succès si importants, c'est, dans une très large mesure, grâce à l'avance acquise par son armée de l'air[5].

Or, cette avance, l'Allemagne est en train de la perdre. La cadence des constructions aéronautiques anglaises (bientôt 2 000 appareils par mois) et l'essor imprimé à l'industrie aéronautique américaine[6] nous donnent dès maintenant la certitude d'acquérir, d'ici quelques mois, la supériorité aérienne, facteur décisif de la guerre moderne.

[1] Voir document n° 17, note 1.

[2] Souligné dans le texte.

[3] Souligné dans le texte.

[4] Autour de cette question, on peut se reporter à Marc-Antoine de Nazelle, « D'une réussite inespérée à la rupture franco-britannique : la participation de la marine à la bataille de Dunkerque en mai 1940 », in Christine Levisse-Touzé (sous la dir. de), *La Campagne de 1940*, *op. cit.*, pp. 240-260.

[5] Cf. Patrick Facon, *L'Armée de l'air dans la tourmente : la Bataille de France, 1939-1940*, Paris, Economica, 1997.

[6] Plusieurs documents (non reproduits) précisant cette question figurent dans les Papiers 1940, Reconstitution Fouques-Duparc, 26.

Par la suite, cette supériorité deviendra écrasante, car :

– nous disposons de bases de fabrication (Canada, Australie, États-Unis) qui sont hors de portée des forces aériennes ennemies, tandis que nous serons en mesure de détruire les usines allemandes ;

– nous disposons des principales sources d'approvisionnement en essence.

En outre, le développement déjà atteint par la RAF et la qualité de ses appareils permettent de compter que le territoire anglais pourra être défendu efficacement et demeurer le navire porte-avions des flottes aériennes alliées.

De cette base de départ, il sera possible de soumettre le territoire du Reich à des bombardements incessants (les résultats déjà obtenus à cet égard par la RAF sont très encourageants).

Parallèlement au blocus, cette action aérienne massive et continue, dont les effets moraux ne seront pas moindres que les effets matériels, doit nous permettre de vaincre.

En attendant, il est indispensable de conserver la flotte et l'Empire, et de transporter dans nos possessions africaines tout ce qui pourra être sauvé de nos forces terrestres.

Guerre 1939-45, Vichy, Y Internationale, 19

19

Projet d'Union franco-britannique[1]

Londres, 16 juin 1940.

À l'heure du péril où se décide la destinée du monde moderne, les gouvernements de la République française et du Royaume-Uni, dans l'inébranlable résolution de continuer à défendre la liberté contre l'asservissement aux régimes qui réduisent l'homme à vivre une vie d'automate et d'esclave, déclarent :

Que désormais la France et la Grande-Bretagne ne sont plus deux nations mais une Union franco-britannique indissoluble[2].

[1] Le titre complet de la note est : « Texte du projet d'Union franco-britannique adopté par le War Cabinet le 16 juin et téléphoné de Londres par le général de Gaulle à M. Paul Reynaud qui l'a lu le même jour, à 17 heures, au conseil des ministres à Bordeaux. »

[2] Sur la genèse de cette idée, cf. J.-B. Duroselle, *L'Abîme ...*, *op. cit.*, p. 179 et Léon Noël, « Le projet d'Union franco-britannique », in *Revue d'histoire de la Deuxième Guerre mondiale*,

Une constitution de l'Union sera rédigée prévoyant des organes communs chargés de la politique économique et financière et de la défense de l'Union.

Chaque citoyen français jouira immédiatement de la nationalité anglaise.

Chaque citoyen britannique devient un citoyen français.

Les dévastations de la guerre, où qu'elles aient lieu, seront de la responsabilité commune des deux pays et les ressources de chacun seront confondues pour la restauration des régions détruites.

Durant la guerre il n'y aura qu'un seul Cabinet de guerre pour la direction suprême de la guerre.

Il gouvernera de l'endroit qui sera jugé le mieux approprié pour la conduite des opérations.

Les deux Parlements seront associés. Toutes les forces de la Grande-Bretagne et de la France, terrestres, maritimes ou aériennes, seront placées sous un commandement suprême.

La Grande-Bretagne forme immédiatement de nouvelles armées. La France maintiendra ses forces disponibles soit terrestres, soit maritimes, soit aériennes.

L'Union fait appel aux États-Unis pour fortifier les ressources des Alliés et pour apporter une puissante aide matérielle à la cause commune.

Cette Union, cette unité concentreront toutes leurs énergies contre la puissance de l'ennemi, où que soit la bataille et ainsi nous vaincrons.

(sous réserve de quelques mots qui peuvent encore être changés par le Cabinet qui continue sa séance).

Papiers 1940, Papiers Charles-Roux, 2

janvier 1956. Jean Monnet, qui dirige la Commission franco-britannique de coordination des achats, propose au gouvernement britannique de la mettre en application et lors de sa mission à Londres, à la mi-juin, le général de Gaulle s'emploie à convaincre W. Churchill de promouvoir ce projet. Le texte ainsi adopté par le Cabinet de guerre britannique rend caducs les deux télégrammes envoyés quelques heures plus tôt, qui constituaient la réponse du gouvernement de Londres au télégramme expédié la veille par P. Reynaud sur l'éventualité d'une demande d'armistice (voir document n° 31). Sur la réaction du conseil des ministres français à cette proposition d'Union franco-britannique, on peut se référer à C. Chautemps, *Cahiers secrets ..., op. cit.*, pp. 160-161 et A. Kammerer, *La Vérité ..., op. cit.*, pp. 128-136 et 143.

20

M. DE SAINT-QUENTIN, AMBASSADEUR DE FRANCE À WASHINGTON,
À M. REYNAUD, PRÉSIDENT DU CONSEIL, MINISTRE DES AFFAIRES ÉTRANGÈRES.

T. n°s 1198 à 1199. *Washington, 16 juin 1940, 14 h. 25.*

(*Reçu* : le 17, 5 h.)

Le Président était à bord de son yacht sur le Potomac quand lui a été [...][1] le télégramme de M. Biddle[2] annonçant que le gouvernement français avait décidé de demander l'armistice et rendant compte des objections que lui-même, d'accord avec l'ambassadeur d'Angleterre, aurait présentées contre cette décision. Sans attendre son retour à Washington, le Président m'a fait dire par le Sous-Secrétaire d'État qui m'a reçu à midi et demi qu'à son avis la seule chance que la France ait de conserver finalement son indépendance et son intégrité était de poursuivre la lutte dans ses possessions d'outre-mer et, si cela était impossible, de mettre sa flotte aux ordres de la flotte britannique. Le gouvernement britannique aurait, m'a dit M. Sumner Welles, donné l'assurance formelle qu'en aucun cas sa flotte ne serait livrée à l'ennemi.

Je crois que nous devons interpréter la communication qui m'a été faite comme signifiant que si nous livrions notre flotte, les États-Unis se désintéresseraient complètement de notre sort.

Papiers 1940, Papiers Charvériat, 3

1 Lacune de déchiffrement.

2 A. Biddle, ambassadeur des États-Unis à Varsovie, a suivi le gouvernement polonais en exil à Bordeaux, puis à Livourne. Il est donc le représentant à Bordeaux de W. Bullitt, ambassadeur des États-Unis en France, resté à Paris. Il est reçu, après les ambassadeurs d'Espagne et de Grande-Bretagne, à 2 h. du matin, par le nouveau gouvernement Pétain constitué dans la nuit du 16 au 17 juin, après la démission de P. Reynaud à l'issue de la séance du conseil des ministres du 16 juin, de 17 à 19 heures (voir document n° 25).

21

M. de Saint-Quentin, Ambassadeur de France à Washington, à M. Reynaud, Président du Conseil, Ministre des Affaires étrangères.

T. n°s 1200 à 1201. *Washington*[1], *16 juin 1940.*

Le capitaine de Chambrun, qui vient de passer 24 heures sur le yacht présidentiel, m'a remis le compte rendu suivant :

« Le président Roosevelt comprend pleinement la gravité que présenterait pour les États-Unis une défaite totale des Alliés. Il m'a dit être personnellement disposé à soutenir à fond la résistance de la France, s'il en était temps encore et, en tout cas, celle de l'Empire britannique si celui-ci, comme j'ai cru pouvoir l'affirmer, était en état de se défendre ».

Il a ajouté que l'attitude actuelle et prochaine de la France aurait une grande influence pour entraîner le sentiment public américain, déjà en pleine transformation. Il a particulièrement insisté sur l'importance du facteur de la flotte française.

À la demande de mon interlocuteur, je serais reconnaissant à Votre Excellence de communiquer d'urgence ce qui précède à M. le maréchal Pétain et à M. Pierre Laval[2].

Papiers 1940, Papiers Chauvel, 202

[1] Le document porte, pour la provenance, la mention visiblement erronée de « Vichy » que l'on a corrigé, dans l'en-tête.

[2] Le maréchal Pétain constitue son gouvernement tard dans la soirée du 16 juin. Pour le portefeuille des Affaires étrangères, il a hésité entre Pierre Laval et Paul Baudouin, avant d'opter finalement pour le second. La nomination de Laval risquait en effet de heurter les Britanniques. Pierre Laval, à qui est proposé le ministère de la Justice, refuse alors de faire partie du gouvernement jusqu'au 23 juin, date à laquelle il entre dans le cabinet Pétain remanié, comme ministre d'État. Voir notamment, les mémoires de P. Baudouin, *Neuf mois au gouvernement ..., op. cit.*, pp. 175-177.

22

M. de Saint-Quentin, Ambassadeur de France à Washington,
à M. Reynaud, Président du Conseil, Ministre des Affaires étrangères.

T. n° 1202. *Washington, 16 juin 1940.*

Extrême urgence.

Me référant à mes télégrammes 1198-1199[1] et 1200-1201[2], je crois devoir insister sur le tort irréparable que la livraison de notre flotte au vainqueur nous causerait non seulement auprès du gouvernement américain actuel, mais dans l'esprit de la nation américaine pendant de longues années.

Papiers 1940, Papiers Chauvel, 202

23

M. Roosevelt, Président des États-Unis,
à M. Reynaud, Président du Conseil, Ministre des Affaires étrangères.

T[3]. *Washington, 16 juin 1940.*

(*Reçu* : le 20)

Votre message si profondément émouvant[4] m'est parvenu et je viens vous dire à quel point je vous suis reconnaissant pour ce que vous avez été assez bon pour me dire.

Le peuple américain n'oubliera pas la brillante, courageuse et effective résistance que vous avez conduite à la tête de votre gouvernement au nom de la France.

[1] Voir document n° 20.

[2] Voir document n° 21.

[3] Le télégramme porte la mention : « télégramme du 16 juin, reçu le 20, contenant le message personnel suivant du président Roosevelt pour M. Paul Reynaud. » On n'a pas retrouvé le texte du télégramme de l'Ambassadeur.

[4] La teneur des propos du président Roosevelt pourrait laisser entendre qu'il évoque ici le message d'adieu et de remerciement de P. Reynaud (voir document n° 28) ; mais celui-ci est daté du lendemain, 17 juin, 18 h. 10, ce qui pose à l'évidence un problème de chronologie, à moins qu'il s'agisse simplement du décalage horaire.

Le peuple américain et son gouvernement partagent la conviction que les idéaux que la France a défendus pendant tant de générations – les idéaux de liberté humaine, de démocratie et de la plus haute forme de la civilisation – triompheront encore et que la France elle-même reconquerra sa pleine indépendance et liberté.

Papiers 1940, Papiers Baudouin, 4

24

Note de M. Reynaud, Président du Conseil, Ministre des Affaires étrangères

N. s.l. [*Bordeaux*], *s.d.*[*16 ? juin 1940*].

Ne pas oublier promesse d'expédier en Angleterre aviateurs prisonniers allemands[1].

Dire où ils s'embarqueront.

Nécessité de détruire archives aussi bien militaires que diplomatiques[2].

Papiers 1940, Papiers Reynaud, 6

[1] Cette recommandation faite par P. Reynaud (comme l'indique une mention marginale manuscrite) très peu de temps sans doute avant que sa démission ne devînt effective, fut finalement vaine : le 25 juin 1940, le nouveau gouvernement rend à l'Allemagne les 400 aviateurs faits prisonniers pendant la campagne de France. La Luftwaffe les utilisera pendant la Bataille d'Angleterre.

[2] Selon plusieurs témoignages, il semble qu'une partie de ces archives ait été détruite un mois plus tôt. Cf. A. Kammerer, *La Vérité ...*, *op. cit.*, p. 22 (« L'autodafé du ministère des Affaires étrangères », et la mise au point de Henri Hoppenot publiée dans le *Monde* daté 15-16 août 1947, reproduite in R. Boyer de Sainte-Suzanne, *Une Politique étrangère. Le Quai d'Orsay et Saint-John Perse à l'épreuve d'un regard, novembre 1938-juin 1940*, Paris, Viviane Hamy, 2000, pp. 339-340.

25

ÉPHÉMÉRIDE[1]

Journées du 12 au 16 juin

N.

Mercredi 12 juin 19 h. 30 – 23 h. 30

Nous sommes entièrement dominés. Pas de réserves.

La défense coordonnée n'est plus possible.

Cette situation a été exposée la veille à W[inston] C[hurc]hill à Briare.

L'armée s'est battue courageusement. L'honneur est sauf.

Le g[énér]al W[eygand], pour éviter la décomposition de l'armée, demande l'armistice[2].

P[aul] R[eynau]d s'y oppose. Ce serait déshonorant et inutile.

Le m[aréch]al P[étain] insiste.

Il ne faut pas séparer la F[rance] de l'Ang[leterre], dit P[aul] R[eynaud]. Convoquons Churchill[3].

Jeudi 13 juin

Conseil suprême 15 h. 30 – 17 h. 30

Déclaration de Churchill. Appel à Roosevelt.

Conseil des ministres 18 h. – 20 h. 30

Appel à adresser au p[résiden]t des É[tats]-U[nis][4].

Le soir, P[aul] R[eynaud] fait un appel pour la lutte à fond.

Vendredi 14 juin

Déplacement du g[ouvernemen]t.

Samedi 15 juin

Conseil des ministres 16 h.

[1] Cet extrait d'éphéméride manuscrit est de la main de Roger Gasser, aide de camp du général Weygand.

[2] Voir document n° 5. La position du général Weygand se serait donc radicalisée entre le 10 et le 12 juin.

[3] Voir document n° 6.

[4] Voir document n° 7.

Pas de réponse des É[tats]-U[nis][1].

Il apparaît indispensable de demander les conditions d'armistice, même pour les repousser.

P[aul] R[eynaud] dit que cette demande est incompatible avec notre engagement vis-à-vis de la Grande-Bretagne. Il va demander l'autorisation au g[ouvernemen]t britannique[2].

Dimanche 16 juin

Conseil 11 – 12 h.

P[aul] R[eynaud] doit voir Churchill.

Réponse négative des É[tats]-U[nis].

Conseil à 17 h.

Offre de fusion de l'Angleterre[3].

Refus de nous rendre notre liberté.

23 h. Cabinet Pétain.

Minuit. Conseil des m[inis]tres.

0 h. 30 Lequerica.

1 h. Campbell

2 h. Biddle

Papiers 1940, Papiers Baudouin, 1

[1] Voir document n° 12.

[2] Cela sera fait le lendemain, 16 juin. Voir document n° 21.

[3] Voir document n° 19.

26

NOTE DE M. BAUDOUIN, MINISTRE DES AFFAIRES ÉTRANGÈRES

Note remise à M. de Lequerica, ambassadeur d'Espagne

N[1]. *Bordeaux, 17 juin, 0 h. 30.*

Le gouvernement français, présidé par le maréchal Pétain, demande au gouvernement espagnol d'intervenir aussi rapidement que possible auprès du gouvernement allemand pour lui demander la cessation des hostilités et quelles sont ses conditions de paix[2].

Le gouvernement français suggère que, dès que le gouvernement allemand aura pris connaissance de ces demandes, il donne des instructions à son aviation pour que cessent les bombardements des villes.

Papiers 1940, Papiers Baudouin, 1

[1] *Note du document* : « Note remise le 17 juin à 0 h. 30 à M. de Lequerica, ambassadeur d'Espagne. »

[2] Il est à remarquer que le mot « armistice » ne figure pas dans le texte de cette note. Le 17 juin, à 12 h. 30, le maréchal Pétain a adressé à la nation le message suivant : « Français, à l'appel de M. le président de la République, j'assume à partir d'aujourd'hui la direction du gouvernement de la France. Sûr de l'affection de notre admirable armée, qui lutte avec un héroïsme digne de ses longues traditions militaires contre un ennemi supérieur en nombre et en armes ; sûr que, par sa magnifique résistance, elle a rempli nos devoirs vis-à-vis de nos alliés ; sûr de l'appui des anciens combattants, que j'ai eu la fierté de commander ; sûr de la confiance du peuple tout entier, je fais à la France le don de ma personne pour atténuer son malheur. En ces heures douloureuses, je pense aux malheureux réfugiés qui, dans un dénuement extrême, sillonnent nos routes ; je les assure de toute ma sollicitude. C'est le cœur serré que je vous dis aujourd'hui qu'il faut tenter de cesser le combat. Je me suis adressé cette nuit à l'adversaire pour lui demander s'il est prêt à rechercher avec moi, entre soldats, après la lutte, dans l'honneur, les moyens de mettre un terme aux hostilités. Que tous les Français se groupent autour du gouvernement que je préside pendant ces dures épreuves et fassent taire leur angoisse pour n'obéir qu'à leur foi dans le destin de la patrie. » (d'après la coupure de presse sans mention de l'origine, figurant dans Guerre 1939-45, Vichy, Y Internationale, 19).

27

NOTE DE M. BAUDOUIN, MINISTRE DES AFFAIRES ÉTRANGÈRES

Note remise à S.E. le Nonce apostolique

N[1]. *Bordeaux, 17 juin 1940.*

Le gouvernement français, présidé par le maréchal Pétain, demande au Saint-Siège apostolique de bien vouloir porter, aussi rapidement que possible, à la connaissance du gouvernement italien la note qu'il a remise cette nuit à l'ambassadeur d'Espagne en France à l'intention du gouvernement allemand[2].

Il le prie également de faire part au gouvernement italien de son désir de rechercher avec lui les bases d'une paix durable entre les deux pays[3].

Guerre 1939-45, Vichy, Y Internationale, 184

28

M. BAUDOUIN, MINISTRE DES AFFAIRES ÉTRANGÈRES,
À M. DE SAINT-QUENTIN, AMBASSADEUR DE FRANCE À WASHINGTON.

T. n° 1 Bx *Bordeaux, 17 juin 1940, 18 h. 10.*

Veuillez remettre le télégramme suivant de la part de M. Paul Reynaud à M. le président Roosevelt :

« Au moment où je quitte mes fonctions, je veux vous dire, monsieur le Président, que je sais que la réponse que vous avez faite à mon dernier message allait à l'extrême limite de ce que permettaient les circonstances actuelles. Je vous en exprime ma vive gratitude.

1 Le document porte la mention manuscrite marginale : « Note remise le 17 juin, à 9 h. 45, à S.E. le Nonce apostolique par M. Baudouin, ministre des Affaires étrangères. »

2 Voir document n° 26.

3 Le Nonce apostolique, Mgr Valerio Valeri, n'étant venu au lycée Longchamp, où étaient installés les services du ministère des Affaires étrangères que le 17 juin au matin, P. Baudouin s'est également adressé à l'ambassadeur d'Espagne pour toucher l'Italie. Cf. J.-B. Duroselle, *L'Abîme ..., op. cit.*, p. 184.

Dans l'immense malheur qui l'accable, la France sait que parce que l'Amérique existe, la forme de civilisation qui est la sienne ne mourra pas et qu'un jour, la liberté revivra dans la vieille Europe.

Signé Paul Reynaud[1].

Guerre 1939-45, Vichy, Y Internationale, 19

29

M. Baudouin, Ministre des Affaires étrangères,
à tous les postes diplomatiques plus Sydney, Beyrouth,
Calcutta, Wellington.

T[2]. *Bordeaux, 17 juin 1940.*

Après des semaines d'une lutte héroïque soutenue contre un adversaire disposant d'une supériorité écrasante en effectifs et en matériel, l'armée française se trouve aujourd'hui dans une situation qui oblige le gouvernement de la République à s'informer des intentions de l'ennemi avant d'envisager des mesures ultimes de défense[3].

Présidé par le maréchal Pétain, assisté du général Weygand et de l'amiral Darlan, le gouvernement français a donc demandé à l'Allemagne, par l'entremise du gouvernement espagnol, de cesser les hostilités et de faire connaître ses conditions de paix. Le gouvernement français a porté cette démarche, par l'entremise du Saint-Siège à la connaissance du gouvernement italien. Il a exprimé, en même temps, le désir de rechercher avec ce gouvernement les bases d'une paix durable entre les deux pays.

Le gouvernement britannique, comme le gouvernement des États-Unis, ont été tenus au courant. De la réponse qui sera faite par le gouvernement du Reich dépendront les décisions ultérieures du gouvernement français.

Depuis plusieurs jours déjà, l'armée française, qui restait presque seule à supporter la pression de toute l'armée allemande, avait atteint les limites possibles de la résistance. Luttant jour et nuit contre les réserves toujours

[1] Voir document n° 23, note 4.

[2] Le document porte la mention marginale manuscrite : « Télégramme circulaire envoyé le 17 juin. Tous postes diplomatiques + Sydney, Beyrouth, Calcutta, Wellington. Original pour M. Hoppenot. »

[3] Ici, ajout à la main, « avant d'envisager des mesures ultimes de défense ». Cette mention remplace ce qui était dactylographié précédemment : « en cas d'arrêt des opérations militaires », morceau de texte supprimé qui apparaît clairement dans l'exemplaire figurant dans les Papiers 1940, Papiers Baudouin, 1.

renouvelées de l'ennemi, les soldats de France ont sauvé l'honneur de la patrie. Tout leur héroïsme ne pouvait suffire, au prix même des sacrifices les plus sanglants, à en protéger plus longtemps le territoire.

Depuis que cette situation lui était connue, le gouvernement en avait envisagé les inéluctables conséquences. Mais la démarche effectuée cette nuit et prévue depuis plusieurs jours n'implique à aucun degré que le gouvernement français songe à se plier à aucune condition qui serait contraire à l'honneur, à la dignité ou à l'indépendance nationale. Si, aux ouvertures qu'il a fait adresser à l'Allemagne, il devait être répondu par des exigences inacceptables, c'est avec une résolution farouche que le pays tout entier, préférant subir ce qu'il ne saurait accepter, continuerait la lutte sur les bases de l'Empire français, jusqu'au jour où l'effort commun de tous les peuples libres amènerait sa libération.

Guerre 1939-45, Vichy, Y Internationale, 22

30

M. Brugère, Ambassadeur de France à Belgrade,
à M. Baudouin, Ministre des Affaires étrangères.

T. n°s 749 à 750. *Belgrade, 17 juin 1940, 20 h. 45.*

(*Reçu* : le 18, 4 h. 30)

Au risque d'être accusé de m'occuper de choses dont je ne possède pas tous les éléments d'appréciation, je ne puis m'empêcher de vous dire la honte qu'en contact permanent avec l'étranger, je ressens à l'idée que notre commandement traite avec l'ennemi sans nous être préalablement mis d'accord avec nos alliés britanniques. À toutes les fautes militaires que notre Haut Commandement a commises, c'est en ajouter une politique d'une portée incommensurable que d'en appeler à la commisération d'Hitler, alors qu'en dehors du territoire métropolitain il nous reste des possibilités, fussent-elles réduites, de résister sur mer, dans l'air, et dans nos possessions d'outre-mer. La réponse du président Roosevelt dans le jugement de tous ici dépassait tout ce que nous pouvions en attendre : loin de nous décourager, elle aurait pu et dû relever notre moral. Représentant la France dans un pays qui a continué à nos côtés pendant trois années la lutte sans avoir gardé la moindre parcelle de son territoire, j'éprouve un serrement de cœur à la pensée que les Yougoslaves pourront [...][1] que ce qu'ils ont fait, nous avons été

[1] Lacune de déchiffrement.

incapables de l'entreprendre. Ma position est prise : je refuse de servir un gouvernement, fût-il présidé par le vainqueur de Verdun[1], qui signerait la capitulation de la France[2].

Guerre 1939-45, Vichy, Y Internationale, 24

31

NOTE DU DÉPARTEMENT

Communication de Lord Halifax à M. Paul Reynaud du 16 juin 1940

N[3]. *Bordeaux, 17 juin 1940.*

Avant la réunion du conseil des ministres le 16 juin – réunion au cours de laquelle M. Paul Reynaud devait donner sa démission – l'ambassadeur d'Angleterre avait remis au président du Conseil deux télégrammes de lord Halifax. Ces deux communications se référaient à la question des engagements de la France envers la Grande-Bretagne et aux conditions que le gouvernement britannique considérait comme en tout état de cause indispensables pour pouvoir libérer le gouvernement français de son engagement en cas d'armistice.

Sir R.H. Campbell ne croit d'ailleurs pas que M. Paul Reynaud ait donné lecture au conseil des ministres de ces deux communications, étant donné qu'elles avaient été suivies par un autre document sur l'unification complète des deux pays[4], que M. Paul Reynaud a effectivement soumis au gouvernement. Croyant avoir de très sérieuses raisons de compter gagner ses collègues à cette dernière solution, M. Paul Reynaud a vraisemblablement laissé de côté, au cours du Conseil, les deux télégrammes de lord Halifax.

[1] Né en 1885, Raymond Brugère est le fils du général Brugère, proche du maréchal Pétain.

[2] Sur les réactions d'autres diplomates français, cf. J.-B. Duroselle, *L'Abîme ...*, *op. cit.*, p. 187.

[3] Mention « p.j. » = Annexes 1 et 2.

[4] De fait, P. Reynaud n'a pas donné lecture de ces deux notes, invalidées par la proposition d'Union franco-britannique (voir document n° 19). Il y a débat sur les raisons exactes de ce silence : fut-il de l'initiative même de P. Reynaud ? Ou bien le gouvernement de Londres avait-il fait savoir explicitement qu'il retirait ces deux notes ? (Cf. J.-B. Duroselle, *l'Abîme ...*, *op. cit.*, p. 179) ; A. Kammerer, *La Vérité ...*, *op. cit.*, p. 132, accrédite la seconde hypothèse. Le 18 juin, P. Reynaud rencontrera P. Baudouin pour s'expliquer sur cette omission. Voir document n° 41.

Quoi qu'il en soit, l'ambassadeur d'Angleterre a cru nécessaire que le nouveau gouvernement français ait connaissance des deux télégrammes du 16 juin et il en a apporté le texte, le 17 juin, à 16 h. 45, au Secrétaire général du ministère des Affaires étrangères pour communication au gouvernement.

Ci-joint en traduction les deux télégrammes remis par sir R.H. Campbell.

*

* *

Au cours de sa visite à M. Charles-Roux, sir R.H. Campbell a marqué comme allant de soi le désir du gouvernement britannique d'avoir connaissance, avant qu'une réponse y soit donnée par le gouvernement français, des conditions d'armistice qui seraient posées par le gouvernement allemand pour que soit possible une rapide consultation.

Guerre 1930-45, Vichy, Y Internationale, 19

Annexe 1

Télégramme du Vicomte Halifax à Sir R.H. Campbell (traduction)

N. *Londres, 16 juin, 13 h. 30.*

Veuillez remettre à M. Paul Reynaud le message suivant, qui a été approuvé par le Cabinet.

Début :

Notre accord interdisant une négociation séparée, soit pour un armistice soit pour la paix, a été passé avec la République française et non pas avec une administration française ou un homme d'État français en particulier. Il met donc en cause l'honneur de la France. À la condition toutefois, mais à cette seule condition, que la flotte française soit conduite aussitôt vers des ports britanniques en attendant des négociations, le gouvernement de Sa Majesté donne son plein assentiment à une enquête par le gouvernement français en vue de connaître les conditions d'un armistice pour la France. Le gouvernement de Sa Majesté, étant résolu à continuer la guerre, s'exclut entièrement lui-même de toute participation à l'enquête ci-dessus mentionnée concernant un armistice.

Guerre 1930-45, Vichy, Y Internationale, 19

Annexe 2

Télégramme de Lord Halifax à Sir R.H. Campbell (traduction)

N. *Londres, 16 juin, 15 h. 45.*

Comme suite au message objet de mon télégramme de ce jour, veuillez faire à M. Paul Reynaud la communication suivante :

Nous nous attendons à être consultés dès que des conditions d'armistice auront été reçues. Ceci est nécessaire non pas seulement en vertu du traité interdisant toute paix ou armistice séparé, mais aussi en raison des conséquences vitales pour nous de tout armistice, du fait spécialement que des troupes britanniques sont engagées avec l'armée française dans le combat.

Vous voudrez bien marquer fortement au gouvernement français le fait qu'en insistant sur un repli de la flotte française dans des ports anglais, nous avons à l'esprit les intérêts français aussi bien que les nôtres, et que nous sommes convaincus que la position du gouvernement français dans toutes discussions d'armistice sera renforcée s'il est à même de faire état du fait que la marine française est hors de portée des forces allemandes.

En ce qui concerne l'aviation française, nous sommes portés à croire que tous les efforts seront faits pour l'envol des appareils vers l'Afrique du Nord, à moins que le gouvernement français ne préfère les envoyer vers ce pays.

Nous comptons sur le gouvernement français pour faire tout son possible tant avant que pendant la négociation d'armistice à l'effet de dégager les troupes polonaises, belges et tchèques actuellement en France et les envoyer dans l'Afrique du Nord. Des arrangements sont pris en vue de recevoir en ce pays les gouvernements polonais et belge.

Guerre 1930-45, Vichy, Y Internationale, 19

32

NOTE DU SECRÉTAIRE GÉNÉRAL

Note d'audience

N. *Bordeaux, 17 juin 1940.*

Au cours d'une conversation avec le secrétaire général du Département, les ministres du Canada et de l'Afrique du Sud ont déclaré qu'ils demanderaient à leurs gouvernements respectifs d'user de leur influence à Londres pour faire comprendre au gouvernement britannique la situation de la France et les motifs de la démarche faite par le gouvernement français auprès de l'ennemi.

Guerre 1939-45, Vichy, Y Internationale, 19

33

NOTE DU SECRÉTAIRE GÉNÉRAL

Note pour le Ministre

N. *Bordeaux, 17 juin 1940.*

Le Secrétaire général croit devoir attirer l'attention du Ministre sur deux aspects du problème posé par la démarche effectuée cette nuit auprès des gouvernements allemand et italien :

1) Question de la flotte

La décision qui sera prise en ce qui concerne le sort de la flotte comportera des incidences capitales du point de vue de nos relations avec la Grande-Bretagne et avec les États-Unis.

En diminuant dès aujourd'hui l'importance de leur représentation diplomatique en France, les Anglais marquent toutes les réserves que la démarche effectuée cette nuit a provoquées à Londres. Il n'est pas douteux que la livraison de la flotte aux Allemands serait regardée par eux comme un revirement complet de la politique française, opposant la France à son alliée, et que le gouvernement anglais tirerait toutes les conséquences d'une mesure qui constituerait, par l'assistance qu'elle prêterait à l'Allemagne, un acte hostile de la France à l'égard de la Grande-Bretagne.

La position des États-Unis à ce sujet serait, sur le plan moral, la même que celle de la Grande-Bretagne. M. de Saint-Quentin a indiqué quelles profondes répercussions la livraison de la flotte aurait sur l'opinion publique américaine dont elle ruinerait, pour de longues années, toutes les sympathies pour notre pays. Elle y soulèverait non seulement de la consternation, mais de l'indignation et détacherait définitivement les Américains de notre cause, à laquelle nous aurions paru porter nous-mêmes le coup fatal, en augmentant de toute notre puissance navale, encore intacte, les forces que l'Allemagne se prépare à mettre en œuvre contre l'Angleterre et demain peut-être contre les États-Unis.

Au cas où l'Allemagne poserait comme exigence la reddition de la flotte[1], on doit donc se demander si, à défaut d'une destruction inutile de nos bâtiments, les commandants des diverses escadres ne devraient pas être laissés libres, sous le couvert d'une désobéissance apparente aux ordres reçus, de gagner, avec leurs unités, les ports de l'Angleterre ou de l'Amérique. Cette solution paraîtrait seule compatible, aussi bien avec les exigences de l'honneur national qu'avec les ressources d'avenir que nous devons, dans toute la mesure du possible, tenter de nous ménager du côté de nos alliés.

2) Conséquences à tirer de la réponse allemande

Il n'est pas dans la pensée du gouvernement de capituler sans conditions, ou de se soumettre à toutes les exigences que l'Allemagne formulerait.

Si les prétentions du Reich paraissent, dans une certaine mesure, acceptables, nous devrons nous efforcer d'en tirer, par voie de négociation, le meilleur parti possible et surtout de nous assurer quelques garanties contre une répétition de la politique mise en œuvre par l'Allemagne contre la Tchécoslovaquie et qui partait de prémisses relativement raisonnables pour aboutir à l'annexion pure et simple de tout le pays.

Si les conditions allemandes sont inacceptables, le gouvernement doit se laisser la possibilité de suivre l'exemple que nous avons recommandé aux gouvernements norvégien, belge et hollandais et de se transporter, soit en totalité, soit sous forme de délégation restreinte, ayant autorité constitutionnelle et légale, en Afrique du Nord ou en Angleterre[2]. Il importe, en présence de cette éventualité, de prévoir dès maintenant le temps et les moyens matériels nécessaires pour cette évacuation, dont la position, à ce moment donné, des armées allemandes, déterminera forcément les conditions. Le départ pour l'Angleterre ou pour l'Afrique du Nord du gouvernement ou de la délégation gouvernementale habilitée à exercer son autorité au dehors, ne doit pas ressembler à une fuite, mais

[1] Hitler attache une importance toute particulière à cette question, persuadé qu'il pourrait y avoir là une opportunité de contraindre la Grande-Bretagne à la capitulation.

[2] Sur la position de Pétain et des membres de son cabinet à propos de l'éventualité du départ de Bordeaux et de la scissiparité du gouvernement, cf. notamment Marc Ferro, *Pétain*, Paris, Fayard, 1987, pp. 90-95.

conserver un caractère de maîtrise et de dignité. Les conditions de son exécution éventuelle devraient donc, dès maintenant, être secrètement préparées et mises à pied d'œuvre.

Guerre 1939-45, Vichy, Y Internationale, 19

34

COMMUNICATION TÉLÉPHONIQUE

Message de l'ambassadeur d'Espagne

T. *Bordeaux, 18 juin, 0 h. 30.*

L'ambassade d'Espagne à Bordeaux a fait, le 18 juin 1940 à 0 h. 30, la communication téléphonique suivante :

À 21 heures, le gouvernement espagnol a reçu la note suivante du représentant à Madrid :

« Le gouvernement allemand a pris connaissance de la communication du gouvernement français qui lui a été transmise le 17 juin par M. le ministre des Affaires extérieures de l'Espagne. Le *Führer* allemand aura une entrevue avec le chef du gouvernement de son alliée l'Italie pour examiner ensemble la situation qui résulte de la communication du gouvernement français[1]. Une autre communication sera transmise. »

Papiers 1940, Papiers Baudouin, 1

[1] Hitler et Mussolini se rencontrent à Munich les 18 et 19 juin pour discuter des conditions de l'armistice avec la France. Leurs ministres des Affaires étrangères les accompagnent. On peut trouver un compte rendu de ces entrevues dans *Les Archives secrètes du comte Ciano, 1936-1942. Procès-verbaux des entretiens avec Mussolini, Hitler, Franco, Chamberlain, Ribbentrop, Göring, Sumner Welles, Serrano Suner, Schuschnigg, François-Poncet, etc.*, traduction de M. Vaussard, Paris, Plon, 1948, pp. 375-378.

35

M. Corbin, Ambassadeur de France à Londres,
à M. Baudouin, Ministre des Affaires étrangères.

T. n° 2576. *Londres, 18 juin 1940, 4 h. 09.*

(*Reçu* : le 18, 12 h. 30)

Le Premier ministre, que j'ai vu dans la soirée, fera demain[1] à la Chambre des communes une déclaration où il affirmera la volonté de l'Angleterre de continuer la lutte quoi qu'il arrive[2]. Il exprimera ensuite sa confiance dans l'aide américaine et dans la victoire finale. « Tout le pays, m'a-t-il dit, est unanime. Sauf quelques pacifistes dont les principes n'ont jamais varié, il n'y aura personne à la Chambre des communes pour désapprouver l'attitude du gouvernement.

Nous savons les épreuves qui nous attendent. Ce sont celles que vous traversez vous-mêmes. Nos villes seront impitoyablement bombardées. L'ennemi tentera par tous les moyens de débarquer ses troupes sur notre territoire. Nous sommes prêts à le recevoir [...][3] parviendra à prendre pied chez nous. Même s'il détruit nos usines et si la population civile est décimée, nous continuerons la lutte, assurés de recevoir dans peu de mois tout le matériel nécessaire des USA. Et nous finirons par vaincre, car jamais l'Amérique ne laissera écraser l'Angleterre.

1 C'est dans la soirée du 17 juin que C. Corbin a rencontré W. Churchill qui prononcera une longue allocution devant les Communes dans l'après-midi du 18 juin.

2 W. Churchill déclare notamment : « [...] Nous ne savons pas encore ce qui va se passer en France, ni si la résistance française, dans la métropole ou dans l'Empire, se prolongera. Si, dédaignant les possibilités considérables qui s'ouvrent encore à lui, le gouvernement français décide de ne pas continuer la guerre, ainsi que son traité l'y oblige – car nous n'avons pas cru pouvoir l'en libérer – il compromettra l'avenir de la France. [...] Ce que le général Weygand a appelé la Bataille de France a pris fin. La Bataille de Grande-Bretagne peut commencer d'un moment à l'autre. Du sort de la bataille dépend la civilisation chrétienne. Nos mœurs et coutumes en dépendent, ainsi que la longue continuité de nos institutions et de l'Empire. Toute la furie, toute la puissance de l'ennemi s'abattront bientôt sur nous. Hitler sait bien que s'il ne nous réduit pas à l'impuissance dans notre île, il perdra la guerre. Si nous pouvons lui tenir tête, toute l'Europe recouvrera un jour sa liberté, et les hommes pourront peut-être lever les yeux sur un avenir paisible, spacieux et ensoleillé. Mais si nous sombrons, alors le monde entier, y compris les États-Unis, et tout ce que nous avons connu et aimé, sombrera dans l'abîme d'une nouvelle barbarie. [...] » De larges extraits de la traduction française de ce discours figurent en annexe de l'ouvrage d'A. Kammerer, *La Vérité ...*, *op. cit.*, pp. 318-321. Le texte original est reproduit *in extenso* in *Keesing's Contemporary Archives*, *op. cit.*, pp. 4102-4104. On peut se référer également à Winston Churchill, *Discours de guerre, 1940-1942*, Shenvall Press (s.d.), où l'on a la traduction intégrale en français de l'ensemble des discours du Premier ministre britannique durant cette période.

3 Lacune de déchiffrement.

Ce jour-là, si la France est appauvrie et mutilée, notre premier devoir sera de la restaurer dans ses frontières, dans ses possessions coloniales et dans son ancienne grandeur.

Une seule hypothèse est à redouter pour nous, c'est celle où la France laisserait saisir sa flotte dont les canons seraient aussitôt tournés contre son allié de la veille. Je ne suppose pas un instant que le gouvernement français accepte de voir une condition aussi déshonorante figurer dans les termes de l'armistice[1]. Mais dans la désorganisation actuelle de votre armée, ne se trouvera-t-il pas surpris par une avance subite de l'ennemi qui peut occuper vos ports ou en tout cas rendre impossible le départ des bâtiments de guerre ? Or, il est de votre intérêt essentiel de régler la question par avance en envoyant la flotte en Angleterre ou aux USA, comme nous ferions nous-mêmes si nous nous trouvions à toute extrémité et de ne pas risquer d'être dans l'impossibilité matérielle de refuser les conditions posées par l'ennemi ».

Le Premier ministre a exprimé le même avis en ce qui concerne les avions qui, si des mesures ne sont pas prises immédiatement, vont grossir la force aérienne allemande et être utilisés contre la population civile du Royaume-Uni.

Papiers 1940, Papiers Charles-Roux, 6

36

LE GÉNÉRAL NOGUÈS, RÉSIDENT GÉNÉRAL DE FRANCE À RABAT, COMMANDANT EN CHEF DES TROUPES DE L'AFRIQUE DU NORD (ALGER), À M. BAUDOUIN, MINISTRE DES AFFAIRES ÉTRANGÈRES.

T. n°s 54 à 56. *Alger, 18 juin 1940, 16 h. 30.*

(*Reçu* : le 18, 20 h.)

Pour le maréchal Pétain :

Toutes les troupes ainsi que les populations françaises de l'Afrique du Nord me prient, dans des démarches émouvantes, de demander respectueusement au gouvernement de continuer la lutte et de défendre le sol nord-africain.

[1] Le 17 juin, W. Churchill a lancé un appel à « l'illustre maréchal Pétain » et au « fameux général Weygand », dans lequel il exprime ses craintes à propos d'une livraison éventuelle de la flotte anglaise au Reich. « Un tel acte marquerait leurs noms au fer rouge pendant mille ans d'histoire. » (Cf. J.-B. Duroselle, avec le concours d'A. Kaspi, *Histoire des relations internationales de 1919 à nos jours*, Paris, Dalloz, 2002, 13e éd., T. 1, p. 277).

Les indigènes en particulier, qui, comme ils le déclarent, sont prêts à marcher avec nous jusqu'au dernier homme, ne comprendraient pas que l'on puisse disposer éventuellement de leurs territoires sans tenter avec eux de les conserver, alors qu'en 1939 comme en 1914, ils ont répondu en masse à notre appel pour venir se battre en France à nos côtés.

Les deux protectorats peuvent faire valoir en plus le fait que nous nous sommes solennellement engagés à les protéger, ayant pris la responsabilité de leur sécurité intérieure et extérieure.

Envisager leur cession à l'étranger sans leur consentement et sans avoir combattu serait considéré comme une trahison.

Si nous ne défendons pas l'Afrique du Nord, nous aurons même du mal à garder une réelle autorité sur ce que nous en laisseront nos adversaires *au règlement de comptes final*[1], car on ne gouverne pas dans le mépris général.

Les musulmans sont tous prêts en ce moment à donner leur vie pour que le drapeau de la France continue à flotter sur l'Afrique du Nord. Nous ne saurions les décevoir. D'ailleurs, avec notre flotte intacte, les formations d'aviation qui passent actuellement la Méditerranée et quelques moyens supplémentaires en cadres et en matériel, nous tiendrons longtemps et sans doute assez pour pouvoir contribuer à la défaite de nos adversaires.

C'est donc avec une respectueuse mais brûlante insistance que je demande au gouvernement, au nom des intérêts les plus vitaux de notre pays, de venir poursuivre ou de laisser poursuivre la lutte dans l'Afrique du Nord s'il n'est plus possible de le faire sur le continent. C'est le seul moyen de garder à la France notre empire musulman. Elle y trouvera plus tard des forces vives et neuves dont le rôle sera dans son avenir.

Permettre à l'Afrique du Nord de se défendre, c'est entreprendre dès maintenant le redressement de la France.

Guerre 1939-45, Vichy, Y Internationale, 185

[1] Souligné dans le texte.

37

M. CORBIN, AMBASSADEUR DE FRANCE À LONDRES,
À M. BAUDOUIN, MINISTRE DES AFFAIRES ÉTRANGÈRES.

T. nos 2570 à 2572. *Londres, 18 juin, 21 h. 10.*

(*Reçu* : le 19, 6 h.)

La décision du gouvernement français, annoncée ce matin par le maréchal Pétain, a produit comme il fallait s'y attendre une stupeur et une déception profondes. Cependant la presse, dans les commentaires qu'elle consacre à cet événement, n'a rien changé pour le moment à l'attitude qu'elle observait ces jours derniers à l'égard de la France, sans marquer d'amertume ; les feuilles exaltent l'héroïque résistance de notre armée et constatent que malgré tout leur courage, nos troupes ont dû s'avouer vaincues devant l'énorme supériorité de l'ennemi en hommes et en matériel.

Les milieux politiques font preuve d'une réserve analogue. Cette préoccupation s'impose tout particulièrement aux esprits alors que les Anglais se préparent avec résolution, mais non sans anxiété, à subir à leur tour tout le poids de l'attaque allemande. Leur détermination de résister quoi qu'il arrive n'a été nullement ébranlée par la défaite de la France, les journaux répètent avec les porte-paroles officiels que l'Empire britannique luttera seul jusqu'au bout. Néanmoins, on redoute les conséquences que la cessation des hostilités sur le territoire français peut avoir sur le potentiel de l'Allemagne. On ne se doute pas en effet que les conditions qui seront éventuellement imposées à la France tendront surtout à mettre à la disposition du Reich des armes précieuses pour l'offensive que celui-ci s'apprête à lancer contre le Royaume-Uni.

Beaucoup songent aux avions dont on raconte qu'un certain nombre ont déjà été saisis sur les terrains occupés par l'ennemi. D'autres craignent que les usines françaises, comme jadis les usines tchèques et polonaises, n'aident à renforcer encore le matériel allemand[1].

Mais la question qui hante le public et dont chacun parle avec une extrême inquiétude est de savoir ce qu'il adviendra de la flotte française. Le premier soin de l'Allemagne ne sera-t-il pas de saisir nos unités navales ou de nous imposer leur reddition pour les tourner ensuite contre la Grande-Bretagne ?

Guerre 1939-45, Vichy, Z Europe, Grande-Bretagne, 331

[1] Voir *DDF (1939-44)*, I, document n° 59.

38

M. MASSIGLI, AMBASSADEUR DE FRANCE À ANKARA,
À M. BAUDOUIN, MINISTRE DES AFFAIRES ÉTRANGÈRES.

T. n°s 1384 à 1387[1] *Ankara, 18 juin 1940, 14 h.*

(*Reçu* : le 19, 0 h.)[2]

Pour le Ministre.

Les préoccupations que j'entends exprimer en présence des événements de France qui ont éclaté sans que personne y fût préparé, s'orientent dans quatre directions :

a) Quelles seront les conditions qui vont nous être proposées ? Beaucoup doutent qu'elles puissent être compatibles avec l'honneur national. À cet égard, la déclaration radiodiffusée que vous avez faite hier soir a eu un grand et bienfaisant effet, bien qu'elle ait été connue trop tard pour que la presse la mette nettement en valeur[3].

b) Si les circonstances ont mis le gouvernement français dans l'obligation de rechercher la paix indépendamment de son alliée, il faut espérer que ces circonstances seront comprises en Angleterre et que l'entente des deux peuples, qui sera essentielle demain comme elle l'était hier, pourra être sauvegardée.

c) Qu'adviendra-t-il de la flotte française ? À ceux qui me posent cette question, je réponds, en les renvoyant à vos déclarations, que la remise d'une flotte non vaincue à un ennemi qui l'emploierait contre nos alliés de la veille serait une de ces conditions contraires à l'honneur que le gouvernement français n'acceptera certainement pas.

d) L'Italie va-t-elle réclamer l'internement des forces françaises de Syrie et chercher à faire débarquer des troupes au Levant ?

Cette perspective inquiète beaucoup et j'ai le sentiment que, s'il en devait être ainsi, les Turcs interviendraient de leur côté. J'ai eu maintes fois l'occasion de marquer dans ma correspondance – et M. Saradjoglu m'a lui-même déclaré très clairement à plusieurs reprises – que la France

[1] Le télégramme est également adressé à Beyrouth sous les n°s 374 à 377. *Note du document* : « Pour Beyrouth, prière de communiquer au général Mittelhauser ».

[2] On trouve les horaires sur la copie conservée dans la série Guerre 1939-45, Vichy, E Levant, 117. En revanche, n'y figure pas la mention de l'envoi à Beyrouth.

[3] Au soir du 17 juin, Paul Baudouin a prononcé une intervention radiodiffusée dans laquelle il a affirmé notamment : « La France n'acceptera jamais des conditions honteuses, signifiant la fin de toute liberté spirituelle pour le peuple. » Cf. A. Kammerer, *La Vérité* ..., *op. cit.*, pp. 174-175.

était la seule puissance européenne dont la Turquie pût admettre la présence en Syrie. Il va de soi que les craintes turques sont partagées par les Anglais avec qui je suis ici en contact : ils se demandent si les territoires placés sous notre mandat vont devenir une base d'opérations contre la Palestine et l'Égypte. Je m'efforce de les rassurer.

Papiers 1940, Reconstitution Fouques-Duparc, 74

39

NOTE DE M. BAUDOUIN, MINISTRE DES AFFAIRES ÉTRANGÈRES

Note d'audience

N. *Bordeaux, 18 juin 1940.*

M. Biddle, ambassadeur des États-Unis, m'a remis ce matin, à 11 h., ce message du président Roosevelt. Je lui ai indiqué que le gouvernement français venait, au cours du conseil de cabinet de ce matin, de se prononcer à l'unanimité contre la livraison de la flotte à l'Allemagne quelque graves que puissent être les conséquences de ce refus. Le conseil de cabinet a donc pleinement ratifié la promesse faite au gouvernement des États-Unis dès la nuit du 16 au 17 juin par mon intermédiaire, au cours de la conversation que j'ai eue avec M. Biddle[1]. J'ai rappelé à l'Ambassadeur que je lui avais renouvelé cette promesse dans la journée d'hier et que le maréchal Pétain avait adopté la même attitude. J'ai donc prié l'Ambassadeur de confirmer à M. Roosevelt la position irrévocable du gouvernement français. Le président des États-Unis peut avoir tous apaisements au sujet de la flotte.

J'ai fait remarquer à l'Ambassadeur que le deuxième paragraphe n'était pas sans me surprendre. Aucune menace n'est nécessaire pour pousser le gouvernement français vers l'exécution de sa promesse et il n'était pas besoin pour le président Roosevelt de menacer la France d'une rupture de l'amitié franco-américaine pour obtenir une prise de position du gouvernement français que le simple sens de l'honneur lui commande.

J'ai dit à M. Biddle qu'il pouvait télégraphier au président Roosevelt que le gouvernement avait pris connaissance de son message mais qu'il ne voulait pas retenir le deuxième paragraphe de ce message.

Papiers 1940, Papiers Baudouin, 4

[1] Cf. A. Kammerer, *La Vérité ..., op. cit.*, pp. 171-172.

Annexe

Message du Président Roosevelt à l'Amiral Darlan[1]

L. *Bordeaux (Ambassade des États-Unis), 18 juin 1940.*

Le point de vue de mon gouvernement en ce qui concerne la disposition de la flotte de guerre française a été porté très clairement et à plusieurs reprises à la connaissance du gouvernement français. Le président des États-Unis désire déclarer qu'en l'opinion du gouvernement américain, si le gouvernement français, avant de conclure un armistice avec les Allemands, ne prend pas toutes dispositions pour éviter que la flotte tombe entre les mains de ses adversaires, le gouvernement français poursuivra une politique qui minera fatalement la préservation de l'Empire français et la restauration éventuelle de l'indépendance et de l'autonomie de la France.

En plus, si le gouvernement français manque de prendre ces mesures et permet que la flotte française soit rendue[2] à l'Allemagne, le gouvernement français perdra irrémédiablement l'amitié et la sympathie du gouvernement des États-Unis.

Papiers 1940, Papiers Baudouin, 4

[1] Le fait que le message du président Roosevelt ait été envoyé à P. Baudouin et à l'amiral Darlan explique la mention de ce destinataire sur la seule copie de la traduction retrouvée alors que sur le document original en anglais (non reproduit ici) figure : « *Message of President Roosevelt to the Government of France* ».

[2] Il y a plusieurs approximations de traduction dans le texte en français remis par l'ambassade des États-Unis à Bordeaux. En particulier – et il y a ici risque de double sens – « *permit the surrender of the French fleet* » est traduit de façon inexacte par « permet que la flotte française soit rendue » plutôt que « se rende » qui serait plus juste. Par ailleurs, « *before concluding any armistice with her adversaries* » est traduit « avant de conclure un armistice avec les Allemands », tandis que « tombe entre les mains de ses adversaires » est écrit pour « *fall into the hands of her enemy* ».

40

Note du Secrétaire général

Note d'audience

N. *Bordeaux, 18 juin 1940.*

Le Secrétaire général a reçu le Nonce apostolique. Mgr Valerio Valeri lui a dit qu'il n'avait aucune réponse, même pas d'accusé de réception, au télégramme qu'il a adressé au Saint-Siège sur notre demande d'hier matin, et que lui-même a portée au télégraphe à 11 h. 30[1].

Le Secrétaire général l'a prié de télégraphier au Vatican en demandant si et quand ce télégramme avait été reçu et en faisant savoir au Saint-Siège que nous attachions beaucoup d'importance à être assurés que notre communication était arrivée à destination et avait pu être transmise au gouvernement italien.

Dans la suite de la conversation, le Secrétaire général a demandé au Nonce d'exhorter le Saint-Père à faire entendre sa voix pour rappeler les principes généraux de paix juste et durable définis dans l'allocution pontificale de Noël dernier[2] et pour exercer de toutes manières utiles son influence sur l'opinion publique italienne en notre faveur.

Papiers 1940, Papiers Baudouin, 1

[1] Voir document n° 27.

[2] Sur cette intervention prononcée le soir de Noël, cf. *Keesing's Contemporary Archives, op. cit.*, pp. 3853-54, qui en donne de larges extraits en traduction anglaise. Voir aussi *DDF (1939-44)*, I, document n° 398, ainsi que Pierre Blet, s.j., *Pie XII et la Seconde Guerre mondiale d'après les archives du Vatican,* Paris, Librairie académique Perrin, 1997, pp. 40-41. Ce dernier résume ainsi l'allocution : « Après s'être étendu sur les causes profondes de la guerre, sur les horreurs et les violations du droit qui accompagnaient le présent conflit, Pie XII énuméra sous cinq chefs les présupposés indispensables pour fonder la paix du monde dans l'ordre et la justice : 1) Assurer le droit à la vie et à l'indépendance de toutes les nations, petites et grandes ; 2) Libérer les nations du fardeau de la course aux armements grâce à un désarmement mutuellement consenti, organique, progressif ; 3) Reconstruire et créer des institutions internationales, en tenant compte des déficiences des institutions antérieures ; 4) Reconnaître, particulièrement dans l'intérêt de l'ordre européen, les droits des minorités ethniques ; 5) Reconnaître enfin, au-dessus de toutes les lois et conventions humaines, "les normes saintes et inébranlables du droit divin" ».

41

Note de P. Baudouin, Ministre des Affaires étrangères

N. *Bordeaux, 18 juin 1940.*

M. Paul Reynaud est venu me voir ce matin afin de lever toute ambiguïté au sujet de la démarche de l'ambassadeur d'Angleterre qui a communiqué hier à M. Charles-Roux deux télégrammes de lord Halifax, en date du 16 juin[1]. Ces télégrammes, m'a déclaré M. Paul Reynaud, avaient été retirés quelques heures après par l'ambassadeur d'Angleterre et remplacés par la large offre d'Union faite à la France par M. Churchill[2].

À l'issue d'une conversation que j'ai eue ce matin avec l'ambassadeur d'Angleterre chez le maréchal Pétain, j'ai demandé à l'Ambassadeur quel était le sens exact de la démarche qu'il avait faite hier auprès de M. Charles-Roux en vue de lui communiquer ces deux lettres de lord Halifax. J'ai indiqué à l'Ambassadeur que M. Paul Reynaud avait été surpris de la remise de ces lettres, étant donné qu'elles avaient été retirées, et même matériellement retirées, des mains de M. Paul Reynaud le dimanche 16 juin[3]. J'ai donc demandé à l'Ambassadeur si la remise de ces documents à M. Charles-Roux provenait d'un souci d'éclairer complètement les phases successives de la négociation franco-britannique du 16 juin, ou si cette remise redonnait vie à ces propositions du gouvernement britannique.

Sir Ronald Campbell m'a confirmé qu'il avait en effet retiré ces propositions qui étaient dépassées par l'offre d'Union remise à M. Reynaud au milieu de l'après-midi de dimanche. Il m'a indiqué qu'il comprenait très bien ma question et qu'avant d'y répondre, il préférait relire ces lettres et revoir des documents à l'ambassade. Il m'a offert de me donner une réponse une heure après, ce que j'ai accepté.

L'ambassadeur d'Angleterre est donc venu à la fin de la matinée donner sa réponse. Il ne considère pas que le fait d'avoir remis ces premières propositions du 16 juin à M. Charles-Roux, hier soir, les fasse revivre, et il me prie de ne considérer ces deux documents que comme

[1] Voir document n° 31.

[2] Voir document n° 19.

[3] Selon plusieurs témoignages, sir R.H. Campbell a repris les deux notes des mains de Paul Reynaud avant même le début du conseil des ministres et sans qu'une copie en ait été archivée. Cf. A. Kammerer, *La Vérité ...*, *op. cit.*, p. 132.

les éléments principaux d'une négociation qui a abouti, dimanche, à la seule proposition britannique qui soit définitive : l'offre d'Union faite par M. Churchill[1].

Guerre 1939-45, Vichy, Y Internationale, 19

42

Service de l'Information[2]

Discours radiodiffusé du général de Gaulle[3]

Londres, 18 juin 1940.

Les chefs qui, depuis de nombreuses années, sont à la tête des armées françaises, ont formé un gouvernement.

Ce gouvernement, alléguant la défaite de nos armées, s'est mis en rapport avec l'ennemi pour cesser le combat.

Certes, nous avons été, nous sommes submergés par la force mécanique, terrestre et aérienne de l'ennemi.

Infiniment plus que leur nombre, ce sont les chars, les avions, la tactique des Allemands qui nous font reculer. Ce sont les chars, les avions, la tactique des Allemands qui ont surpris nos chefs au point de les amener là où ils en sont aujourd'hui.

Mais le dernier mot est-il dit ? L'espérance doit-elle disparaître ? La défaite est-elle définitive ? Non !

Croyez-moi, moi qui vous parle en connaissance de cause et qui vous dis que rien n'est perdu pour la France. Les mêmes moyens qui nous ont vaincus peuvent faire venir un jour la victoire.

Car la France n'est pas seule. Elle n'est pas seule. Elle n'est pas seule. Elle a un vaste empire derrière elle. Elle peut faire bloc avec l'Empire

[1] Ce qui laisse entendre que le rejet français de cette proposition d'Union réactiverait les deux notes.

[2] Il s'agit du service de l'Information alors en gestation à Londres. L'Appel du 18 juin est le premier de la collection des textes de discours radiodiffusés destinés à être distribués aux diplomates et à la presse afin de servir à la propagande de la France libre.

[3] Après avoir d'abord hésité à laisser le général de Gaulle s'exprimer sur les ondes de la *BBC*, par crainte de heurter de front le nouveau gouvernement français, le cabinet britannique accepta finalement que son appel fût radiodiffusé, sur pression de W. Churchill. Sur les relations entre les deux hommes, cf. François Kersaudy, *De Gaulle et Churchill*, Paris, Plon, 1982. Sur les conditions de la rédaction du discours du 18 juin, cf. les mémoires de la secrétaire de C. de Gaulle, Élisabeth de Miribel, *La Liberté souffre violence*, préf. de Pierre Emmanuel, Paris, Plon, 1981, pp. 37-38.

britannique qui tient la mer et continue la lutte. Elle peut, comme l'Angleterre, utiliser sans limites l'immense industrie des États-Unis.

Cette guerre n'est pas limitée au territoire malheureux de notre pays. Cette guerre n'est pas tranchée par la Bataille de France. Cette guerre est une guerre mondiale. Toutes les fautes, tous les retards, toutes les souffrances n'empêchent pas qu'il y a, dans l'univers, tous les moyens nécessaires pour écraser un jour nos ennemis. Foudroyés aujourd'hui par la force mécanique, nous pourrons vaincre dans l'avenir par une force mécanique supérieure. Le destin du monde est là.

Moi, général de Gaulle, actuellement à Londres[1], j'invite les officiers et les soldats français qui se trouvent en territoire britannique, ou qui viendraient à s'y trouver, avec leurs armes ou sans leurs armes, j'invite les ingénieurs et les ouvriers spécialistes des industries d'armement qui se trouvent en territoire britannique ou qui viendraient à s'y trouver, à se mettre en rapport avec moi.

Quoi qu'il arrive, la flamme de la résistance française ne doit pas s'éteindre et ne s'éteindra pas.

Demain, comme aujourd'hui, je parlerai à la radio de Londres.

Guerre 1939-45, Londres, CNF, 27

43

M. BRUGÈRE, AMBASSADEUR DE FRANCE À BELGRADE,
À M. BAUDOUIN, MINISTRE DES AFFAIRES ÉTRANGÈRES.

T. n° 761. *Belgrade, 19 juin 1940, 14 h. 50.*

(*Reçu* : le 19, 18 h. 40)

J'adresse le télégramme suivant à Beyrouth :

« Je suppose que, dans les circonstances actuelles [...][2] préoccupé d'organiser, même en cas de défection de la métropole, un centre de résistance française en Syrie auquel pourraient se raccrocher les Français

[1] Envoyé à Londres en mission par le président du Conseil en tant que sous-secrétaire d'État à la Guerre et à la Défense nationale – fonction qu'il exerce depuis le 5 juin – le général de Gaulle regagne Bordeaux dans la soirée du 16 juin. Ayant rapidement fait le constat de « l'anéantissement de l'État », selon l'expression utilisée dans ses mémoires, il repart pour Londres moins de douze heures plus tard. Cf. Charles de Gaulle, *Mémoires de guerre*, t. 1 : *L'Appel*, Paris, Plon, 1954.

[2] Lacune de déchiffrement.

d'ici en âge d'être mobilisés ou susceptibles d'apporter leur concours à la poursuite de la lutte. L'attaché militaire se met à ce sujet en rapport avec le général Mittelhauser, mais je serais heureux d'avoir directement l'assurance que je puis, en accord avec nos alliés britanniques, collaborer avec vous pour tout ce qui concerne la sauvegarde de notre honneur et, si possible, de nos intérêts dans le Levant[1].

Guerre 1939-45, Vichy, E Asie, 47

44

M. Peyrouton, Résident général de France à Tunis,
à M. Baudouin, Ministre des Affaires étrangères.

T. n°s 225 à 227. *Tunis, 19 juin 1940, 18 h. 45.*

(*Reçu* : le 19, 23 h. 55)

J'ai reçu aujourd'hui la visite du consul d'Angleterre qui m'a communiqué un message de son gouvernement se résumant ainsi :

« Le gouvernement français, malgré l'héroïsme de ses armées, a dû capituler "sous le poids du destin" ; l'armée française a dû déposer les armes contre sa volonté et contre celle du peuple français. La majeure partie de la France est envahie. Cependant, son empire est intact. Les forces britanniques sont prêtes à coopérer à sa défense pour la continuation de la lutte, à l'image de ce que font les empires belge et néerlandais. »

Mon interlocuteur paraissait craindre surtout de la part du gouvernement français une capitulation sans conditions, qui aurait entraîné la reddition de la flotte française, susceptible dès lors, sous le commandement allemand, de se retourner contre l'Angleterre. Je lui ai fait remarquer que dans la déclaration du maréchal Pétain, non plus que dans celle de V.E., il n'était question d'armistice, encore moins de capitulation ; que l'armée française, malgré l'infériorité numérique de ses effectifs et l'insuffisance de matériel, avait héroïquement résisté, infligeant à l'ennemi des pertes considérables ; que le gouvernement présidé par le maréchal Pétain, dans un examen objectif des faits, avait pu avoir le souci compréhensible de limiter le carnage, mais que, dans aucun cas, il ne saurait être question de soumission déshonorante, que surtout la remise de la flotte ne saurait être envisagée.

[1] Pour une première réaction à l'armistice exprimée par R. Brugère, voir document n° 30.

Le consul général m'a remercié de ce qu'il a appelé mon « réconfortant exposé ».

J'avais eu entre-temps communication par l'amiral Esteva d'un message de l'amiral Darlan[1] et par le général Blanc d'un télégramme du général Noguès[2] préconisant la résistance éventuelle.

Le télégramme de Votre Excellence n° 1 à 4 du 17[3] est venu quelques instants après cet entretien apporter à ma réponse toute la confirmation [...][4] termes empreints de lucide énergie.

Papiers 1940, Papiers Baudouin, 2

45

NOTE DE M. BAUDOUIN, MINISTRE DES AFFAIRES ÉTRANGÈRES

Note d'audience

N. *Bordeaux, 19 juin 1940, 0 h. 25.*

Je reçois l'ambassadeur d'Espagne, qui me fait la communication suivante :

« Le gouvernement du Reich est prêt à faire connaître au gouvernement français les conditions de la cessation des hostilités. Il recommande au gouvernement français d'envoyer des plénipotentiaires à cette fin. Le gouvernement du Reich fera connaître la date et le lieu où ces plénipotentiaires pourront être reçus aussitôt que les noms de ces plénipotentiaires lui auront été communiqués.

Le gouvernement du Reich fait observer que l'accord sur la cessation des hostilités ne peut être discuté que si le gouvernement français entre aussi en intelligence sur ce point avec le gouvernement italien. Il se permet, en conséquence, de suggérer au gouvernement français de se mettre en contact avec le gouvernement italien par l'intermédiaire du gouvernement espagnol. »

[1] Sur les volte-faces de l'amiral Darlan à propos de l'armistice, on peut se reporter notamment à J.-P. Azéma, *1940, l'année terrible*, *op. cit.*, p. 150, et plus largement, à sa biographie par Henri Michel, *François Darlan, amiral de la Flotte*, Paris, Hachette, 1993. Sur son jeu pour le moins ambigu, cf. Christiane Rimbaud, *L'Affaire du Massilia*, Paris, Le Seuil, 1984.

[2] Voir document n° 36.

[3] Voir document n° 29.

[4] Lacune de déchiffrement.

M. de Lequerica me fait remarquer qu'il ne paraît pas que le gouvernement italien ait reçu la communication que le Saint-Siège devait lui faire de la part du gouvernement français[1].

J'ai donné à M. de Lequerica rendez-vous à 10 h. à la présidence du Conseil, rue Vital Carlos.

Guerre 1939-45, Vichy, Y Internationale, 19

46

Note

Note remise le 19 juin à 10 h. 30 à M. de Lequerica pour le gouvernement allemand

N. *Bordeaux, 19 juin 1940.*

Le gouvernement français désigne comme plénipotentiaires pour être informés des conditions de cessation des hostilités :

Le général d'armée Huntziger[2], président de la délégation

L'ambassadeur de France Noël[3]

Le vice-amiral Le Luc

Le général de division Parisot

Le général d'aviation Bergeret

accompagnés d'experts et de secrétaires, le nombre total de la délégation devant être inférieur à 20 personnes[4].

*
* *

[1] Voir document n° 27.

[2] Le gouvernement français a envisagé d'abord de confier cette responsabilité au général Weygand, mais a finalement changé d'avis. Cf. divers documents non reproduits de la série Guerre 1939-45, Vichy, Y Internationale, 21. De son côté, C. Chautemps dans ses *Cahiers secrets ...*, *op. cit.* (pp. 205-206), affirme qu'il fut pressenti par le maréchal Pétain dont il préféra décliner l'offre.

[3] Celui-ci a accompagné en France le gouvernement polonais en exil, mais ne va pas le suivre à Londres. Cf. Yves Beauvois, *Léon Noël de Laval à de Gaulle via Pétain (1888-1987)*, Lille, Presses universitaires du Septentrion, 2001.

[4] Parmi celles-ci, Charles Rochat, le colonel Lacaille, le colonel Donati, le capitaine Avenol, M. Tracou, le capitaine de frégate de Larosière, M. Lagarde, le colonel de Dumast, ainsi que deux chiffreurs, deux traducteurs, un(e) secrétaire et deux sténodactylos. Cf. les notes personnelles de C. Rochat, in Guerre 1939-45, Vichy, Y Europe, 183, document non reproduit.

Le gouvernement français demande, pour lui permettre de prendre des décisions en toute indépendance, que le gouvernement allemand donne l'ordre à ses troupes de se fixer sur les positions qu'elles occuperont le 19 à minuit. Dans ce cas, le gouvernement français ne procéderait à aucune modification du dispositif actuel de ses troupes.

Papiers 1940, Papiers Baudouin, 1

47

NOTE

Note remise le mercredi 19 juin 1940 à 7 h.
à l'ambassadeur d'Espagne à Bordeaux

N. *Bordeaux, 19 juin 1940.*

Le gouvernement français prie le gouvernement espagnol de faire connaître au gouvernement italien qu'il est prêt à envisager avec lui la cessation des hostilités. C'est dans cet esprit que le gouvernement français a remis avant-hier matin, au Saint-Siège, à l'intention du gouvernement italien, la copie de la note destinée au gouvernement allemand[1].

Papiers 1940, Papiers Baudouin, 1

[1] Voir documents nos 27 et 45.

48

Service de l'Information[1]

Discours radiodiffusé du général de Gaulle

Londres, 19 juin 1940.

À l'heure où nous sommes, tous les Français comprennent que les formes ordinaires du pouvoir ont disparu.

Devant la confusion des âmes françaises, devant la liquéfaction d'un gouvernement tombé sous la servitude ennemie, devant l'impossibilité de faire jouer nos institutions, moi, général de Gaulle, soldat et chef français, j'ai conscience de parler au nom de la France[2].

Au nom de la France, je déclare formellement ce qui suit :

Tout Français qui porte encore des armes a le devoir absolu de continuer la résistance[3].

Déposer les armes, évacuer une position militaire, accepter de soumettre n'importe quel morceau de terre française au contrôle de l'ennemi, ce serait un crime contre la patrie.

À l'heure qu'il est, je parle avant tout pour l'Afrique du Nord française, pour l'Afrique du Nord intacte.

L'armistice italien n'est qu'un piège grossier.

Dans l'Afrique de Clauzel, de Bugeaud, de Lyautey, de Noguès, tout ce qui a de l'honneur a le strict devoir de refuser l'exécution des conditions ennemies.

Il ne serait pas tolérable que la panique de Bordeaux ait pu traverser la mer.

Soldats de France, où que vous soyez, debout !

Guerre 1939-45, Londres, CNF, 27

[1] Voir document n° 42, note 2.

[2] Le soir même, un communiqué du ministère de l'Intérieur, transmis par l'agence Havas, annonce que le général de Gaulle, ayant cessé d'être membre du gouvernement, n'est pas autorisé à faire des déclarations officielles aux Français et qu'il a reçu l'ordre de rentrer immédiatement en France.

[3] Lui-même télégraphie le jour même au général Noguès, commandant en chef sur le théâtre d'opérations de l'Afrique du Nord, qu'il est prêt à combattre sous ses ordres. Il renouvellera sa proposition le 24 juin et fera une offre similaire à d'autres hauts responsables militaires et gouverneurs coloniaux.

49

M. Chichery, Ministre du Ravitaillement,
à M. Baudouin, Ministre des Affaires étrangères.

L. *Bordeaux, 19 juin 1940.*

Mon cher ministre et ami,

Comme suite à la décision prise par le conseil des ministres, je vous adresse ci-joint une note relative à diverses questions concernant le Ravitaillement général, qui pourraient être soulevées à l'occasion des prochaines négociations[1].

Veuillez croire, mon cher ministre et ami, à mes meilleurs sentiments.

Guerre 1939-45, Vichy, Y Internationale, 19

Annexe

Note du Secrétariat général du Ravitaillement général, Ministère de l'Agriculture

Note à M. le Ministre au sujet des conditions d'armistice

N. *Bordeaux, 19 juin 1940.*

Dans l'hypothèse où le projet d'armistice comporterait des clauses relatives à l'approvisionnement et à la répartition des vivres et denrées, nous avons l'honneur de vous soumettre les premières observations ci-après, pour être, si vous le jugez expédient, présentées à MM. les plénipotentiaires français.

*
* *

I.

A. Sur les stocks existants

Dans le cas où les délégués allemands argueraient de l'importance de nos stocks de denrées, il conviendrait de remarquer :

[1] Sur les difficultés économiques du Reich au printemps 1940, voir la note de M. Dejean en date du 17 mai 1940, in Papiers 1940, Reconstitution Fouques-Duparc, 13, document non reproduit.

1) que leur importance se trouvait en réalité diminuée en raison des soucis monétaires, lesquels tendaient à freiner les importations ;

2) que ces stocks se trouvaient plus particulièrement situés dans les régions très peuplées du nord et du nord-est, qui sont à la fois des régions de grosse production et de forte consommation ;

3) que ces stocks ont vraisemblablement subi de nombreux dégâts par faits de guerre et qu'ils ont dû, en même temps, faire l'objet d'importants prélèvements pour les besoins des armées.

B. Sur les livraisons à faire éventuellement

Sous le bénéfice de l'observation qui précède, il est à remarquer que les armées allemandes disposent d'une part prédominante de l'ensemble de nos stocks : le problème de l'alimentation du peuple français mérite donc une extrême attention.

Si des prestations éventuellement demandées par l'Allemagne devaient se traduire par une sorte d'utilisation en commun de nos ressources, il serait indispensable de rétablir au crédit de notre compte propre le montant des prélèvements déjà opérés par les armées allemandes.

En tout état de cause, dans l'incertitude où nous nous trouvons de l'importance des stocks qui sont encore utilisables dans la zone occupée et du produit qu'il est permis d'espérer de la récolte prochaine, un inventaire précis des disponibilités est à faire.

Il importerait pour la répartition de sauvegarder la part irréductible des populations françaises compte tenu, si la partie adverse l'exige, de la nourriture de l'armée d'occupation.

C. Sur l'importance des importations dans nos approvisionnements

Pour certains produits : le café, les oléagineux, une partie de la viande, la moitié au moins des légumes secs, la totalité du riz, nous étions tributaires de l'étranger ou de nos colonies. Le blocus possible de nos côtes ne doit pas laisser d'espoir d'importer ces matières à l'avenir. Nos seules disponibilités consistent dans les stocks qui existent actuellement et dont une forte partie, notamment pour les oléagineux (graines d'arachide, graines de lin, palmistes) se trouvant dans le nord.

D. Moyens administratifs à rétablir d'urgence

En l'état actuel de désorganisation de l'administration civile et militaire, dont la plupart des éléments ont été évacués, les opérations de recensement, de livraison envisagées ci-dessus sont, en supposant même les transports rétablis, irréalisables, si l'armature administrative d'autorité et de gestion n'est pas préalablement remise en place ; observation faite que dans les cadres précités, il faut comprendre les intendances départementales de ravitaillement.

Bien que militaires, il conviendrait qu'une clause spéciale du protocole d'armistice en permette le rétablissement auprès de toutes les préfectures.

E. Transports

Le rétablissement des transports, surtout par voie de fer, s'impose d'urgence également étant donné la perspective de blocus qui supprimera les possibilités d'approvisionnement d'essence déjà fortement entamées par les destructions des réservoirs à la suite de faits de guerre. Il est à peine besoin de souligner que les transports immédiats forment la condition préalable de la distribution des stocks de vivres inégalement répartis à travers le territoire.

II. Sur les récoltes prochaines

L'exécution rapide et sûre des récoltes prochaines constitue l'un des problèmes les plus urgents pour l'alimentation des populations françaises comme pour la réalisation éventuelle de certaines prestations.

Parmi les conditions nécessaires, celles qui se rapportent à la main-d'œuvre sont évidemment primordiales. Interviennent ensuite les disponibilités en attelages, en machines, en ficelle-lieuses, etc.

Il importe donc à la fois d'accélérer le retour dans leurs exploitations des agriculteurs évacués, de faire procéder à un inventaire précis des moyens matériels demeurant dans les régions évacuées et, s'il y a lieu, de compléter ceux-ci dans le moindre délai.

À cet effet encore, les ressources nécessaires en combustibles liquides doivent être prévues pour le fonctionnement des tracteurs.

Les conditions qui viennent d'être évoquées impliquent donc des facilités immédiates de circulation par route et par fer, notamment pour les populations à réinstaller.

Guerre 1939-45, Vichy, Y Internationale, 19

50

M. Massigli, Ambassadeur de France à Ankara,
à M. Baudouin, Ministre des Affaires étrangères.

T. n° 1411. *Ankara, 20 juin 1940, 21 h. 15.*

(*Reçu* : le 21, 6 h. 30)

J'adresse le télégramme suivant à Beyrouth.

Je réponds à votre télégramme n° 46[1].

Le gouvernement a solennellement déclaré sa volonté de n'accepter aucune condition qui serait incompatible avec l'honneur national. L'abandon sans combat de la Syrie, condamnant l'armée à l'internement et découvrant l'Égypte, serait évidemment contraire à l'honneur et je ne doute pas que, le moment venu, le gouvernement ne donne aux autorités civiles et militaires responsables des instructions qui tiennent pleinement compte de cette situation[2].

Guerre 1939-45, Vichy, Y Internationale, 185

51

Extrait de presse

Appel adressé par le maréchal Pétain au peuple français le 20 juin 1940 à Bordeaux

Bordeaux, 20 juin 1940.

J'ai demandé à nos adversaires de mettre fin aux hostilités[3]. Le gouvernement a désigné hier les plénipotentiaires chargés de recueillir leurs conditions[4]. J'ai pris cette décision, dure au cœur d'un soldat, parce que la situation militaire l'imposait.

[1] Document non retrouvé.

[2] Voir document n° 38.

[3] Sur la teneur du message du maréchal Pétain en date du 17 juin 1940, transmis par la radio à midi, voir document n° 26, note 2.

[4] Voir document n° 46.

Nous espérions résister sur la ligne de la Seine et de l'Aisne. Le général Weygand avait regroupé nos forces : son nom seul présageait la victoire. Pourtant, la ligne a cédé et la pression de l'ennemi a contraint les troupes à la retraite. Dès le 13 juin, la demande d'armistice était inéluctable.

Cette défaite vous a surpris. Vous souvenant de 1914 et 1918, vous en cherchez les raisons. Je vais vous les dire :

En mai 1918, nous disposions de 3 280 000 hommes. En mai 1940, nous avions au moins 500 000 soldats de moins.

En mai 1918, 85 divisions britanniques étaient sur le front français. En mai 1940, il y avait seulement 10 divisions anglaises.

En mai 1918, 58 divisions italiennes et 42 divisions américaines luttaient à nos côtés. Nous n'avons aucun soldat américain. L'Italie est devenue notre ennemi.

Pour l'aviation, nous luttons à 1 contre 6.

Donc : manque d'hommes ; manque de matériel[1] ; manque d'alliés.

Le peuple français ne conteste pas ses échecs. Tous les peuples ont connu des revers. À la manière dont ils réagissent, les peuples se montrent faibles ou grands.

Nous tirerons la leçon des batailles perdues. Depuis la victoire, l'esprit de jouissance l'a emporté sur l'esprit de sacrifice. On a revendiqué plus qu'on a servi. On a voulu épargner l'effort ; on rencontre aujourd'hui le malheur.

J'ai été avec vous dans les jours glorieux ; chef du gouvernement, je suis et resterai avec vous dans les jours sombres. Soyez à mes côtés, le combat reste le même ; il s'agit de la France, de son sol, de ses fils.

(Extrait de *L'Avenir du Plateau central* du 21 juin)

Guerre 1939-45, Vichy, Y Internationale, 22

[1] Sur la question des effectifs et du matériel, Cf. A. Kammerer, *La Vérité ...*, *op. cit.*, p. 38, note 2.

52

NOTE DE M. BAUDOUIN, MINISTRE DES AFFAIRES ÉTRANGÈRES

N[1]. *Bordeaux, 20 juin 1940.*

Le maréchal de France, président du Conseil des ministres, désigne comme représentants du gouvernement français, à savoir :

Le général d'armée Huntziger, président de la délégation ;

M. Léon Noël, ambassadeur de France ;

M. le vice-amiral Le Luc ;

Le général de corps d'armée Parisot ;

Le général d'aviation Bergeret,

à l'effet de rencontrer les représentants désignés par le gouvernement allemand et le gouvernement italien pour leur demander la cessation des hostilités et prendre connaissance des conditions auxquelles ces gouvernements concluraient la paix.

Guerre 1939-45, Vichy, Y Internationale, 21

53

NOTE[2]

Liste succincte des concessions qui ne pourraient pas être faites sans porter atteinte à l'honneur

N. *Bordeaux, 20 juin 1940.*

1. Livraison de la flotte pour s'en servir contre l'Angleterre.

2. *Idem* pour l'aviation.

3. Occupation totale du territoire sans laisser au gouvernement un espace libre.

[1] Le document porte la mention marginale manuscrite : « Pelure du texte remis à M. de Lequerica ».

[2] Comme le signale J.-B. Duroselle dans *L'Abîme*, *op. cit.*, p. 194, il est difficile de savoir si cette liste correspond à des instructions données précisément à la délégation française d'armistice ou à un mémorandum destiné au gouvernement. L'écriture du document que l'on n'a trouvé que sous sa forme manuscrite semble être celle de F. Charles-Roux.

4. Amputation du territoire français frontières actuelles (y compris Corse et Alsace-Lorraine).

5. Prétention de porter atteinte à nos institutions.

Guerre 1939-45, Vichy, Y Internationale, 21

54

NOTE MANUSCRITE DU SECRÉTAIRE GÉNÉRAL[1]

Recommandations Baudouin avant départ

N. *Bordeaux, 20 juin 1940, 11 h*[2].

Dès arrivée[3].

1. Marquer étonnement de voir *bombardement villes* après notre appel.

2. Il serait fondamental que dès arrivée : oui ou non allez-vous forcer le gouvernement français à errer plus loin ou occupent-ils zone de sécurité.

Il n'y a négociation que si gouvernement libre.

Aucune réponse à demander.

Respect de neutralité[4].

Par *radio allemande* assurance à donner au gouvernement que les troupes allemandes ne dépasseront pas telle ou telle ligne.

Réponse ce soir avant minuit.

Guerre 1939-45, Vichy, Y Internationale, 183

[1] Le texte manuscrit, sous la forme de notes jetées à la hâte sur le papier, est de la main de Charles Rochat. Les mots indiqués ici en italiques sont soulignés sur le document.

[2] L'heure correspond exactement au moment où le gouvernement allemand fait savoir que la délégation française est attendue à partir de 17 heures au pont de Tours.

[3] Ces mots sont entourés.

[4] Ce point 2 est souligné en marge par plusieurs traits.

55

M. BAUDOUIN, MINISTRE DES AFFAIRES ÉTRANGÈRES,
À SIR CAMPBELL, AMBASSADEUR D'ANGLETERRE À BORDEAUX.

L. *Bordeaux, 21 juin 1940.*

Monsieur l'Ambassadeur,

Par une lettre en date du 20 juin[1], Votre Excellence me rappelle que le gouvernement britannique s'attendait à être consulté aussitôt que les conditions d'un armistice seraient reçues.

J'ai l'honneur d'accuser réception de cette communication. Je ne pensais pas qu'il aurait été utile de faire savoir à nouveau à Votre Excellence qu'il a toujours été dans les intentions du gouvernement français d'avoir un échange de vues avec le gouvernement britannique dès que le gouvernement allemand communiquerait les conditions d'un armistice.

D'après les derniers renseignements qui viennent de me parvenir, je ne m'attends pas à être saisi par les plénipotentiaires des demandes allemandes avant la fin de cette après-midi.

Veuillez agréer, Monsieur l'Ambassadeur, les assurances de ma haute considération.

Papiers 1940, Papiers Baudouin, 16

56

MESSAGE DU MARÉCHAL PÉTAIN AU CHANCELIER HITLER

T. *Bordeaux, 21 juin 1940, 23 h*[2].

L'avance de vos armées[3] risque d'obliger le gouvernement français à prendre les lourdes responsabilités qui lui incombent en présence des troupes allemandes.

[1] Document non retrouvé.

[2] Heure d'expédition.

[3] Rochat écrit dans la chronologie qu'il rédige au jour le jour, à la date du 20 juin : « Opérations militaires : occupation de Lyon [...]. Prise de Brest, franchissement du cours inférieur de la Loire de Nantes à Tours, progression au sud de Bourges. Combats autour de Thionville et résistance des troupes de la ligne Maginot : Épinal, Toul, Lunéville tombent. Prise de Strasbourg (les 4ᵉ et 2ᵉ groupes d'armées ne se composent plus que d'éléments disparates).

La défense héroïque de l'armée française m'autorise à vous adresser une demande : celle de pouvoir prendre ma décision dans une partie encore intacte du territoire national[1].

Papiers 1940, Papiers Baudouin, 1

57

NOTE DU DÉPARTEMENT

Note d'audience

N. *Bordeaux, 21 juin 1940.*

Le secrétaire général du Département a profité d'une visite que lui faisait M. Biddle, accompagné d'un secrétaire, pour leur dire que nous avions été surpris et péniblement impressionnés de la dernière communication faite au maréchal Pétain de la part du président Roosevelt[2]. Vous vous rappelez qu'aux termes de ce message, la France perdrait définitivement l'amitié des États-Unis si elle consentait à livrer sa flotte à l'Allemagne.

M. Charles-Roux a fait observer à M. Biddle que cette démarche avait manqué d'opportunité et de générosité : d'opportunité, parce que le conseil des ministres français avait déjà et d'avance résolu par la négative la question de la livraison de la flotte ; de générosité, parce que les États-Unis, qui n'avaient pas voulu courir le risque de la guerre, ne devaient pas adresser à la France, qui avait succombé sous le nombre pour avoir été laissée seule, la menace de lui retirer leur amitié. Cette observation a été faite sur le ton de la plus sincère cordialité et reçue de même.

M. Biddle l'a accueillie sans en contester la justesse et le secrétaire qui l'accompagnait a incliné la tête pour cacher que les larmes lui venaient

Attaque par les Italiens de bases navales et aériennes en Corse et en Tunisie. » Et à la date du 21 juin : « Dans les Vosges, nos troupes, formées en carré, soutiennent la lutte. Sur le reste du front, quelques rencontres locales, notamment dans la région de Clermont-Ferrand (Vichy, Thiers, Riom occupées). À l'est, l'ennemi atteint Vienne, Monthier et Rive-de-Giers. Marseille est bombardée. Sur les Alpes, les troupes italiennes attaquent sur trois points : col de la Seisne, col Petit-Saint-Bernard, Queyras. Le général Cartier forme un flanc défensif sur sa gauche (Isère, Échelles, lac du Bourget, Rhône). » (in Papiers 1940, Papiers Rochat, 45, document non reproduit).

[1] Le gouvernement ne peut envisager ni de quitter Bordeaux pour aller s'installer ailleurs, ni de siéger dans une ville qui serait tombée aux mains de l'ennemi, alors même que commencent les négociations d'armistice. Il demandera donc la neutralisation d'une zone autour de la ville.

[2] Voir document n° 39.

aux yeux. L'un et l'autre ont marqué personnellement qu'ils comprenaient l'étendue du malheur qui s'est abattu sur la France et qu'ils sympathisaient aux souffrances qu'elle endure et à celles qui l'attendent.

Au cours de cette conversation amicale, M. Biddle a indiqué que, d'après lui, la communication faite au nom du président Roosevelt était la preuve de la très forte impression produite aux États-Unis par la victoire de l'Allemagne sur la France et de la vive appréhension causée par les conséquences de notre défaite. Il semblait en conclure que l'émotion suscitée par l'événement rapprochait les États-Unis de la guerre.

Papiers 1940, Papiers Charvériat, 3

58

PROCÈS-VERBAL

Procès-verbal de la première réunion

P.V. *Rethondes, 21 juin 1940, 15 h. 30.*

Étaient présents :
LE CHANCELIER HITLER ;
LE MARÉCHAL GÖRING ;
GRAND-AMIRAL VON RAEDER ;
COLONEL GÉNÉRAL KEITEL ;
M. RUDOLF HESS ;
M. RIBBENTROP, DU CÔTÉ ALLEMAND

LE GÉNÉRAL HUNTZIGER ;
M. LÉON NOËL, AMBASSADEUR DE FRANCE ;
LE VICE-AMIRAL LE LUC ;
LE GÉNÉRAL BERGERET, DU CÔTÉ FRANÇAIS.

Le général Keitel donne lecture, au nom du *Führer*, de la déclaration[1].

Le Chancelier distribue les textes, puis se retire avec les personnalités allemandes n'appartenant pas à la délégation.

Le général Keitel invite la délégation française à se retirer pour prendre connaissance de la « convention ». Il précise que le texte allemand fera seul foi.

[1] Voir document n° 59. Selon Léon Noël, Keitel fait cette lecture avec « un débit rapide » sur « un ton d'une extrême violence », « avec brutalité », cf. Léon Noël, *Le Diktat de Rethondes et l'armistice franco-italien de juin 1940*, Paris, Flammarion, 1945, pp. 42, 44-45.

Le général Huntziger lui remet les pleins pouvoirs de la délégation française.

Le général Keitel demande s'il est bien entendu que la délégation française est habilitée pour accepter la convention.

Le général Huntziger répond qu'elle sera obligée en tout cas de demander à son gouvernement ses instructions quand elle aura pris connaissance du projet.

Le général Keitel insiste sur le fait que les délégués français sont qualifiés de « plénipotentiaires ».

M. Léon Noël répond :

1) qu'en 1918 il en a été identiquement de même pour la délégation allemande qui n'en a pas moins été mise en mesure de prendre les instructions de son gouvernement avant de signer la convention ;

2) que les membres de la délégation sont des « plénipotentiaires *ad referendum* », autrement dit qu'ils ont reçu par avance pleins pouvoirs pour signer sans autre formalité protocolaire les textes qui seraient approuvés par leur gouvernement.

Il est convenu que la séance reprendra aussitôt que la délégation française aura pris connaissance du texte, sur lequel elle sera autorisée à demander des éclaircissements.

Le général Keitel précise alors que cette question ne pourrait pas mettre en cause les principes essentiels de la convention.

Le général Huntziger pose les questions suivantes :

a) ainsi que l'a demandé le gouvernement du Reich dans sa conversation du 19 juin, le gouvernement français compte entrer en négociation également avec le gouvernement italien.

La délégation allemande peut-elle indiquer à la délégation française comment le contact s'établira avec les représentants de l'Italie ?

Le général Keitel répond en se référant à l'article 23 du projet de convention.

Le général Huntziger continue :

b) le gouvernement français, au moment où s'engage la négociation, veut être assuré qu'il pourra communiquer librement avec ses délégués et délibérer librement. Il demande donc à pouvoir communiquer par radio et, le cas échéant, par téléphone avec Bordeaux.

Il demande également que l'armée allemande évite de pousser en direction de Bordeaux.

Le général Keitel répond :

1) qu'il se chargera de faire connaître par radio en clair au gouvernement français ce que la délégation française aura à lui communiquer.

2) qu'en ce qui concerne l'usage du téléphone, il ne pourra l'admettre que si, après avoir examiné la convention, la délégation française ne lui pose pas de questions qui laisseraient supposer que le gouvernement français n'est pas prêt à accepter les principes qui sont à la base de la convention.

3) que le gouvernement allemand n'a nullement l'intention de menacer la liberté de délibération du gouvernement français, mais que la rencontre d'aujourd'hui visant précisément à la cessation des hostilités, les opérations ne peuvent être interrompues, même partiellement, avant que la convention ne soit signée.

Il ajoute que la situation est telle en effet en France qu'il y a extrême urgence à ce que l'armistice intervienne au plus tôt.

M. Léon Noël demande au général Keitel le texte de la déclaration lue par lui en présence du Chancelier.

Le général Keitel répond qu'il remettra volontiers ce texte quand il aura acquis, après la reprise de séance, la certitude que la France est prête à conclure l'armistice sur les bases arrêtées par le gouvernement allemand.

À la demande du général Huntziger, le général Keitel s'engage à prévenir le gouvernement italien que la délégation française est prête à se rendre à son appel.

Guerre 1939-45, Vichy, Y Internationale, 20

59

Message du Chancelier Hitler à la délégation française chargée de participer aux pourparlers relatifs à la conclusion d'un armistice

s.l. [*Berlin, lu à Rethondes*], *s.d.* [*21 juin 1940*][1].

Au nom du *Führer* et commandant suprême des forces armées allemandes, j'ai à vous faire la déclaration suivante :

Sur la base des assurances données au Reich allemand par le président Wilson et confirmées par les puissances alliées[2], l'armée allemande

[1] Le texte porte la date du 20 juin, mais il a été lu le 21 à Rethondes par le général Keitel.

[2] Le 6 novembre 1918, le président Wilson accepte le « Document Lippmann » dans lequel figurent les clauses de l'armistice avec l'Allemagne selon les vues de Paris et de Londres. Il communique à Berlin les conditions militaires et diplomatiques de l'armistice (Note Lansing). Pour

a déposé les armes en novembre 1918. Ainsi se termina une guerre que le peuple allemand et son gouvernement n'avaient pas voulue, et au cours de laquelle il n'avait pas été donné aux adversaires, malgré une supériorité écrasante, de vaincre d'une manière décisive l'armée, la marine ou l'aviation allemandes.

Dès le moment de l'arrivée de la délégation allemande chargée de participer aux pourparlers relatifs à la conclusion d'un armistice, commencèrent les violations de la promesse solennellement donnée. C'est le 11 novembre 1918, dans ce même wagon[1], que commença ainsi le calvaire du peuple allemand. Tout ce qui peut être imposé à un peuple en déshonneur, en abaissement moral et en souffrances humaines et matérielles prit son origine ici. La violation de la parole donnée et le parjure s'abattirent ainsi sur une nation qui, après une résistance héroïque soutenue pendant 4 ans, n'avait succombé qu'à la seule faiblesse de croire aux promesses données par des hommes d'État démocratiques.

Le 3 septembre 1939 – c'est-à-dire 25 ans après le début de la guerre mondiale – l'Angleterre et la France ont de nouveau, sans aucune raison, déclaré la guerre à l'Allemagne. La décision des armes est intervenue.

La France est vaincue. Le gouvernement français a prié le gouvernement du Reich de lui faire connaître les conditions allemandes pour la conclusion d'un armistice.

Pour recevoir ces conditions, la délégation française a été invitée à se rendre à la forêt historique de Compiègne et cet endroit a été choisi pour effacer une fois pour toutes par un acte de justice réparateur, un souvenir qui pour la France n'était pas une page honorable de son histoire, mais qui était considéré par le peuple allemand comme le plus profond déshonneur de tous les temps.

La France, après une résistance héroïque qui s'est manifestée dans une suite ininterrompue de batailles sanglantes, est vaincue et s'est écroulée. Dans ces circonstances, l'Allemagne ne désire pas donner aux conditions de l'armistice ni aux pourparlers y relatifs un caractère humiliant à l'égard d'un adversaire aussi brave.

Les conditions formulées par l'Allemagne visent premièrement à empêcher la reprise des hostilités, deuxièmement à offrir à l'Allemagne toute sécurité dans la guerre contre l'Angleterre, dont la poursuite lui est imposée par cette dernière, et à créer en troisième lieu les conditions

une réponse à cette argumentation du gouvernement allemand, cf. A. Kammerer, *La Vérité* ..., *op. cit.*, p. 215, note 2.

[1] Il s'agit du wagon 2419D de la Compagnie internationale des wagons-lits, qui avait été transformé par le maréchal Foch en bureau, remis à la place exacte où il se trouvait lorsque le général Weygand, alors chef d'état-major de Foch, avait dicté ses conditions au Grand État-Major allemand. Mais le monument portant l'aigle allemand brisé a été recouvert d'un immense drapeau noir à croix gammée.

nécessaires à l'établissement d'une paix nouvelle qui consisterait essentiellement à réparer les injustices faites à l'Allemagne elle-même par la force[1].

Guerre 1939-45, Vichy, Y Internationale, 20

60

PROJET ALLEMAND DE CONVENTION D'ARMISTICE

s.l. [*remis à Rethondes*], *s.d.* [*21 juin 1940*].

Article 1. Le gouvernement français ordonnera la cessation des hostilités contre le Reich allemand sur le territoire français ainsi que sur les possessions, colonies, protectorats[2] et sur les mers.

Il ordonnera que les troupes françaises déjà encerclées déposent immédiatement les armes.

Article 2. En vue de sauvegarder les intérêts du Reich, le territoire français au nord et à l'ouest de la ligne tracée, sur la carte[3], partant de la région de Genève, Dole, Chalon-sur-Saône, Paray-le-Monial, Moulins, Bourges, Vierzon, puis en direction de Tours jusqu'à 20 kilomètres à l'est de Tours, cette limite se dirigeant parallèlement à la voie ferrée Angoulême-Bordeaux, jusqu'à Mont-de-Marsan et Saint-Jean-Pied-de-Port[4], sera occupé par les troupes allemandes. Dans la mesure où les régions du territoire à occuper ne se trouvent pas encore sous le contrôle

[1] Après la lecture de ce document par Keitel, le chancelier Hitler donne à chacun des membres de la délégation française un exemplaire du texte allemand de convention d'armistice et quitte le wagon. Cf. L. Noël, *Le Diktat* ..., *op. cit.*, p. 45.

[2] Un autre document portant en mention manuscrite marginale : « Traduit du 1er texte allemand du 21 juin » figure dans d'autres volumes des archives du MAE (par exemple, dans la série Guerre 1939-45, Vichy, Y Internationale, 20 et 23), avec un texte légèrement différent, quelques ajouts et, surtout, des passages supprimés. Nous mentionnerons ces différences dans les notes qui suivent. La différence de traduction concernant l'armistice avec l'Italie peut laisser penser que le document reproduit ici est la traduction française, l'autre la traduction par les Allemands du texte. Ici ajout dans l'autre version : « et territoires sous mandat. ». L'original en allemand de la convention définitive figure dans le fonds « Conservation des traités », série « Traités avec l'Allemagne ».

[3] Léon Noël évoque dans *Le Diktat* ..., *op. cit.* (p. 45), « la carte au liseré vert marquant la limite de l'immense zone d'occupation » qui est « étalée sur la table du wagon » et qui figure dans le fonds « Conservation des traités », série « Traités avec l'Allemagne ». Elle est reproduite en couleur dans l'ouvrage *Mémoires du Monde. Cinq siècles d'histoires inédites et secrètes au Quai d'Orsay*, Paris, Sophie de Sivry – l'Iconoclaste, 2001, p. 284.

[4] Passage manquant dans l'autre version : de « partant » à « Saint-Jean-Pied-de-Port ».

des troupes allemandes, leur occupation sera effectuée immédiatement après la conclusion de la présente convention[1].

Article 3. Dans les régions occupées, le Reich allemand a tous les droits de la puissance occupante (à l'exclusion de l'administration du pays sans immixtion dans son régime)[2].

Le gouvernement français s'engage à faciliter par tous les moyens les règlements relatifs à l'exercice de ces droits et à leur mise en exécution avec le concours de l'administration française. Le gouvernement français invitera immédiatement toutes les autorités et services administratifs français du territoire occupé à se conformer au règlement des autorités militaires allemandes et à collaborer avec ces dernières[3].

Le gouvernement allemand a l'intention de réduire au strict minimum l'occupation de la côte occidentale après cessation des hostilités avec l'Angleterre.

Le gouvernement français est libre de choisir son siège dans le territoire non-occupé, ou bien, s'il le désire, de le transférer même à Paris.

Dans ce dernier cas, le gouvernement allemand s'engage à accorder toutes facilités nécessaires au gouvernement français et à ses services administratifs centraux, afin qu'ils soient en mesure d'administrer de Paris les territoires occupés et non-occupés.

Article 4. Les forces armées françaises sur terre, sur mer et dans l'air devront être démobilisées et désarmées dans un délai encore à déterminer, mais sont exceptées de cette obligation les troupes nécessaires au maintien de l'ordre intérieur. Leur effectif et leur armement seront déterminés par l'Allemagne ou l'Italie respectivement. Les forces armées françaises stationnées dans les régions occupées par l'Allemagne devront être ramenées sur le territoire non-occupé et seront démobilisées.

Avant d'être ramenées en territoire non-occupé, ces troupes déposeront leurs armes et leur matériel aux endroits où elles se trouvent au moment de la conclusion de l'armistice. Elles seront responsables de la remise régulière du matériel et des armes aux troupes allemandes.

Article 5. Comme garantie d'observation[4] des conditions de l'armistice, il pourra être exigé que toutes les pièces d'artillerie et chars, engins anti-chars, les avions militaires, les canons de DCA, les armes

[1] J.-B. Duroselle dans *L'Abîme, op. cit.* (p. 196), remarque que les plus riches régions agricoles, industrielles et minières françaises se trouvent en zone occupée. Toutes les façades maritimes, sauf la côte méditerranéenne, également.

[2] Le passage entre parenthèses ne figure pas dans l'autre version.

[3] Ici, ajout dans l'autre version : « d'une manière correcte. »

[4] Dans l'autre version : « de la stricte observation ».

d'infanterie, tous les moyens de traction et les munitions des unités de l'armée française engagées contre l'Allemagne et qui se trouveront au moment de l'entrée en vigueur de la présente convention sur le territoire ne devant pas être occupé soient livrés en bon état. La commission allemande d'armistice décidera de l'étendue de ces livraisons.

Article 6. Les armes, munitions et matériel de guerre de toutes espèces, restant en territoire français non-occupé, dans la mesure où ceux-ci n'auront pas été laissés à la disposition du gouvernement français pour l'armement des unités françaises autorisées, devront être entreposés ou mis en sécurité sous contrôle allemand ou italien respectivement. Le Haut Commandement allemand se réserve le droit d'ordonner à cet effet toutes les mesures nécessaires pour empêcher l'usage abusif de ce matériel. La fabrication d'un nouveau matériel de guerre en territoire non-occupé devra cesser immédiatement.

Article 7. Les fortifications terrestres et côtières avec leur armement, munitions, équipements, les stocks et installations de tout genre se trouvant dans les régions à occuper devront être livrés en bon état.

Devront être remis en outre les plans de ces fortifications ainsi que les plans de celles déjà prises par les troupes allemandes. Tous les détails sur les emplacements minés, les barrages[1], les fusées à retardement et les barrages chimiques, etc. sont à remettre au Haut Commandement allemand. Ces obstacles devront être enlevés par les troupes françaises sur la demande des autorités allemandes.

Article 8. La flotte de guerre française (à l'exception de la partie qui est laissée à la disposition du gouvernement français pour la sauvegarde des intérêts français dans son empire colonial) sera rassemblée dans des ports à déterminer et devra être démobilisée et désarmée sous le contrôle de l'Allemagne ou respectivement de l'Italie. Les ports d'attache du temps de paix de ces navires serviront pour la désignation de ces ports.

Le gouvernement allemand déclare solennellement au gouvernement français qu'il n'a pas l'intention d'utiliser pendant la guerre, à ses propres fins, la flotte de guerre française stationnée dans les ports sous contrôle allemand[2], sauf les unités nécessaires à la surveillance des côtes et au dragage des mines. Il déclare en outre solennellement et formellement qu'il n'a pas l'intention de formuler des revendications à l'égard de la flotte de guerre française lors de la conclusion de la paix.

[1] Ici, ajout dans l'autre version : « les mines terrestres ».

[2] Il est à remarquer que sur les cinq ports de guerre de France métropolitaine, quatre (Cherbourg, Brest, Lorient et Rochefort) sont en zone occupée alors qu'un seul, Toulon, se trouve en zone non-occupée.

Exception faite de la partie de la flotte de guerre française à déterminer qui sera affectée à la sauvegarde des intérêts français dans l'empire colonial, tous les navires de guerre se trouvant en dehors des eaux territoriales françaises doivent être rappelés en France.

Article 9. Le Haut Commandement français devra fournir au Haut Commandement allemand des indications précises sur toutes les mines posées par la France, ainsi que sur tous les barrages de mines dans les ports et en avant des côtes, ainsi que sur les installations militaires de défense et de protection. Le dragage des barrages de mines devra être effectué par les forces françaises, dans la mesure où le Haut Commandement allemand l'exigera.

Article 10. Le gouvernement français s'engage à n'entreprendre à l'avenir aucune action hostile contre le Reich allemand avec aucune partie des forces armées qui lui restent, ni d'aucune autre manière.

Le gouvernement français empêchera également les membres des forces armées françaises de quitter le territoire français et veillera à ce que ni des armes, ni des équipements quelconques, ni navires, avions, etc. ne soient transportés en Angleterre ou à l'étranger. Le gouvernement français interdira aux ressortissants français de combattre contre l'Allemagne au service d'États avec lesquels l'Allemagne se trouve encore en guerre. Les ressortissants français qui ne se conformeraient pas à cette prescription seront traités, de la part des troupes allemandes, en francs-tireurs.

Article 11. Jusqu'à nouvel ordre, il sera interdit aux navires de commerce français de tous genres, y compris les bâtiments de cabotage et les bâtiments de port se trouvant sous contrôle français, de sortir des ports. La reprise du trafic commercial sera subordonnée à l'autorisation préalable du gouvernement allemand ou du gouvernement italien respectivement.

Les navires de commerce français se trouvant en dehors des ports français seront rappelés en France par le gouvernement français et, si cela n'est pas possible, ils seront dirigés sur des ports neutres. Tous les navires de commerce allemands arraisonnés se trouvant dans des ports français seront rendus en bon état si la demande en est faite.

Article 12. Une interdiction de décollage à l'égard de tous les avions se trouvant sur le territoire français sera prononcée immédiatement. Tout avion décollant sans autorisation préalable allemande sera considéré par l'aviation militaire allemande comme avion ennemi et sera traité comme tel. Les aérodromes et les installations terrestres de l'aviation militaire seront placés sous contrôle allemand ou italien respectivement. Il peut être exigé qu'on les rende inutilisables. Le gouvernement français est tenu de mettre à la disposition des autorités allemandes tous les avions étrangers se trouvant en territoire non-occupé ou de les empêcher de poursuivre leur route ; ces avions devront être livrés aux autorités militaires allemandes.

Article 13. Le gouvernement français s'engage à veiller à ce que dans les territoires à occuper par les troupes allemandes, toutes les installations, outils et stocks militaires soient remis intacts aux troupes allemandes. Il devra en outre veiller à ce que les ports, les entreprises industrielles et les chantiers navals restent dans l'état dans lequel ils se trouvent actuellement et à ce qu'ils ne soient endommagés d'aucune façon ni détruits. Il en est de même pour les moyens, les voies de communication de toute nature, notamment en ce qui concerne les voies ferrées, les routes, les voies navigables, l'ensemble des réseaux téléphoniques et télégraphiques, ainsi que les installations d'indication de navigabilité et de balisage des côtes. En outre, le gouvernement français s'engage, sur l'ordre du Haut Commandement allemand, à procéder à tous les travaux de remise en état nécessaire. Le gouvernement français veillera à ce que, sur le territoire occupé, soient disponibles le personnel spécial nécessaire et la quantité de matériel roulant de chemins de fer et autres moyens de communication correspondant aux conditions normales du temps de paix.

Article 14. Tous les postes émetteurs de TSF se trouvant en territoire français devront cesser sur le champ leurs émissions. La reprise des émissions par TSF dans la partie du territoire français non-occupée sera soumise à une règle spéciale.

Article 15. Le gouvernement français s'engage à effectuer le transport en transit des marchandises entre le Reich allemand et l'Italie à travers le territoire non-occupé dans la mesure requise par le gouvernement allemand.

Article 16. Le gouvernement français sera tenu de procéder au rapatriement de la population dans les territoires occupés d'accord avec les services allemands compétents.

Article 17. Le gouvernement français s'engage à empêcher tout transfert de valeur à caractère économique et de stocks du territoire à occuper par les troupes allemandes vers les territoires non-occupés ou à l'étranger. Il ne pourra être disposé de ces valeurs et stocks se trouvant en territoire occupé qu'en accord avec le gouvernement du Reich.

Article 18. Les frais d'entretien des troupes d'occupation allemandes sur le territoire français seront à la charge du gouvernement français.

Article 19. Tous les prisonniers de guerre et prisonniers civils allemands, y compris les prévenus et les condamnés, qui ont été arrêtés et condamnés pour des actes commis en faveur du Reich allemand devront être remis sans délai aux troupes allemandes. Le gouvernement français est tenu de livrer sur demande tous les ressortissants allemands désignés par le gouvernement du Reich qui se trouvent en France, de même que dans les possessions françaises coloniales, territoires sous protectorat ou sous mandat. Le gouvernement français s'engage à empêcher le transfert des prisonniers de guerre ou des prisonniers civils allemands de France aux possessions françaises ou bien à l'étranger.

Pour ce qui concerne les prisonniers déjà transférés hors de France, de même que les prisonniers de guerre allemands malades, inévacuables ou blessés, des listes exactes portant la désignation de l'endroit de leur séjour doivent être présentées.

Le Haut Commandement allemand s'occupera des prisonniers de guerre allemands malades ou blessés.

Article 20. Les membres des forces armées françaises qui sont prisonniers de guerre de l'armée allemande resteront prisonniers de guerre jusqu'à la conclusion de la paix.

Article 21. Le gouvernement français est responsable de la mise en sécurité de tous les objets et valeurs dont la remise en bon état ou la tenue à la disposition de l'Allemagne est stipulée dans cette convention ou dont le transfert en dehors de la France est défendu.

Le gouvernement français sera passible de dommages et intérêts pour toutes les destructions, dommages ou transferts contraires à la présente convention.

Article 22. Une commission d'armistice allemande, agissant sous les ordres du Haut Commandement allemand, règlera et contrôlera l'exécution de la convention d'armistice.

La commission d'armistice est, en outre, appelée à assurer la concordance nécessaire de cette convention avec la convention d'armistice italo-française.

Le gouvernement français constituera au siège de la commission d'armistice allemande une délégation chargée de représenter les intérêts français et de recevoir les ordres d'exécution de la commission allemande d'armistice.

Article 23. Cette convention d'armistice n'entrera en vigueur que si le gouvernement français arrive avec le gouvernement italien à un accord relatif à la cessation des hostilités[1]. La cessation des hostilités aura lieu

[1] Sur l'autre version : « Cette convention d'armistice entrera en vigueur aussitôt que le gouvernement français sera également arrivé avec le gouvernement italien à un accord relatif à la cessation des hostilités ». Sur la controverse à ce sujet, voir les documents n°s 66 et 68.

6 heures après que le gouvernement italien aura annoncé au gouvernement du Reich la conclusion de cet accord. Le gouvernement du Reich fera part par radio de ce moment au gouvernement français.

Article 24. La présente convention d'armistice est valable jusqu'à la conclusion du traité de paix. Elle peut être dénoncée à tout moment pour prendre fin immédiatement si le gouvernement français ne remplit pas les obligations par lui assumées par la présente convention.

La présente convention d'armistice a été signée le ... juin 1940, à ... heures ...[1], dans la forêt de Compiègne.

Guerre 1939-45, Vichy, Y Internationale, 21

61

Note

Au sujet des conditions d'armistice

N. *Bordeaux, 22 juin 1940*[2].

Si l'on peut tirer des conclusions des communications de la Radio allemande[3], il est permis de prévoir que les conditions allemandes seront extrêmement dures. Il apparaîtra peut-être, lorsqu'elles seront connues, que le gouvernement français ne saurait les accepter sans forfaire à l'honneur. Dans cette conjoncture, quelle attitude adopter ?

1ère solution : le gouvernement français fait rentrer sa délégation et déclare ne pouvoir signer l'armistice aux conditions imposées. Il est évident que les armées allemandes reprennent alors leur marche en avant et que le gouvernement français doit envisager l'occupation de tout le territoire par les troupes allemandes. Le gouvernement français, pour échapper à cette occupation, quitte la France et s'installe dans une de

[1] Ajout dans l'autre version : « (heure d'été allemande) ».

[2] C'est dans la soirée du 21 juin, à 20 h. 20 heure française, 21 h. 20 heure allemande, que le général Huntziger joindra par téléphone le général Weygand à Bordeaux (voir document n° 63). Les deux premières phrases du présent document laissant entendre que le gouvernement français ne connaît pas encore les conditions imposées par l'Allemagne, on a supposé qu'il y avait une erreur de datation et que ce texte avait été rédigé le 21 et non le 22 juin. On l'a donc classé ici.

[3] Alors que les membres de la délégation française n'ont pas obtenu de recevoir une copie de la déclaration de Hitler lue par Keitel (voir document n° 59), celle-ci a été remise à la presse et diffusée par la radio. Cf. L. Noël, *Le Diktat ...*, *op. cit.*, p. 52.

ses possessions d'outre-mer, par exemple en Afrique du Nord où il continue la résistance.

2e solution : le gouvernement, considérant d'une part, qu'il est lié par sa promesse de ne pas abandonner les populations françaises, et d'autre part résolu à ne pas céder à la pression de la force, reste en France, prisonnier de l'armée d'occupation, refuse d'apposer sa signature sur tout accord conclu dans ces conditions et attend les événements.

La résistance se constitue avec ou sans son consentement en Afrique du Nord, en Syrie et ailleurs.

Cette seconde solution, quels qu'en soient les graves inconvénients pour la portion du territoire non encore occupée, présente plusieurs avantages :

a) L'Allemagne n'obtient pas de nous l'accord qui lui permettrait de continuer en toute liberté et sécurité la guerre contre l'Angleterre et qui sanctionnerait ses conquêtes.

b) Nous n'aurions consenti aucune cession territoriale, préjugeant la fin des hostilités germano-anglaises.

c) Bien que privé de tout pouvoir effectif, le gouvernement français, en restant en France, peut-être interné, apporterait par son attitude et sa présence un réconfort moral à tout le pays.

d) Il laisserait l'Allemagne dans le plus cruel des embarras en lui abandonnant la responsabilité d'une occupation onéreuse et d'un rendement aléatoire.

e) Il éviterait en quittant le sol national de s'exposer au reproche d'avoir cherché un refuge outre-mer, abandonnant la population métropolitaine aux sévices de l'adversaire.

En revanche, cette solution risque d'exposer la France à de terribles représailles. Mais l'on peut espérer que la haute personnalité du maréchal Pétain et le respect qu'elle inspire aux Allemands réussiraient à atténuer dans une certaine mesure ces représailles.

Guerre 1939-45, Vichy, Y Internationale, 19

62

Compte rendu

Première journée à Rethondes

C.R. *Rethondes, 21 juin 1940.*

A. – 18 heures – Conversation présidée par le général Jodl[1]

Le général Huntziger exprime l'intention de formuler quelques remarques d'ensemble et demande à pouvoir parler au téléphone avec le gouvernement français, dès que possible.

Le général Jodl fait observer que pendant ces conversations, le rythme des opérations continue à se dérouler.

Le général Huntziger répond qu'il le sait, mais que, néanmoins, il y a des points capitaux entre militaires, en premier lieu : l'honneur. Il y a des conditions qu'il est possible de discuter et de suivre, mais d'autres sont implacables – par exemple l'occupation de presque tout le territoire français. C'est considérable, c'est d'autant plus grave que si nous avons été battus par l'armée allemande (que nous avons d'ailleurs toujours estimée à sa valeur), on ne peut pas en dire autant de l'Italie, qui va peut-être vouloir occuper tout le reste de notre territoire, ce qui n'est pas admissible.

Nous n'acceptons pas cela. S'il le faut, nous continuerons la lutte et il nous reste tout notre empire colonial, toute notre flotte, toute notre aviation.

Nous avons été battus par l'Allemagne, mais elle n'a pas intérêt à nous déshonorer ni à nous avilir.

En fait, d'ailleurs, la déclaration qui vient d'être lue au nom du *Führer* parlait d'une paix de justice.

(Ces dernières phrases ont été prononcées avec beaucoup d'émotion et le général Huntziger s'excusait après coup, étant entre hommes d'honneur et soldats, d'avoir pu se laisser entraîner par son émotion sans avoir cependant tout dit).

Le général Jodl exprime son entière compréhension pour ce qu'a dit le général Huntziger, mais il constate que si la délégation française persiste à faire valoir ces considérations, cela ne nous amènera à aucun résultat,

[1] À l'issue de la première séance de travail, les délégués français purent se réunir dans une tente dressée non loin du wagon pour discuter du projet allemand de convention d'armistice. La deuxième séance commune commença à 18 h. ; Keitel, absent, est remplacé par Jodl.

vu qu'il n'est pas habilité pour accepter de modifier le texte et qu'il n'est autorisé qu'à fournir des éclaircissements.

En comparaison avec 1918, les Allemands, à l'heure actuelle, ont déjà occupé tout ce qu'ils nous demandent et ils l'ont fait en vue de pouvoir continuer la lutte contre un autre adversaire.

Si ceci amène à battre les Anglais plus vite, l'occupation prévue sera réduite.

Le général Huntziger constate que c'est exact, puisqu'on le retrouve dans la suite du document à l'article 3, mais que signifie le « strict minimum » ?

« Pour Paris, que comptez-vous faire ? Il ne faut pas abuser de l'émotivité des Parisiens. Le mode d'occupation peut être plus ou moins sporadique. Ou bien voulez-vous tout occuper ?

Nous désirons savoir du vainqueur où nous allons, notamment pour donner des apaisements à notre opinion publique. »

Le général Jodl déclare devoir se consulter avec le général Keitel avant de répondre sur ce point.

M. Léon Noël demande des éclaircissements sur l'article 3, notamment sur l'interprétation à donner à la phrase : « exerce tous les droits de la puissance occupante ». Il ne peut s'agir que des droits indispensables pour l'exercice de l'occupation militaire, étant entendu que les autorités françaises administratives et judiciaires conservent toute liberté d'exercer leurs fonctions : cela paraît évident, mais devrait être précisé.

Le général Jodl répond à titre personnel : « Après l'article 3, nous devons réserver tous les droits dont nous aurons besoin pour continuer notre guerre implacable contre l'Angleterre, mais nous n'avons aucun intérêt à gêner l'administration civile française, à condition que cela ne s'oppose pas aux exigences d'ordre militaire. »

Le général Huntziger demande des précisions. S'agirait-il par exemple de faire évacuer une partie du territoire pour y faire des installations militaires et d'obliger des populations civiles à s'éloigner ?

Le général Jodl répond : « on pourrait poser beaucoup d'autres questions, mais à son avis, elles ne sont pas assez essentielles pour amener le refus des propositions.

Au surplus, elles seraient à discuter par la commission d'armistice. »

Le général Huntziger montre que l'article 22 paraît conférer tous les droits à la commission d'armistice ; c'est pourquoi la délégation française pose des questions sur des points aussi graves que celui qui vient d'être énoncé : par exemple l'évacuation des populations civiles.

Il ajoute, à titre d'exemple, le cas de la création éventuelle par les Allemands, dans la banlieue de Paris, de bases aériennes, ce qui entraînerait des représailles contre lesquelles nous ne pourrions rien faire ; nous subirions ainsi tous les inconvénients de la guerre, même après avoir cessé de la faire.

Le général Jodl : « il va sans dire que la commission d'armistice veillera à l'application en détail de notre convention, mais qu'elle ne pourra formuler des clauses nouvelles ; elle pourra assurer l'exécution des dispositions de la convention, sans pouvoir aller au-delà. »

Le général Huntziger accepte cette définition, mais il estimerait préférable de rédiger un texte qui la préciserait.

Le général Jodl estime que cela est précisé à l'article 22. Il explique qu'il ne s'agit dans le texte que d'ordre d'exécution de l'accord, évidemment, et de rien au-delà.

Reprenant la parole et manifestant quelque nervosité, il dit à titre personnel que la discussion de ce problème juridique n'avance à rien : « Ou bien la France veut continuer, ou elle veut cesser les hostilités ».

Il déclare que le texte allemand est définitif et qu'il n'y a aucune modification à y apporter.

Le but de la réunion est donc uniquement d'éclairer les points douteux s'il y en a. La situation est trop grave. Le gouvernement français doit décider s'il *veut*[1] ou s'il *peut*[2] continuer la guerre.

Le général Huntziger déclare qu'il est dans l'obligation de parler avec le gouvernement français pour avoir son avis sur des questions aussi graves que celle de l'occupation.

M. Léon Noël observe : « si nous posons des questions, c'est pour mieux renseigner notre gouvernement quand nous lui téléphonerons et c'est donc dans l'intérêt bien compris des deux parties. »

Le général Jodl propose une suspension de discussion. Il cherchera à obtenir pour la délégation française l'autorisation de téléphoner et demandera des réponses aux questions posées.

Le général Huntziger accepte et pose une dernière question relative à l'article 20 (prisonniers de guerre) : « Quel délai peut-on envisager d'ici à la paix[3] ? Avez-vous intérêt à garder ces prisonniers ? »

Le général Jodl posera la question.

Le général Huntziger : « Est-ce que la ligne verte qui limite l'occupation est intangible en tous ses points ? »

Le général Jodl répond oui.

[1] Souligné dans le texte.

[2] *Idem.*

[3] Nombreux sont ceux qui, au sein du gouvernement de Bordeaux, pensent que la France pourra passer d'un armistice séparé à une paix séparée.

Le général Huntziger soulève la question de l'article 13 (radio). « Avez-vous l'intention d'intervenir dans nos émissions, ou simplement de prendre des garanties pour que nous ne puissions, par exemple, aider les Anglais dans leur guerre contre vous ? »

M. Léon Noël déclare qu'il a en tout cas des dispositions nouvelles à ajouter au texte dans l'intérêt commun. Par exemple, il importe essentiellement que les populations civiles rentrent chez elles et reprennent au plus tôt leur activité normale, et, à cet égard, des dispositions complémentaires s'imposent.

Le général Jodl répond que ces points seront discutés par la commission d'armistice, mais que nous n'avons pas idée des conditions existantes derrière notre front. Il y règnerait la plus grande disette si les puissantes organisations économiques allemandes n'étaient pas intervenues.

M. Léon Noël ajoute qu'il convient également d'envisager une autre forme d'aide : les interventions d'organismes internationaux, en raison des conséquences possibles du blocus sur la population française.

Le général Huntziger se référant à l'article 4, même phrase, demande quelles sont les troupes qui sont considérées par les Allemands comme nécessaires au maintien de l'ordre intérieur et quelle est la valeur approximative de leur effectif. Le maintien de l'ordre est une chose indispensable. Le maréchal Pétain l'a rappelé encore hier soir au général Huntziger et pour cela il faut des moyens.

Le maréchal escompte qu'en dehors de la police, de la gendarmerie et de la garde républicaine mobile, il faut prévoir au moins le maintien de 120 000 ou 130 000 hommes : infanterie, cavalerie avec certaines armes spéciales.

Le général Jodl demande si l'on a la certitude d'en finir ce soir.

Le général Huntziger précise qu'il ne peut signer en aucun cas sans avoir parlé avec le gouvernement.

Le général Jodl s'efforcera d'obtenir une décision sur ce point.

Le général Huntziger apportera de son côté la réponse qui lui a été demandée.

*

* *

B. La séance est suspendue, puis reprise sous la présidence du colonel général Keitel[1].

Le général Keitel déclare qu'il va donner des réponses définitives aux questions posées au général Jodl.

1. La ligne verte : il ne peut être envisagé en principe aucune modification de son tracé général, mais la commission d'armistice pourra tenir compte, sur des points de détail, des vœux dont elle sera saisie ; c'est d'ailleurs une ligne qu'on ne peut modifier à cause des exigences de la guerre contre l'Angleterre. Il ajoute, en se référant à l'article 3 de l'accord qui prévoit la possibilité de retour du gouvernement français à Paris, que si le gouvernement français désirait par exemple s'installer provisoirement à Orléans, on pourrait apporter des améliorations au tracé de la ligne verte.

2. Au sujet de la possibilité de maintenir sur le territoire français non-occupé par les troupes allemandes des unités françaises pour assurer l'ordre, le général Keitel déclare : les autorités allemandes doivent tenir compte de deux considérations : les nécessités de la guerre avec l'Angleterre, le maintien de l'ordre et de la sécurité dans le territoire occupé. Réponse : pour une période de transition et sous réserve de l'assentiment du gouvernement italien, le général Keitel accepterait sur le territoire français non-occupé par les Allemands une force de 100 000 hommes.

Dans le territoire français occupé, c'est l'armée allemande qui se charge de la sécurité, de la tranquillité, en disposant d'effectifs suivants (*sic* [suffisants ?]) pour les assurer et en tenant compte par ailleurs des exigences de la guerre contre l'Angleterre.

L'Allemagne n'a aucun intérêt à augmenter l'armée d'occupation au-delà de ce qui lui est nécessaire pour atteindre ces deux buts : en outre, une résolution pourra être envisagée suivant les circonstances.

3. Prisonniers de guerre : leur sort, réglé provisoirement par la convention d'armistice, sera fixé définitivement par le traité de paix ; cela n'exclut nullement l'éventualité de solutions plus libérales.

4. L'interdiction des émissions de radio sera remplacée par la commission d'armistice, dès que possible, en une simple surveillance de ces émissions.

5. Quant à la crainte de voir la commission d'armistice admettre de nouvelles clauses dépassant les attributions prévues, cette commission n'a pas semblable pouvoir et doit seulement veiller à l'exécution de ce qui est prévu dans la convention.

[1] Selon Léon Noël (*Le Diktat* ..., *op. cit.*, p. 60), le général Jodl a décidé de lever à nouveau la séance pour soumettre au général Keitel les questions posées par la délégation française.

6. Le général Keitel croit avoir répondu à toutes les questions.

À Paris, l'occupation a uniquement pour but de garantir l'ordre et la sécurité. On y maintiendra des troupes dans ce cadre en nombre nécessaire et suffisant. Le contraire ne serait pas désirable au point de vue de la discipline militaire. Il s'agit d'une grande ville, de populations très nombreuses. Le gouvernement français peut rentrer – et nous le lui avons dit – avec l'idée qu'une fois rentré, il puisse exercer librement ses fonctions.

Il déclare que le général Huntziger pourra téléphoner sous peu. Il ajoute qu'il accepte de se réunir ici demain matin en vue d'une dernière conversation, courte, mais décisive ; une heure avant, le général Huntziger pourra de nouveau communiquer avec son gouvernement ; cette communication aura lieu à 10 heures et la réunion à 11 heures.

Il ajoute qu'en téléphonant ce soir avec Bordeaux, le général Huntziger ne devra pas laisser subsister de doutes sur le fait que l'armée allemande ne s'arrêtera point tant qu'un accord ne sera pas intervenu avec l'Italie, et sur le fait également que les bases de la convention ne peuvent être modifiées.

Le général Huntziger demande si la fixation de la réunion à 11 heures doit être considérée comme comportant en quelque sorte un ultimatum.

Le général Keitel déclare que la situation militaire ne permet pas d'attendre mais que, cependant, il est disposé à répondre encore à ce moment à quelques autres questions, après que le général Huntziger aura eu une conversation téléphonique avec Bordeaux ; mais il insiste sur le fait qu'il y a intérêt à en finir rapidement sans rien modifier aux bases du texte qui est arrêté *ne varietur.*

La commission d'armistice, ajoute-t-il, sera appelée à prendre toutes les mesures d'exécution nécessaires.

Les questions qui se poseront à ce titre seront réglées suivant les circonstances et les nécessités, mais il n'y a plus lieu de poser des questions sur les mesures d'application, car si l'on pouvait statuer d'avance sur ces mesures, la commission d'armistice n'aurait pas de raison d'être.

Il insiste sur la signification de l'heure de rendez-vous de demain. Il croit avoir fait une proposition libérale qui donne des délais suffisants et qui laisse le temps de la décision sans qu'il soit question d'ultimatum à proprement parler.

*

* *

C. 20 h. 20 – Conversation téléphonique du général Huntziger avec le général Weygand.

Elle a fait l'objet de notes rédigées par le général Parisot[1] (pour le général Huntziger) et par M. Léon Noël, concernant les réponses du général Weygand[2].

Guerre 1939-45, Vichy, Y Internationale, 20

[1] Il s'agit du document « Notes prises sur la conversation téléphonique entre le général Weygand et le général Huntziger » en date du 21 juin 1940, figurant dans les Papiers 1940, Papiers Baudouin, 1, ainsi que dans la série Guerre 1939-45, Vichy, Y Internationale, 21. Il a paru intéressant d'en reproduire ci-après le texte intégral (les parties indiquées ici en italiques sont soulignées dans l'original) :

« 1) *Avant la lecture des articles.* Le gouvernement allemand a refusé formellement de parler de conditions de *paix.* Il a remis un document de convention d'armistice contenant 24 articles. Il a spécifié que ce document forme un tout et qu'il ne peut être modifié. Le gouvernement allemand y a déclaré qu'il était seulement autorisé à demander des éclaircissements, ce qu'il a fait. À une question du général Weygand : « Impression générale ? », le général Huntziger répond : « Mon impression, comme celle de la délégation toute entière, est que les conditions sont très dures, mais ne renferment rien qui soit contraire à l'honneur, en particulier pour le point envisagé ; sur ce point, les conditions ne sont pas celles que nous pensions. »

2) *Après la lecture des conditions.* À une question du général Weygand, le général Huntziger répond qu'il ne sait pas si les conditions italiennes se rapportent ou non à nos possessions coloniales. Le général Weygand déclare qu'il s'agit là d'un traquenard et que, si en plus de l'occupation allemande, les Italiens exigent une occupation italienne, il ne restera plus de France et que cette occupation fera couler beaucoup de sang italien. À une question du général Weygand sur le ton général de la communication de la convention d'armistice, le général Huntziger répond : « Très dur ». Le général Weygand déclare qu'il a vu le télégramme du DNB et qu'il a été content d'y voir que les Allemands rendaient hommage à l'héroïsme des troupes françaises. Le général Huntziger déclare que les Allemands voulaient qu'il signât tout de suite la convention d'armistice. Le général Weygand rappelle que Monsieur Erzberger a eu 72 heures pour signer l'armistice de novembre 1918, *ad referendum,* du gouvernement allemand. Le général Huntziger déclare que le gouvernement allemand n'a pas autorisé l'emploi de code chiffré. Le général Weygand dit au général Huntziger : « Il est entendu que ce que vous aurez signé n'est pas signé. Rien ne serait valable si la chose italienne n'est pas faite. Il faut écrire cela. La signature ne serait pas valable. C'est un traquenard ». Le général Weygand insiste pour que le général Huntziger demande au Haut Commandement allemand d'envoyer un texte cette nuit. Il lui dit de leur rappeler Rethondes, les 72 heures de délai, l'avion mis à la disposition des Allemands, le texte écrit qui leur avait été remis. On ne lie pas le sort d'un pays à un texte dicté par téléphone. Le général Weygand suggère que le général Parisot pourrait apporter demain à Bordeaux le texte et la carte. Le Haut Commandement allemand refuse. Le général Weygand déclare qu'il va faire se réunir tout de suite le Gouvernement. Le général Huntziger déclare au général Weygand que le gouvernement allemand attend la réponse du gouvernement français le 22 juin 1940 à 9 heures, heure d'été allemande. »

[2] Voir document n° 63.

63

VERBATIM

Conversation téléphonique du général Huntziger avec le général Weygand de Rethondes à Bordeaux

Rethondes, 21 juin 1940, 21 h. 20 (heure allemande)

Général Huntziger : « Vous devinez où je suis. Je suis dans le wagon[1]. »

Général Weygand : « Mon pauvre ami. »

Général Huntziger : « On ne nous communique pas de conditions de paix : refus.

Nous avons reçu un document qui comporte 24 articles. Il forme un tout et ne peut être modifié. Je suis seulement autorisé à demander des éclaircissements. Je l'ai fait.

Impression de la délégation tout entière : conditions très dures, mais rien qui ne soit directement contraire à l'honneur, en particulier pour le point que nous avions discuté ensemble à Bordeaux[2].

Je vais vous lire les choses essentielles, article par article. »

Article 1. Formule : le gouvernement français ordonne cessation hostilités, etc. conforme au texte.

Article 2. La ligne verte d'occupation est marquée d'une manière générale par Genève – Dole – Chalon-sur-Saône – Paray-le-Monial – Moulins – Vierzon, se dirige ensuite vers Tours, s'arrête à quelques kilomètres à l'est de Tours, puis est parallèle à la voie ferrée Angoulême-Bordeaux, et se poursuit jusqu'à Mont-de-Marsan et St-Jean-Pied-de-Port.

Article 3. Lecture.

Article 4. Lecture.

Commentaires : les troupes nécessaires au maintien de l'ordre. On nous accorde 100 000 hommes pour les territoires non-occupés par les Allemands ou les Italiens.

[1] Voir document n° 59, p. 81, note 1.

[2] *Note du document* : Il s'agit de la flotte.

Article 5. Lecture.

Commentaires : 100 000 hommes étant fixés, cet article tombe en grande partie.

Articles 6, 7, 8, 9, 10. Lecture.

Article 11.

Commentaires : Jodl ne s'oppose pas au fonctionnement d'un organisme international de ravitaillement ; cette question intéresse les Allemands autant que nous. Il a ajouté que dans nos territoires français occupés, s'il n'y avait pas eu l'action puissante des services allemands de ravitaillement, il y aurait eu des famines terribles.

Faisant des remarques sur la situation générale, le général Huntziger s'exprime ainsi : je dois vous transmettre toutes ces indications ce soir, afin que vous me téléphoniez demain à 9 heures les instructions du gouvernement.

Article 12. À propos du décollage d'avions, se référer à l'article 1. Je n'ai pas insisté. Vous comprenez pourquoi (territoire français par opposition aux possessions).

Article 13. Rien.

Article 14. Commentaire au sujet de la radio. La raison est la guerre avec l'Angleterre, afin d'éviter des indiscrétions, mais les Allemands prendront très rapidement toutes dispositions pour nous faciliter les choses, sous réserve que la surveillance reste organisée.

Article 15, 16. Rien.

Article 17. Nous n'avons pas ici de compétence financière mais cette question mériterait d'être étudiée, car nous n'en connaissons pas les répercussions.

Article 18, 19, 20, 21, 22. Rien.

Article 23. Commentaire : des avions seront mis à votre disposition pour aller trouver les Italiens.

Le général Huntziger demande si le gouvernement français a reçu une réponse du gouvernement italien.

Le général Weygand répond : « Aucune ».

Le général Huntziger remarque que nous n'avons aucune garantie que l'Italie ne demandera pas à occuper une partie du territoire français.

Le général Weygand dit que l'article 23 est un véritable traquenard, puisque nous ne savons pas ce que nous demanderont les Italiens.

Le général Huntziger : « Nous n'avons en effet aucune garantie à ce sujet ».

Le général Huntziger a dit qu'il ne pouvait pas y avoir dans l'article 23 la raison suffisante pour refuser de signer la convention avec l'Allemagne.

Le général Weygand a rappelé qu'il avait choisi Rethondes à la clairière de la forêt de Compiègne pour que les plénipotentiaires puissent y travailler tranquillement, sans être aperçus et qu'un avion avait été mis à leur disposition pour se rendre à Berlin pour consulter leur gouvernement.

Les Allemands n'ont donc pas de raison de refuser à la délégation française un avion.

En terminant, le général Weygand demande au général Huntziger de lui faire parvenir le texte allemand avec une carte.

Guerre 1939-45, Vichy, Y Internationale, 20

64

NOTE INTERNE

Commentaires français[1]

N. *s.l.* [*Bordeaux*], *s.d.* [*21 juin 1940*].

Article 3. Les Allemands sont disposés, après la paix avec l'Angleterre, à réduire les effectifs d'occupation et à ne pas mettre de troupes dans toute l'étendue du territoire. À Paris se trouveront des troupes destinées à éviter des troubles (2 divisions pour le département de la Seine).

Article 4. Les Allemands envisageraient d'accorder 100 000 hommes à titre de période de transition pour le territoire non-occupé par les troupes allemandes ou italiennes.

Article 5. Du fait du commentaire de l'article 4 ci-dessous, cet article 5 tombe en partie.

[1] Il s'agit sans doute d'un document de travail préparé pour le conseil des ministres qui s'est tenu dans la nuit du 21 au 22 juin, entre une heure et trois heures du matin (donc en date du 22 juin).

Article 7. Le général Weygand fait remarquer qu'il n'y a plus rien, que nous avons tout détruit.

Article 8. Les ports du temps de paix seraient Toulon du côté italien et les autres ports d'attache français pour les Allemands[1].

Article 11. Le général Weygand soulève le problème du ravitaillement.

Le gouvernement allemand serait disposé à accepter des offres d'une Croix-Rouge internationale malgré le blocus. Le général Keitel a déclaré que, spécialement dans les territoires du Nord de la France occupés, il y aurait eu famine sans un actif ravitaillement allemand.

Article 14. La restriction au sujet des postes émetteurs est motivée par l'état de guerre avec l'Angleterre afin que nous ne puissions pas lui fournir d'indication. Très rapidement, des dispositions seront prises pour que toute latitude soit laissée à ces émissions sous surveillance et sous certaines conditions de sécurité.

Article 17. Le général Huntziger ne comprend pas cet article et il demande qu'il soit étudié tout spécialement.

Article 20. Aucune assurance ne peut être donnée quant à la date de la paix. Le général Huntziger n'a pas le sentiment que le gouvernement allemand désire la retarder. Cela dépendra de la guerre contre l'Angleterre.

Article 23. Le gouvernement allemand mettra des avions à la disposition de la délégation d'armistice (voir message du 21 juin après-midi).

Guerre 1939-45, Vichy, Y Internationale, 21

[1] Voir document n° 60, p. 84, note 2.

65

NOTE[1]

Propositions d'amendements au projet de convention d'armistice franco-allemand

Conseil des ministres du 22 juin 1940, 8 h. 30

Bordeaux, 22 juin 1940, 8 h. 30[2].

Question préalable

Le gouvernement français a demandé à plusieurs reprises que l'avance allemande en direction de Bordeaux soit arrêtée afin de lui permettre de délibérer librement. Hier soir le maréchal Pétain a adressé à ce sujet un appel personnel au chancelier du Reich.

Aucune réponse n'a encore été reçue. Les négociations telles qu'elles sont prévues avec l'Allemagne, puis avec l'Italie, pouvant durer plusieurs jours, le gouvernement français demande d'une façon pressante cette assurance au gouvernement allemand. Cette question capitale doit être réglée au préalable pour que puissent se poursuivre les délibérations du gouvernement.

Article 1er. Répétition du texte.

Article 2. Il est demandé que Paris, dont le gouvernement allemand reconnaît l'importance pour l'administration du territoire, ne soit pas occupée et que la capitale soit reliée à la zone non-occupée[3]. En conséquence, les départements de Seine, Seine-et-Oise, Seine-et-Marne, Loiret, Cher et Loir-et-Cher feraient partie du territoire non-occupé.

[1] La note ne porte aucun en-tête sinon la mention « Conseil des ministres, 22 juin 1940, 8 h. 30 ». Il est difficile d'affirmer s'il s'agit de notes préparatoires ou du résumé des décisions prises au cours de la réunion. Le titre « Propositions d'amendements … » est de l'équipe éditoriale.

[2] Un nouveau conseil des ministres se réunit le 22 juin à 8 h. du matin. Vers 9 heures, conformément au délai indiqué la veille, le général Weygand quitte la séance pour téléphoner au général Huntziger, reparti pour Rethondes après avoir passé une courte nuit à Paris ; et il lui communique les remarques du gouvernement français. Selon Léon Noël, *Le Diktat …*, *op. cit.* (p. 70), la conversation dure environ trois quarts d'heure. Sur l'atmosphère générale de ce conseil des ministres, on peut se reporter à P. Baudouin, *Neuf mois …*, *op. cit.*, pp. 199-201 : « L'atmosphère est très différente de celle de la nuit. M. Chautemps et l'amiral Darlan ne parlent plus de continuer la résistance. Le mot d'ordre est "résignation". »

[3] Selon A. Kammerer dans son ouvrage *La vérité …*, *op. cit.*, p. 217, cette suggestion aurait été faite par F. Charles-Roux, ainsi que celles concernant les articles 8 et 17. Celle relative à une modification de l'article 5 serait une initiative du général Weygand.

Article 3. S[ans] o[bservation].

Article 4. S[ans] o[bservation].

Article 5. Rayer les avions militaires du matériel dont la livraison en bon état peut être exigée. En remplacement de cette mesure, proposer que les avions militaires non compris dans les effectifs autorisés pour le maintien de l'ordre à l'intérieur et dans les colonies soient détruits.

Article 6. S[ans] o[bservation].

Article 7. S[ans] o[bservation].

Article 8. Modification du premier paragraphe.

La flotte de guerre française (à l'exception de la partie qui est laissée à la disposition du gouvernement français pour la sauvegarde des intérêts français dans son empire colonial), après avoir été démobilisée et après avoir débarqué ses munitions sous le contrôle de l'Allemagne ou respectivement de l'Italie, sera basée dans les ports français de l'Afrique. Les effectifs de chaque navire ne devront pas dépasser la moitié des effectifs normaux du temps de paix.

Les deux autres paragraphes, sans changement.

Article 9. S[ans] o[bservation].

Article 10. S[ans] o[bservation].

Article 11. S[ans] o[bservation].

Article 12. S[ans] o[bservation].

Article 13. S[ans] o[bservation].

Article 14. S[ans] o[bservation].

Article 15. S[ans] o[bservation].

Article 16. S[ans] o[bservation].

Article 16bis. La situation des militaires étrangers ayant servi dans l'armée française ou à ses côtés et celle des ressortissants des pays étrangers ayant cherché asile en France feront l'objet d'un accord ultérieur fondé sur les principes d'honneur et d'humanité.

Article 17. Le gouvernement allemand s'engage à faciliter le transfert du territoire occupé en territoire non-occupé des produits et denrées nécessaires aux besoins des populations.

Article 18. S[ans] o[bservation].

Article 19. Le gouvernement français considère la clause de livraison sur demande de tous les ressortissants allemands comme contraire à l'honneur en raison de la pratique du droit d'asile. Il demande la suppression de la deuxième phrase de l'article 19.

Article 20. S[ans] o[bservation].

Article 21. S[ans] o[bservation].

Article 22. S[ans] o[bservation].

Article 23. Afin d'éviter toute équivoque sur la validité de la signature par les plénipotentiaires français de la convention d'armistice avec l'Allemagne, il est demandé de modifier ainsi le début de l'article :

« La convention d'armistice n'entrera en vigueur que si le gouvernement français arrive avec le gouvernement italien[1]. »

Papiers 1940, Papiers Baudouin, 1

66

PROCÈS-VERBAL

Réunion plénière tenue à Rethondes le 22 juin à 10 heures

P.V. *Rethondes, 22 juin, 10 h.*

Avant de communiquer à la délégation allemande les observations que provoque, de la part du gouvernement français, l'examen du projet de convention d'armistice remis hier soir à la délégation française, le général Huntziger fait observer que le maréchal Pétain a adressé hier un appel personnel très pressant au chancelier du Reich pour lui demander d'arrêter provisoirement l'avance allemande sur Bordeaux, afin de permettre au gouvernement français de délibérer en toute liberté. Le maréchal Pétain, n'ayant reçu jusqu'ici aucune réponse, a prié le général Huntziger de bien vouloir demander à la délégation allemande quelle suite le chancelier du Reich entendait donner à cet appel.

Le général Keitel a répondu qu'il connaissait en effet l'existence de cet appel, mais qu'il ne serait en mesure de donner la réponse du chancelier du Reich que si à la fin des délibérations en cours, le gouvernement français donnait une réponse affirmative au projet de convention. C'est pourquoi, a-t-il ajouté, il convient de poursuivre nos délibérations sur tous les autres points avant d'aborder celui-ci.

[1] Voir document n° 60, p. 87, note 1. Le gouvernement craint en effet de ne pas parvenir à un accord acceptable avec l'Italie, en particulier si celle-ci exprime des revendications territoriales exorbitantes.

Le général Huntziger fait remarquer que, s'il comprend bien, cette décision peut donc être prise sans qu'il soit nécessaire de recueillir l'assentiment du gouvernement italien.

Le général Keitel répond affirmativement.

*

* *

Article 5.

Le général Huntziger : « Le gouvernement français accepte cet article, sauf les mots : "les avions militaires". D'après le texte allemand, le gouvernement français aurait l'obligation de livrer les avions que peut demander l'Allemagne. On comprend que ces avions ne doivent plus être utilisés contre l'Allemagne ; mais pour un aviateur, livrer des avions, c'est aussi grave que pour un autre combattant livrer son épée. C'est une injuste pénalité, une véritable humiliation. Je veux être franc : si nous donnons l'ordre aux équipages de livrer les avions, ils ne le feront peut-être pas ; ils préfèreront les détruire. Je propose donc la suppression des mots "avions militaires" et l'adjonction de la phrase suivante : "Les avions militaires qui ne sont pas compris dans les effectifs autorisés pour le maintien de l'ordre à l'intérieur ou dans les colonies seront détruits dans la mesure jugée nécessaire par le gouvernement du Reich". »

Le général Keitel : « La question est pour moi neuve et surprenante. Il ne s'agit pas en effet, dans l'article 5, d'une condition qui doit nécessairement être exécutée, mais d'une condition dont l'exécution pourra seulement être éventuellement exigée. Cette clause est déjà une concession très considérable à la France. Il faut, d'autre part, la rapprocher des stipulations de l'article 6 aux termes duquel : "le Haut Commandement allemand se réserve le droit d'ordonner toutes les mesures nécessaires pour empêcher l'usage abusif de ce matériel".

Je considère donc que la question de savoir de quelle façon doivent être traités les avions militaires est à régler par la commission d'armistice, puisqu'il s'agit d'une faculté et non d'une obligation. J'ajoute que je dois à mon tour poser la question suivante : Le gouvernement et le Haut Commandement français sont-ils en situation de garantir l'exécution de cet article 5 en empêchant l'évasion des avions ? Si des garanties ne pouvaient m'être données sur ce point, je préférerais arrêter la discussion. »

Le général Huntziger : « Je garantis que le gouvernement français peut exiger des pilotes le respect d'engagements qui ne sont pas contraires à l'honneur, et c'est précisément à cet effet que je demande le remplacement du mot "livraison" par le mot "destruction". »

Le général Bergeret : « Je suis chargé par le général Vuillemin de vous demander de bien vouloir intervenir personnellement auprès du maréchal Göring pour écarter l'obligation de livraison de nos avions de guerre. Il s'agit là d'une question d'honneur ; c'est un affront qui ne saurait être imposé à l'aviation française. Étant donné les conditions dans lesquelles s'est battue l'aviation, on doit traiter les aviateurs comme des combattants qui brisent leur épée, plutôt que de la rendre. »

Le général Keitel : « Je demande quelles mesures ont été prises par le gouvernement et le Haut Commandement français pour que, pendant cette discussion, les aviateurs ne puissent se rendre à l'étranger et en particulier dans un pays comme l'Angleterre, en guerre contre nous. Ce n'est qu'après avoir obtenu réponse sur ce point que je pourrai transmettre au maréchal Göring le vœu qui vient de m'être exprimé. »

Le général Huntziger : « Aucun avion n'est déjà parti et aucun ne partira pour un des territoires auxquels vous venez de faire allusion. Le fait ne serait d'ailleurs possible que s'il n'y avait pas de convention d'armistice. La loyauté préside à toutes nos actions et tant que nos pourparlers durent, il n'y aura pas de départ du genre de ceux auxquels fait allusion le général Keitel. »

Le général Keitel : « Je me réserve de répondre définitivement sur cette question ultérieurement. »

*
* *

Article 8.

Le général Huntziger : « En ce qui concerne l'article 8, le gouvernement français demande une modification de forme des deux premières phrases.

La première phrase serait à rédiger comme suit : "La flotte de guerre française – à l'exception de la partie qui est laissée à la disposition du gouvernement français pour la sauvegarde des intérêts français dans son empire colonial – après avoir été démobilisée et après avoir débarqué ses munitions sous le contrôle de l'Allemagne ou respectivement de l'Italie, sera basée dans les ports français de l'Afrique. Les effectifs de chaque navire ne devront pas dépasser la moitié des effectifs normaux du temps de paix. Le gouvernement allemand déclare solennellement '... Si nous laissons nos bateaux dans les ports français de l'Atlantique ou de la Manche, il est probable que l'aviation britannique cherchera à les détruire ; nous demandons à soustraire notre flotte à ce risque dans les conditions de neutralisation fixées par le gouvernement allemand lui-même. Il n'y aurait là aucune modification profonde aux stipulations de l'article 8'". »

Le général Keitel : « Je considère la formule de l'article 8 comme une offre extrêmement libérale de l'Allemagne. En ce qui concerne les détails (modalités, garanties) de la démobilisation et du stationnement de la flotte, il s'agit là de questions qui doivent être traitées par la commission d'armistice. La modification proposée me paraît donc inacceptable et je regretterais que par une discussion de détail on méconnaisse l'esprit libéral qui a inspiré l'article 8.

J'ajoute que le texte de la 2e partie ("les ports d'attache du temps de paix de ces navires présideront à la désignation de ces ports") ne comporte pas à proprement parler une obligation ; le mot *soll*[1] dans le texte allemand laisse la possibilité d'une discussion ultérieure sur les modalités, au sein de la commission d'armistice. Je déclare que la possibilité de discussion sur ce point sera donnée à cette commission. »

Le général Huntziger : « Je prends acte de cette déclaration. Il s'agit sans doute d'une traduction imparfaite. »

Le général Keitel : « Le texte allemand a autorité et ma parole fait foi. C'est à vous de régler la question de traduction. »

*

* *

Article 16bis.

Le général Huntziger : « Le gouvernement français demande l'adjonction d'un article 16bis ainsi conçu :

"La situation des militaires étrangers en service dans l'armée française ou à ses côtés et celle des ressortissants étrangers ayant cherché asile en France feront l'objet d'un accord ultérieur fondé sur les principes d'honneur et d'humanité". »

Le général Keitel : « Je voudrais tout d'abord savoir si, dans cette catégorie de personnes, doivent se trouver des personnes qui, en vertu des lois allemandes, sont ou étaient des ressortissants allemands et si cette catégorie comprend aussi les personnes de race allemande en général. »

Le général Huntziger : « Il convient de rapprocher ces dispositions de celles de l'article 19 qui traitent de la situation des ressortissants allemands ; on ne vise ici que des étrangers autres que des Allemands. Le gouvernement français demande d'ailleurs simplement que la question soit évoquée dans la convention d'armistice. »

Le général Keitel : « Puisqu'il n'est fait du côté allemand aucune allusion concrète à cette question dans le projet de convention, il n'y a pas besoin de l'incorporer dans l'accord général : la question reste donc ouverte et pourra faire l'objet d'un examen de la commission d'armistice. »

[1] *Soll* (allemand) = obligation.

Le général Huntziger : « On estime du côté allemand qu'il n'y a pas lieu d'insérer cette clause. »

Le général Keitel : « Oui, je suis de cette opinion. Les problèmes qui se poseront à cette occasion seront réglés par l'armée allemande, conformément aux principes qui doivent animer une armée ayant la haute réputation de l'armée allemande. »

Le général Huntziger : « Le gouvernement français va se trouver de ce fait dans une situation très difficile vis-à-vis de son opinion publique. Il voudrait pouvoir justifier qu'il n'a pas oublié la question. Encore une fois, je n'en demande pas le règlement immédiat, mais il faudrait montrer qu'on y a pensé. Je crois que vous n'avez aucun intérêt à affaiblir dans une mesure quelconque l'autorité du gouvernement du maréchal Pétain. »

Le général Keitel : « Je vous demande de prendre acte que je ne reconnais pas de raison pour insérer dans l'accord un article 16bis ; ce serait une insulte à l'armée allemande de supposer que des prisonniers de guerre, qui ont des droits comme tels, n'obtiendraient pas de l'armée allemande le traitement qui leur est dû. »

Le général Huntziger : « Il ne s'agit pas de prisonniers de guerre, mais de ceux qui sont encore dans nos rangs. »

Le général Keitel : « C'est alors une clause qui trouverait sa place dans le traité de paix et non pas une stipulation de convention d'armistice. »

Le général Huntziger : « Je suis donc amené à supposer que la situation de ces personnes restera telle qu'elle est actuellement jusqu'à la conclusion du traité de paix. »

Le général Keitel : « Nous éclaircirons ce point lorsque nous examinerons l'article 19. »

Le général Huntziger : « Je crois qu'il y a confusion. Il ne s'agit pas d'Allemands. La France donne asile à beaucoup d'étrangers qui ont pris les armes pour elle. Ce sont souvent des gens installés en France depuis longtemps et qui ne se livraient à aucune activité politique ; ce ne sont pas des Allemands qui ont combattu contre l'Allemagne. »

Le général Keitel : « Puisque cette catégorie n'est pas mentionnée dans les conditions de la convention d'armistice, c'est que le gouvernement allemand ne formule aucune demande à leur égard. Cette question ne saurait donc être soulevée que lors de l'élaboration du traité de paix. »

Le général Huntziger : « La question reste donc dans son état actuel et sera réglée dans le traité de paix. »

*

* *

Article 17.

Le général Huntziger : « Le gouvernement français demande l'adjonction à cet article de la phrase suivante : "Le gouvernement allemand s'engage à faciliter le transfert des territoires occupés en territoires non-occupés des produits et denrées nécessaires aux besoins de la population". »

Le général Keitel : « Le gouvernement allemand a lui-même déjà manifesté son intérêt et sa sollicitude pour la malheureuse population des pays occupés en prenant de la façon la plus libérale des mesures de secours. Sur ce plan, des facilités continueront à être données à l'avenir en fonction des besoins réels qui se manifesteront. Ces besoins réels seront les éléments déterminants des mesures d'assistance. La question n'est d'ailleurs pas du domaine de la convention d'armistice. Je ne vois donc pas la nécessité d'ajouter cette phrase, d'autant plus que, pour le moment, on ne peut savoir quand finira la guerre. »

M. Léon Noël : « La délégation française prend acte des déclarations de bienveillance faites par le général Keitel, mais nous sommes obligés d'insister pour l'insertion de la phrase proposée afin de souligner cette bonne volonté allemande. La population française est très inquiète de ses conditions de ravitaillement. C'est pour nous un grave problème, à la fois social et moral. Il est de l'intérêt commun des deux gouvernements et nécessaire à l'ordre public de rassurer la population sur les possibilités de ravitaillement, et ceci dès la publication de la convention d'armistice. Les mesures d'exécution seront naturellement prises dans les limites des besoins et des possibilités, mais nous insistons pour que dans la convention, il soit au moins pris acte de notre demande pour faciliter la tâche du gouvernement que préside le maréchal Pétain. »

Le général Keitel : « Sous réserve d'une étude et de l'établissement d'une formule, je vous répondrai ultérieurement. »

*

* *

Article 19.

Le général Huntziger : « Le gouvernement français considère la clause de livraison de tous les ressortissants allemands désignés par le gouvernement du Reich comme contraire à l'honneur en raison des règles traditionnelles du droit d'asile. Il en demande donc la suppression. »

Le général Keitel : « Je ne suis pas disposé à accepter la suppression de cet alinéa ni à rappeler les circonstances qui, en 1918, ont si profondément humilié le corps des officiers de l'armée allemande[1]. L'armée et

[1] *Note du document* : Il semble que le général Keitel ait voulu faire allusion aux demandes de livraison d'officiers accusés par les gouvernements alliés de crimes de droit commun.

la nation allemandes considèrent les émigrés allemands comme les plus grands incitateurs à la guerre et à la haine et comme des traîtres à leur propre nation. C'est pourquoi nous insistons pour qu'ils soient livrés sur la demande de l'Allemagne, mais je déclare que, dans la pratique, nous nous bornerons à demander la livraison des *incitateurs à la guerre*[1] de nationalité allemande. »

Le général Huntziger : « Je prends acte de cette déclaration et transmettrai cette réponse au gouvernement français. »

*

* *

Article 2.

Le général Huntziger : « Revenant sur l'article 2, je rends hommage au libéralisme allemand en ce qui concerne la possibilité de transfert du gouvernement français à Paris. La situation faite à Paris a profondément retenu l'attention du gouvernement français. Vous savez quel rôle essentiel, dans la vie centralisée de la France, joue Paris au point de vue gouvernemental et administratif. Le gouvernement français demande que Paris, dont le gouvernement allemand reconnaît toute l'importance pour l'administration du territoire, ne reste pas occupé. Moyennant toutes les garanties que vous pourrez demander par ailleurs, nous désirons que la capitale soit reliée, par un couloir exempt d'occupation, à la zone non-occupée. Le général Jodl avait reconnu hier la possibilité, dans le cas où le gouvernement désirerait par exemple s'installer à Orléans, de donner des facilités de cet ordre dans cette région. Aujourd'hui, le gouvernement français demande le bénéfice de ces dispositions en faveur de Paris. Nous sommes prêts à vous donner toutes garanties ; de toute façon, il conviendrait que l'occupation de Paris et de la région parisienne fût réduite très sensiblement, sinon supprimée. »

Le général Keitel : « Je prends acte des déclarations par lesquelles le général Huntziger reconnaît notre libéralisme. Je n'exclus pas, si le développement de la situation le permet, que puisse être trouvée une solution qui se rapproche de la demande du gouvernement français ; c'est dans le cadre des possibilités. Mais, avant la fin de notre négociation et la cessation définitive des hostilités, il n'est pas possible d'aller au-delà des déclarations déjà faites et des stipulations figurant dans le projet d'accord, ni de prendre un engagement formel à ce sujet. Le traitement de Paris dépendra du développement de la situation intérieure de cette grande ville qui

[1] Souligné dans le texte. L'ambiguïté des propos du général Keitel est ici évidente. Léon Noël note qu'au moment où la discussion porte sur l'article 19, « Keitel s'emporte. Ses yeux d'acier lancent des éclairs, son visage s'empourpre lorsqu'il flétrit ces réfugiés … » (in Léon Noël, *Le Diktat …*, *op. cit.*, p. 77).

comporte plusieurs millions d'habitants et où le gouvernement et l'armée allemande n'ont aucun intérêt à voir l'ordre troublé. L'occupation ne dépassera pas les effectifs strictement nécessaires en tenant compte également des raisons de discipline militaire dont votre expérience apprécie la valeur. Il n'est donc pas exclu qu'on arrive ultérieurement à une solution se rapprochant des vœux exprimés par le gouvernement français, mais pour le moment, il ne peut être pris aucun engagement. En tout cas, lorsque les hostilités cesseront avec l'Angleterre, une situation nouvelle se trouvera créée, tant pour cette question que pour les autres questions qui intéressent le gouvernement français.

J'ajoute que des milieux français de Paris, qui méritent considération, nous ont fait savoir que la réserve observée par les troupes allemandes à Paris est appréciée par la population parisienne. »

Le général Huntziger : « Je reconnais volontiers que cette réserve des troupes allemandes est excellente et j'espère que dans le reste du territoire occupé, on constatera qu'elles sont au même degré dans la main de leurs chefs.

Je prends acte de ce que le général Keitel vient de dire en ce qui concerne l'occupation de la région parisienne et j'insiste de toutes mes forces sur l'intérêt qu'il y aurait à tous points de vue, y compris celui de nos relations futures, à réduire au minimum, dès que possible, cette occupation, en attendant qu'on puisse la faire cesser complètement. »

Le général Keitel : « Je réponds que le gouvernement et l'armée allemande doivent naturellement se réserver le droit de déterminer les modalités de l'occupation de Paris, mais il résulte de l'offre faite au gouvernement français de se réinstaller à Paris que nous donnerons à ce gouvernement toutes facilités pour exercer et maintenir son autorité. Ainsi se trouve épuisée la question posée par la délégation française. »

*

* *

Article 23.

Le général Huntziger : « Il s'agit d'une question de forme. Pour supprimer toute équivoque sur la validité de la signature des plénipotentiaires français, il est demandé de modifier ainsi le début de l'article : « Cette convention d'armistice n'entrera en vigueur que si le gouvernement français arrive avec le gouvernement italien à un accord relatif à la cessation des hostilités ».

Le général Keitel : « Il n'y a là qu'une question de traduction (*sobald* est synonyme de *nachdem*)[1]. Aucun doute n'est possible, c'est d'ailleurs

[1] *Sobald* (allemand) = dès l'instant, aussitôt que ; *Nachdem* (allemand) = après que (avec, en filigrane, notion conditionnelle : selon que (ce sera fait ou non)).

le langage de soldat qui est net. Nous discutons entre soldats et non pas entre juristes. »

Le général Huntziger : « Nous sommes en présence d'une difficulté secondaire qui provient surtout du fait qu'à Bordeaux le gouvernement français ne disposait pas du texte allemand. »

Le général Keitel : « Nous sommes en présence d'une difficulté secondaire qui provient surtout du fait qu'à Bordeaux le gouvernement français ne disposait pas du texte allemand[1]. »

Le général Huntziger : « L'article 23 lie le succès de la négociation franco-allemande au succès de la convention franco-italienne. Vous l'avez décidé. Je ne fais pas d'objection. Mais je ne sais, comme je l'ai déjà dit hier, ce que l'Italie va nous demander. Ces conditions, vous les connaissez sans doute, mais je les ignore. Par conséquent, je tiens à dire très nettement, très loyalement : il y a certaines conditions que nous n'accepterons pas de l'Italie, quoi qu'il arrive.

En réalité, l'Italie nous a déclaré la guerre, mais ne nous l'a pas faite : [la] déclarer et la faire, ce n'est pas la même chose. Nous n'avons pas besoin d'armistice avec l'Italie, parce que cet armistice a commencé le jour même de la déclaration de guerre. Il y a là une situation qui, vous le comprendrez, est ressentie douloureusement par le peuple français. Nous risquons en effet de nous trouver en présence de demandes qui tendraient à suivre, dans une certaine mesure, les demandes allemandes et il y a tout de même une différence essentielle entre un pays qui s'est battu et un pays qui ne s'est pas battu : le second ne saurait formuler des exigences du même ordre que le premier. La réponse que nous pourrons faire à ces demandes ne pourra donc être assimilée à celle que nous faisons aux demandes allemandes. Si, à Rome, je suis en face de telles exigences, tout l'édifice de notre convention avec l'Allemagne – convention douloureuse pour nous, qui est pour nous une catastrophe, mais que nous acceptons parce que la fortune des armes nous a été contraire – s'écroulera. Les conséquences : vous nous foulerez aux pieds, vous nous ferez encore plus de mal : nous le supporterons, mais nous ne donnerons pas notre signature ... et nous reprendrons notre liberté d'action. Nous avons notre marine intacte, notre aviation intacte. Advienne que pourra. La France en a vu d'autres. Elle estime que l'honneur vaut mieux que la vie[2].

Avant de communiquer à nouveau avec mon gouvernement, je rends hommage à l'intention d'adoucir certaines des clauses très dures que nous avons dû accepter, intention qui s'est exprimée dans certaines déclarations du général Keitel. Si le gouvernement français me donne l'ordre de

[1] Il est permis de douter que les deux hommes se soient exprimés exactement dans les mêmes termes. L'argumentation utilisée sur le caractère « secondaire » du débat laisse à penser que cette intervention fut plutôt celle du général Keitel.

[2] Selon Léon Noël, *Le Diktat ...*, *op. cit.*, pp. 78-80, c'est lui-même qui a préparé cette intervention avec le général Huntziger.

signer, la France exécutera loyalement, reconnaissant le fait que la guerre lui a été contraire.

Tout ceci n'aura pas lieu si nous sommes mis à Rome en présence d'appétits qui ne sont justifiés par rien.

Voilà ce que je tenais à déclarer. »

Le général Keitel : « Je prends acte de cette déclaration, mais je ne suis aucunement qualifié pour prendre une position quelconque à son égard, et vous n'attendrez pas de moi une réponse à vos observations. Je ne suis pas qualifié non plus pour donner des conseils aux Italiens ou attirer leur attention sur l'un ou l'autre point. La délégation italienne connaîtra nos délibérations et notre accord. » – Le général Keitel a ajouté qu'il déclarait solennellement ne pas connaître les conditions italiennes : cette déclaration a été omise dans sa traduction par M. Schmidt, qui a lui-même reconnu cette omission.

En ce qui me concerne, je ne puis que m'en tenir à l'article 23 ; nous considérons cette stipulation comme très libérale non seulement dans l'intérêt italien, mais également dans l'intérêt du peuple français. Je suis conscient que la cessation de nos hostilités dépendra de ce qui sera fait à Rome ; j'estime d'ailleurs que la situation militaire ne comporte plus aucun retard et qu'il faut aboutir le plus vite possible.

Je n'interdis pas d'exercer une influence quelconque à cet égard. C'est le gouvernement français qui doit aujourd'hui se prononcer sur la question de savoir s'il veut oui ou non obtenir la cessation des hostilités ou s'il perdra du temps à délibérer. C'est lui qui a en main les possibilités de mettre en œuvre la convention d'armistice et je demande si on veut prolonger les difficultés et continuer à perdre du temps. Le gouvernement et l'armée allemande n'ont, en ce qui les concerne, aucune raison de désirer la cessation de ces hostilités.

Je propose une courte suspension : j'en profiterai pour poser la question des avions au maréchal Göring et étudier l'adjonction à l'article 17 (question du ravitaillement)[1]. Je vous serais reconnaissant de provoquer pendant ce temps les instructions de votre gouvernement et je ferai la déclaration qui m'a été demandée au sujet de la réponse du *Führer* à M. le maréchal Pétain.

Sous condition de cette signature, nous pouvons donner l'assurance, dépassant les obligations que nous prenons dans la convention elle-même, qu'il est du désir du *Führer* de tenir Bordeaux à l'écart des opérations militaires tant que durera la négociation avec l'Italie ; cette déclaration n'a de valeur que si la signature de la convention d'armistice franco-allemande a lieu aujourd'hui. »

[1] Ce sont donc les deux seuls points sur lesquels le gouvernement français peut espérer voir modifier le texte allemand de la convention d'armistice. Ce qui sera effectivement le cas (voir document n° 69).

Le général Huntziger exprime le désir de pouvoir prendre contact avec le gouvernement français pour obtenir de lui l'ordre télégraphique de procéder ou non à la signature de la convention d'armistice.

Le général Keitel acquiesce à cette demande dont il comprend les raisons[1].

Guerre 1939-45, Vichy, Y Internationale, 20

67

Note[2]

Réponses allemandes aux propositions françaises

Conseil des ministres de 14 h.

N. *Bordeaux, 22 juin 1940, 13 h.*

Réponses allemandes[3]

Article 2 – Non-occupation de Paris

Si le développement de la situation le permet, il peut être envisagé une solution qui se rapproche de la demande du gouvernement français. C'est dans le cadre des possibilités. Le traitement fait à Paris dépendra de la situation intérieure de cette grande ville dans laquelle aucun des deux gouvernements n'a intérêt à voir éclater des désordres. L'occupation ne comportera que des effectifs indispensables, à cet effet et dans un souci de discipline militaire que comprendra le chef de la délégation française.

[1] Il est alors un peu plus de 16 heures.

[2] Le bordereau manuscrit d'en-tête porte seulement la mention « 22 VI, 13 h. ; Conseil des ministres de 14 h. ». On peut donc supposer que la note a été préparée en vue du Conseil. Le titre « Réponses allemandes ... » est de l'équipe éditoriale.

[3] Mention marginale manuscrite : « Joindre ces réponses à la convention d'armistice afin qu'elles aient un caractère d'authenticité. Nous approuvons la déclaration concernant la négociation avec l'Italie. »

Si la mention marginale manuscrite « Conseil de 14 h. » indique la destination de ce document, l'autre mention « 22 VI 13 h. » fait sans doute référence à l'heure d'arrivée de la réponse allemande. En effet, P. Baudouin rapporte dans ses mémoires, à propos du conseil des ministres du 22 juin au matin : « Dans l'attente d'une réponse des plénipotentiaires allemands, le Conseil traîne jusqu'à midi, heure à laquelle nous apprenons que cette réponse ne viendra probablement qu'en début d'après-midi. Nous décidons d'aller déjeuner. Tout ce que nous savons, c'est que les Allemands veulent tout terminer assez tôt pour que la délégation d'armistice puisse arriver à Rome ce soir. [...] Le Conseil se réunit à 14 heures sous la présidence de M. Albert Lebrun. Il prend connaissance des réponses allemandes. » (Cf. P. Baudouin, *Neuf mois au gouvernement, op. cit.*, pp. 200-201).

En tous les cas, lorsque les hostilités cesseront avec l'Angleterre, une situation nouvelle sera créée, tant pour cette question que pour les autres questions qui intéressent le gouvernement français.

Article 5 – Rayer les avions militaires

Le général von Keitel a accepté de se mettre immédiatement en rapport personnel avec le maréchal Göring. La réponse est attendue. En attendant, il fait remarquer que dans le texte de l'article 5 la livraison n'est qu'éventuelle.

Article 8 – Flotte

La modification proposée n'est pas acceptée pour être insérée dans la convention. Les Allemands ne se refusent pas à envisager qu'on accepte la proposition faite, mais ils estiment que c'est une mesure d'application relevant de la compétence de la commission d'armistice.

Article 16bis

Le gouvernement allemand n'ayant pas lui-même soulevé la question, il estime que celle-ci ne peut être réglée que dans le traité de paix. La situation provisoire actuellement existante se prolongera donc en principe jusqu'au traité de paix. À cet égard, l'armée allemande ne formule aucune exigence à ce sujet.

Article 17

La proposition française est retenue pour étude.

Article 19

Refus formel de suppression du paragraphe, mais déclaration formelle, d'autre part, que l'Allemagne limitera ses demandes aux instigateurs à la guerre de nationalité allemande.

Article 23

La traduction française, telle qu'elle a été donnée, ne répond pas fidèlement au texte allemand. Les deux textes ont été rapprochés ce matin. Il s'ensuit que la phrase proposée par le gouvernement français est celle qui répond le mieux à celle du texte allemand. Cette phrase est adoptée dans le texte français. La phrase allemande n'a pas à être modifiée[1].

*

* *

[1] Voir documents n°s 60, 65 et 66.

COMMENTAIRES AUX RÉPONSES ALLEMANDES

Article 2

Les Allemands n'ont pas intérêt à avoir trop de troupes dans les grandes villes. Souci de préserver leurs hommes des contagions d'une grande ville.

L'occupation, d'une façon générale, sera allégée notablement à la fin de la guerre avec l'Angleterre.

Pour toutes les questions, il faut prévoir un changement de régime quand la guerre avec l'Angleterre sera finie.

Pour le traité de paix, il faudra attendre la fin de la guerre avec l'Angleterre.

Article 8

Les Allemands ont été très sensibles au fait que le général Huntziger a fait ressortir que si l'on mettait les bateaux français dans les ports de l'Atlantique, ils pourraient être sous le bombardement de l'Angleterre.

Le général von Keitel a fait remarquer d'autre part que cet article était très libéral et qu'il n'était pas possible que nous ne l'ayons pas remarqué.

Article 16bis

Long débat.

Question remise à plus tard.

Dans la situation actuelle, il ne sera soumis à aucune exigence.

Article 23.

Le général Huntziger a fait une déclaration de laquelle il ressort que, puisque les Allemands ont posé cette condition d'accord avec l'Italie pour l'entrée en vigueur de l'armistice avec l'Allemagne, nous ne pouvons pas savoir où nous allons puisqu'on ne nous a pas fait connaître les conditions italiennes.

Le général Huntziger a alors attiré l'attention des Allemands par une charge à fond de train, très catégorique, sur le fait que si l'Allemagne occupe une partie de notre territoire et a en fait gagné la guerre, il n'en est rien avec l'Italie où l'armistice a commencé pratiquement le jour même des hostilités. Par conséquent, il y aura dans cette situation impossibilité absolue de faire admettre par le peuple français que l'on puisse satisfaire de gros appétits italiens qui ne se justifient par aucun sacrifice. Peut-être signerons-nous avec les Allemands une convention d'armistice si le gouvernement en donne l'ordre, très pénible, très douloureuse, mais que nous exécuterons. Tandis que si l'Italie formule des exigences contraires à l'honneur du pays, tant pis, quoi qu'il arrive nous reprendrons notre liberté d'action. La France sera écrasée encore davantage.

Vous la piétinerez ; mais sa marine intacte, son aviation intacte seront jetées dans la balance et on peut dire que l'entente pour les règlements à venir que nous avons péniblement étudiée sera par terre. Voilà les conséquences devant lesquelles je les ai placés[1].

Le général von Keitel a répondu qu'il ne pouvait pas donner un avis officiel, pas plus que son opinion personnelle, sur la question italienne et, en particulier, sur les revendications italiennes qu'il déclare ne pas connaître. Il a insisté de nouveau sur le fait que le temps presse, que l'Allemagne n'a pas intérêt à la cessation immédiate des opérations en France, qui peuvent continuer à se dérouler comme prévu.

*

* *

Le général Weygand a posé la question suivante[2] : le gouvernement français désire savoir si, dans le cas où il accepterait la signature, le gouvernement allemand a l'intention de publier le texte de la convention avant que le traité avec l'Italie soit conclu. Le général Huntziger a répondu que le gouvernement allemand ne publierait rien avant la conclusion définitive des deux armistices.

Réponses allemandes

Appel du maréchal Pétain au sujet de Bordeaux

Sous condition de la signature aujourd'hui de la convention d'armistice, nous pouvons donner des assurances dépassant les obligations que nous prenons dans la convention elle-même. Il est en effet, sous cette condition (signature aujourd'hui), du désir du *Führer* de tenir la région de Bordeaux écartée des opérations militaires tant que les négociations continuent avec l'Italie.

Commentaires

Cette déclaration n'a de valeur que si la signature de la convention franco-allemande est obtenue aujourd'hui. Mais la réponse est formelle.

Papiers 1940, Papiers Baudouin, 1

[1] L'emploi du « je » pourrait laisser entendre que l'auteur de ces notes est soit le général Huntziger (qui a tenu ces propos à Rethondes), soit Léon Noël (qui avait préparé cette intervention avec lui). Mais un peu plus loin, le général Huntziger est présenté à la troisième personne du singulier.

[2] Lors de sa conversation téléphonique avec le général Huntziger, avec lequel il s'entretient au nom du conseil des ministres.

68

Compte rendu

Dernières heures de la négociation à Rethondes[1]

C.R. *s.l. [Rethondes], 22 juin 1940.*

Dès la suspension de la séance, le général Huntziger entre en conversation téléphonique avec le général Weygand pour rendre compte de la réunion et de la suite donnée au cours des discussions aux propositions du gouvernement français (voir annexe 1).

À 16 h. 05, la délégation française fait connaître par télégramme à Bordeaux le texte du nouvel article 17 (relatif au ravitaillement de la population des régions non-occupées) et celui de l'article relatif aux avions militaires, tenant compte de la réponse du maréchal Göring (le texte de ces deux articles est celui qui figure dans le document définitif)[2].

Il a été, d'autre part, convenu entre les deux délégations française et allemande que la convention d'armistice doit rester secrète jusqu'au moment où la signature de la convention franco-italienne la rendra exécutoire.

À 16 h. 50, le général Weygand répond téléphoniquement : « Étant donné la teneur des réponses faites aux demandes du gouvernement français, la situation évolue favorablement au sein du gouvernement pour arriver à la signature de la convention. Il ne reste plus qu'un point sur lequel le gouvernement français voudrait être fixé : il demande que soient annexées à la convention, à titre de protocole, les demandes récemment faites du gouvernement français et les réponses du gouvernement allemand pour qu'il reste une trace officielle de ces demandes et de ces réponses. Dès que réponse interviendra, l'ordre d'acceptation sera donné. »

Le général Weygand a, d'autre part, été chargé par le gouvernement français de remercier le général Huntziger de la façon dont il a conduit les négociations. Le gouvernement a pleinement approuvé, en particulier, la déclaration du général Huntziger concernant le danger des exigences italiennes.

Le général Huntziger réunit la délégation française pour l'entretenir de la dernière demande du gouvernement français, relativement à l'adjonction d'un protocole annexe au texte de la convention. La délégation

[1] Titre de l'équipe éditoriale.

[2] Voir document n° 69.

estime à l'unanimité qu'il serait dangereux de poser la question de ce protocole annexe. Le président de la délégation allemande a déjà manifesté à plusieurs reprises que ses déclarations avaient la valeur de la parole d'un soldat et qu'elles devaient suffire. Le refus certain de la proposition du gouvernement français affaiblirait la portée des déclarations faites en cours de séance par la délégation allemande et risquerait même de les annuler. Le danger de rupture des négociations qui s'ensuivrait paraît à la délégation française hors de proportion avec le bénéfice éventuel de cette démarche. Par ailleurs, la délégation allemande insiste à nouveau pour avoir d'extrême urgence la réponse définitive.

À 18 h. 34, le général Keitel fait remettre au général Huntziger la lettre figurant à l'annexe 2, fixant comme dernier délai pour la signature de la convention l'heure de 19 h. 30, sous menace de quitter lui-même le lieu de la négociation et de faire reconduire au front la délégation française.

À 18 h. 36, le général Weygand fait connaître par téléphone le texte de la réponse du gouvernement français, dont la teneur est la suivante :

« N° 43/DN.

Ordre est donné à la délégation française, présidée par le général Huntziger, de signer la convention d'armistice avec l'Allemagne. Rendre compte de l'exécution. La délégation se rendra à Rome où les pouvoirs ont été envoyés par câble »[1].

À 18 h. 42, les deux délégations se réunissent pour procéder à la signature de la convention. Le général Huntziger fait la déclaration suivante :

« Au moment où je recevais la lettre personnelle du général Keitel tendant à hâter la fin de la négociation, je recevais de mon gouvernement la réponse aux questions en cours, qui avait été interrompue par la difficulté des communications téléphoniques. D'ordre de mon gouvernement, je déclare que le gouvernement français a décidé de signer la convention d'armistice que nous venons d'élaborer. »

Le général Huntziger ajoute à ces mots la déclaration suivante :

« Au moment d'apposer, conformément aux ordres du gouvernement français, sa signature au bas de la convention d'armistice, la délégation française juge indispensable de faire la déclaration suivante :

"Contrainte par le sort des armes de cesser la lutte dans laquelle elle était engagée aux côtés des Alliés, la France se voit imposer de très dures exigences dans des conditions qui en soulignent la rigueur.

[1] Confirmation de cet ordre est aussitôt transmise par téléscripteur à la délégation française.

Elle est en droit d'attendre que, dans les négociations prochaines, l'Allemagne s'inspirera d'un esprit de nature à permettre à deux grands peuples voisins de vivre et de travailler pacifiquement". »

Après avoir donné lecture de cette déclaration, le général Huntziger ajoute, s'adressant au général Keitel :

« Mon général, vous êtes un soldat et vous savez quelle dure épreuve est pour un soldat ce que je viens de faire. Il faut que dans l'avenir nous puissions, nous militaires français, n'avoir pas à nous repentir d'avoir fait le geste que je viens de faire ».

Le général Keitel prend acte de la déclaration par laquelle la délégation française fait connaître qu'elle est disposée à signer la convention d'armistice. À la réponse à la déclaration personnelle du général Huntziger, il ajoute : « Il est honorable pour un vainqueur d'honorer un vaincu ».

Les signatures sont alors échangées et la séance est levée.

Le général Keitel exprime alors le désir de s'entretenir en tête-à-tête avec le général Huntziger. Ci-joint le compte rendu de cet entretien (annexe 3).

Guerre 1939-45, Vichy, Y Internationale, 20

Annexe 1

N. *s.l. [Rethondes], 22 juin 1940.*

Appel du maréchal Pétain, au sujet de Bordeaux

Sous condition de la signature aujourd'hui de la convention d'armistice, nous pouvons donner des assurances dépassant les obligations que nous prenons dans la convention elle-même.

Il est, en effet, dans cette condition, du désir du *Führer* de tenir la région de Bordeaux écartée des opérations militaires tant que les négociations continuent avec l'Italie.

Cette déclaration n'a de valeur que si la signature de la convention franco-allemande est obtenue aujourd'hui.

Article 2 – Non-occupation de Paris

Si le développement de la situation le permet, il peut être envisagé une solution qui se rapproche de la demande du gouvernement français ; c'est dans le cadre des possibilités.

Le traitement fait à Paris dépendra de la situation intérieure de cette grande ville dans laquelle aucun des deux gouvernements n'a intérêt à voir éclater des désordres.

L'occupation ne comportera que les effectifs indispensables à cet effet. Le souci de discipline militaire, que comprend le chef de la délégation française, conduit également à les limiter. En tout cas, lorsque les hostilités cesseront avec l'Angleterre, il se trouvera créé une situation nouvelle tant pour cette question que pour les autres questions qui intéressent également le gouvernement français.

Article 5 – Avions militaires

Le général Keitel a accepté de se mettre immédiatement en rapport personnel avec le maréchal Göring.

La réponse est attendue mais il est fait remarquer que, dans le texte, la livraison n'est qu'éventuelle.

Article 8

Modification proposée non acceptée pour être insérée dans la convention.

C'est une mesure d'application qui relève de la compétence de la commission d'armistice.

Article 16bis

Le gouvernement allemand n'ayant pas lui-même soulevé la question qui ne peut être réglée que dans le traité de paix, la situation provisoire, actuellement existante, peut donc se prolonger.

Article 17

La proposition française est retenue pour étude. Étude en cours (bonnes dispositions apparentes).

Article 19 – Livraison des ressortissants allemands

Refus formel de suppression du paragraphe, mais déclaration formelle que l'Allemagne limitera ses demandes aux incitateurs à la guerre de nationalité allemande.

Article 23

Refus de modification du texte allemand et acceptation de notre texte comme traduction du texte allemand.

Guerre 1939-45, Vichy, Y Internationale, 20

Annexe 2

Le général Keitel, Der Chef des Oberkommandos der Wehrmacht, au général Huntziger, chef de la délégation française aux négociations d'armistice.

L. *Compiègne, 22 juin 1940.*

(*Remis* : le 22, 18 h. 34, heure allemande)

Herr General :

Nachdem ich nunmehr seit Abschluss der Aussprachen etwa 5 Stunden auf die endgültige Entschliessung, ob der von Ihnen beantragte Waffenstillstandsvertrag durch Unterzeichnung angeschlossen werden soll oder nicht, gewartet habe, setze ich nunmehr als letzte und äusserste Frist die Zeit 19 h 39 Uhr nach deutscher Zeitberechnung für eine endgültige Antwort. Nach Verstreichen dieses Zeitpunktes sehe ich die Verhandlungen als gescheitert an. Ich werde zu diesem Zeitpunkt den Verhandlungsort verlassen und anordnen, dass die französische Delegation an die Front zurückgeleitet wird.

Keitel

Generaloberst[1].

Guerre 1939-45, Vichy, Y Internationale, 20

[1] La traduction française de ce message figure dans A. Kammerer, *La Vérité ...*, *op. cit.*, p. 219. En voici le texte : « Mon général (Huntziger), Après avoir attendu environ cinq heures depuis la fin des pourparlers, une décision définitive quant au point de savoir si la convention d'armistice dont vous avez été saisi doit être, ou non, considérée comme conclue, *du fait de votre signature*, je fixe comme *dernier et extrême délai* l'heure de 19 h. 30 (heure allemande) pour une réponse définitive. À l'expiration de ce délai, je considérerai que les négociations ont échoué. À l'heure dite, je quitterai le lieu des négociations et j'ordonnerai que la délégation française soit reconduite au front. Signé : Keitel, Generaloberst. »

Annexe 3

Compte rendu

Derniers échanges après la signature de l'armistice[1]

C.R. *Rethondes, 22 juin 1940.*

Après la séance de signature[2], le général Keitel demande au général Huntziger de rester en tête-à-tête un instant avec lui. Il lui dit à peu près textuellement :

« Mon général, comme soldat, je sens ce que vous avez dû souffrir. Je tiens à vous exprimer mon estime profonde pour la façon dont vous avez su défendre les intérêts de votre pays jusqu'au bout, et à vous dire toute ma sympathie de soldat ».

Très ému, avec des larmes au bord des cils, le général Keitel tendit alors la main au général Huntziger qui le regardait, pendant ces paroles, les yeux dans les yeux, à 30 ou 40 centimètres, et qui répondit :

« Merci, mon général. Excusez-moi de ne pouvoir rien dire de plus ».

L'interprète, le Dr. Schmidt, qui assistait à cet entretien, dit alors quelques mots aimables au général Huntziger, concluant : « c'est un commencement ! » (sous-entendu : de reprise de rapports normaux).

Le lieutenant-général von Tippelskisch, *Oberquartiermeister* de l'armée, vint ensuite dire au général Huntziger « sa sympathie et son admiration pour la façon dont il avait défendu son pays ».

Guerre 1939-45, Vichy, Y Internationale, 20

[1] Ce titre est de l'équipe éditoriale.

[2] P. Baudouin indique qu'à la fin du conseil des ministres de l'après-midi du 22 juin lorsque le général Weygand téléphone au général Huntziger pour lui annoncer qu'« il peut considérer la signature de l'armistice comme probable », « le général Huntziger demande qu'il ne soit pas "autorisé" à signer, mais qu'un ordre de signer lui soit envoyé. Le gouvernement est d'accord. » (Cf. P. Baudouin, *Neuf mois au gouvernement*, *op. cit.*, p. 201).

69

CONVENTION D'ARMISTICE FRANCO-ALLEMANDE DU 22 JUIN 1940

(traduction française du texte allemand)[1]

Rethondes, 22 juin 1940.

M. le colonel-général Keitel, chef du Haut Commandement allemand, mandaté par le *Führer* du Reich allemand et commandant suprême des forces armées allemandes,

d'une part,

et

M. le général d'armée Huntziger,

M. Léon Noël, ambassadeur de France,

M. le vice-amiral Le Luc,

M. le général de corps d'armée Parisot,

M. le général de l'air Bergeret,

plénipotentiaires du gouvernement français munis de pouvoirs réguliers,

d'autre part,

sont convenus de la convention d'armistice suivante :

Article 1.

Le gouvernement français ordonne la cessation des hostilités[2] contre le Reich allemand, sur le territoire français ainsi que dans les possessions, colonies, protectorats et territoires sous mandat et sur les mers. Il ordonne que les troupes[3] françaises déjà encerclées par les troupes allemandes déposent immédiatement les armes.

[1] L'original en allemand se trouve dans le fonds « Conservation des traités », série « Traités avec l'Allemagne. »

[2] Une note intitulée « Remarques de détail sur la traduction française du texte allemand de la convention d'armistice franco-allemande du 22 juin 1940 » suit, dans le même dossier, le document présenté ici. Il semble s'agir de propositions de corrections qui n'ont finalement pas été adoptées. On en a dressé la liste dans les notes qui suivent. Ici, semble avoir été proposé : « provoque l'arrêt du combat » au lieu de « ordonne la cessation des hostilités » dans le texte définitif (TD).

[3] « Unités » au lieu de « troupes » (TD).

Article 2.

En vue de sauvegarder les intérêts du Reich allemand, le territoire français situé au nord et à l'ouest de la ligne tracée sur la carte ci-annexée sera occupé par les troupes allemandes. Dans la mesure où les régions du territoire occupé[1] ne se trouvent pas encore au pouvoir des troupes allemandes, leur occupation sera effectuée immédiatement après la conclusion de la présente convention.

Article 3.

Dans les régions[2] occupées de la France, le Reich allemand exerce tous les droits de la puissance occupante. Le gouvernement français s'engage à faciliter par tous les moyens les réglementations relatives à l'exercice de ces droits et à la mise en exécution avec le concours de l'administration française. Le gouvernement français invitera immédiatement toutes les autorités et services administratifs français du territoire occupé à se conformer aux réglementations des autorités militaires allemandes et à collaborer avec ces dernières d'une manière correcte.

Le gouvernement allemand a l'intention de réduire au strict minimum l'occupation de la côte occidentale après la cessation des hostilités avec l'Angleterre.

Le gouvernement français est libre de choisir son siège dans le territoire non-occupé, ou bien, s'il le désire, de le transférer même à Paris. Dans ce dernier cas, le gouvernement allemand s'engage à accorder toutes facilités nécessaires au gouvernement français et à ses services administratifs centraux, afin qu'il soit en mesure d'administrer de Paris les territoires occupés et non-occupés.

Article 4.

Les forces armées françaises sur terre, sur mer et dans les airs devront être démobilisées et désarmées dans un délai encore à déterminer. Sont exemptes de cette obligation les troupes nécessaires au maintien de l'ordre intérieur. Leurs effectifs et leur armement seront déterminés par l'Allemagne ou par l'Italie respectivement.

Les forces armées françaises stationnées dans les régions à occuper par l'Allemagne devront être rapidement ramenées sur le territoire non-occupé et seront démobilisées. Avant d'être ramenées en territoire non-occupé, ces troupes déposeront[3] leurs armes et leur matériel aux endroits où elles se trouvent au moment de l'entrée en vigueur de la présente

[1] « Parties occupées de la France », au lieu de « régions du territoire occupé » (TD).

[2] « Parties » au lieu de « régions » (TD).

[3] « Déposent » au lieu de « déposeront » (TD).

convention. Elles seront[1] responsables de la remise régulière du matériel et des armes susmentionnés aux troupes allemandes.

Article 5.

Comme garantie de la stricte observation des conditions d'armistice il pourra être exigé que toutes les pièces d'artillerie, les chars de combat, les engins anti-chars, les avions militaires, les canons de la DCA, les armes d'infanterie, tous les moyens de traction et les munitions des unités de l'armée française engagées contre l'Allemagne et qui se trouvent, au moment de l'entrée en vigueur de la présente convention, sur le territoire qui ne sera pas occupé par l'Allemagne, soient livrés en bon état. La commission allemande d'armistice décidera de l'étendue de ces livraisons. Il peut être renoncé à la livraison d'avions militaires si tous les avions encore en possession des forces armées françaises sont désarmés et mis en sécurité sous contrôle allemand[2].

Article 6.

Les armes, munitions et matériel de guerre de toutes espèces restant en territoire français non-occupé – dans la mesure où ceux-ci n'auront pas été laissés à la disposition du gouvernement français pour l'armement des unités françaises autorisées – devront être entreposés ou mis en sécurité sous contrôle allemand ou italien respectivement. Le Haut Commandement allemand se réserve le droit d'ordonner à cet effet toutes les mesures nécessaires pour empêcher l'usage abusif[3] de ce matériel. La fabrication de nouveau matériel de guerre en territoire non-occupé devra cesser immédiatement.

Article 7.

Toutes les fortifications terrestres et côtières avec leurs armes, munitions et équipement, les stocks et installations de tout genre se trouvant dans les régions à occuper devront être livrés en bon état. Devront être remis en outre les plans de ces fortifications, ainsi que les plans de celles déjà prises par les troupes allemandes. Tous les détails sur les emplacements minés, les barrages de mines, les fusées à retardement, les barrages chimiques, etc. sont à remettre au Haut Commandement allemand. Ces obstacles devront être enlevés par les forces françaises sur la demande des autorités allemandes.

[1] « Sont » au lieu de « seront » (TD).

[2] La modification proposée par la France a donc été acceptée. Voir document n° 65.

[3] « Non autorisé » au lieu d'« abusif » (TD).

Article 8.

La flotte de guerre française – à l'exception de la partie qui est laissée à la disposition du gouvernement français pour la sauvegarde des intérêts français dans son empire colonial – sera rassemblée dans des ports à déterminer et devra être démobilisée et désarmée sous le contrôle de l'Allemagne ou respectivement de l'Italie.

La désignation de ces ports sera faite d'après les ports d'attache des navires en temps de paix. Le gouvernement allemand déclare solennellement au gouvernement français qu'il n'a pas l'intention d'utiliser pendant la guerre à ses propres fins la flotte de guerre française stationnée dans les ports sous contrôle allemand, sauf les unités nécessaires à la surveillance des côtes et au dragage des mines.

Il déclare en outre, solennellement et formellement, qu'il n'a pas l'intention de formuler de revendications à l'égard de la flotte de guerre française lors de la conclusion de la paix. Exception faite de la partie de la flotte de guerre française, à déterminer, qui sera affectée à la sauvegarde des intérêts français dans l'empire colonial[1], tous les navires de guerre se trouvant en dehors des eaux territoriales françaises devront être rappelés en France.

Article 9.

Le Haut Commandement français devra fournir au Haut Commandement allemand des indications précises sur toutes les mines posées par la France ainsi que tous les barrages de mines dans les ports et en avant des côtes, ainsi que sur les installations militaires de défense et de protection.

Le dragage des barrages de mines devra être effectué par les forces françaises, dans la mesure où le Haut Commandement allemand l'exigera.

Article 10.

Le gouvernement français s'engage à n'entreprendre à l'avenir aucune action hostile contre le Reich allemand avec aucune partie des forces armées qui lui restent ni d'aucune autre manière.

Le gouvernement français empêchera également les[2] membres des forces armées françaises de quitter le territoire français et veillera à ce que ni des armes ni des équipements quelconques, ni navires, avions, etc. ne soient transférés en Angleterre ou à l'étranger[3].

[1] « Qui a à représenter les intérêts français dans l'Empire colonial » au lieu de « qui sera affecté à la sauvegarde des intérêts français dans l'empire colonial » (TD).

[2] « Des » [membres] au lieu de « les » (TD).

[3] « Dans un autre pays » au lieu de « à l'étranger » (TD).

Le gouvernement français interdira aux ressortissants français de combattre contre l'Allemagne au service d'États avec lesquels l'Allemagne se trouve encore en guerre. Les ressortissants français qui ne se conformeraient pas à cette prescription seront traités par les troupes allemandes comme francs-tireurs.

Article 11.

Jusqu'à nouvel ordre il sera interdit aux navires de commerce français de tous genres, y compris les bâtiments de cabotage et les bâtiments de port, se trouvant sous contrôle français, de sortir des ports. La reprise du trafic commercial sera subordonnée à l'autorisation préalable du gouvernement allemand ou du gouvernement italien respectivement.

Les navires de commerce français se trouvant en dehors des ports français seront rappelés en France par le gouvernement français et si cela n'est pas possible, ils seront dirigés sur des ports neutres.

Tous les navires de commerce allemands arraisonnés[1] se trouvant dans les ports français seront rendus en bon état, si la demande en est faite.

Article 12.

Une interdiction de décollage à l'égard de tous les avions se trouvant sur le territoire français sera prononcée immédiatement. Tout avion décollant sans autorisation préalable allemande sera considéré par l'aviation militaire allemande comme avion ennemi et sera traité comme tel.

Les aérodromes et les installations terrestres de l'aviation militaire en territoire non-occupé seront placés sous contrôle allemand ou italien respectivement. Il peut être exigé qu'on les rende inutilisables. Le gouvernement français est tenu de mettre à la disposition des autorités allemandes tous les avions étrangers se trouvant en territoire non-occupé ou de les empêcher de poursuivre leur route. Ces avions devront être livrés aux autorités militaires allemandes.

Article 13.

Le gouvernement français s'engage à veiller à ce que dans le territoire à occuper par les troupes allemandes toutes les installations, établissements et stocks militaires soient remis intacts aux troupes allemandes. Il devra en outre veiller à ce que les ports, les entreprises industrielles et les chantiers navals restent dans l'état dans lequel ils se trouvent actuellement, et à ce qu'ils ne soient endommagés d'aucune façon ni détruits. Il en est de même pour les moyens et voies de communications de toute nature, notamment en ce qui concerne les voies ferrées, les routes et voies navigables, l'ensemble des réseaux télégraphiques et téléphoni-

[1] « Saisis » au lieu d'« arraisonnés » (TD).

ques, ainsi que les installations d'indication de navigabilité et de balisage des côtes. En outre, le gouvernement français s'engage, sur ordre du Haut Commandement allemand, à procéder à tous les travaux de remise en état nécessaires.

Le gouvernement français veillera à ce que sur le territoire occupé soient disponibles le personnel spécialisé nécessaire et la quantité de matériel roulant de chemin de fer et autres moyens de communication correspondant aux conditions normales du temps de paix.

Article 14.

Tous les postes émetteurs de TSF se trouvant en territoire français doivent cesser sur-le-champ leurs émissions. La reprise des transmissions par TSF dans la partie du territoire non-occupé sera soumise à une réglementation spéciale.

Article 15.

Le gouvernement français s'engage à effectuer le transport en transit des marchandises entre le Reich allemand et l'Italie à travers le territoire non-occupé dans la mesure requise par le gouvernement allemand.

Article 16.

Le gouvernement français procédera au rapatriement de la population dans les territoires occupés, d'accord avec les services allemands compétents.

Article 17.

Le gouvernement français s'engage à empêcher tout transfert de valeurs à caractère économique et de stocks du territoire à occuper par les troupes allemandes dans le territoire non-occupé ou à l'étranger. Il ne pourra être disposé de ces valeurs et stocks se trouvant en territoire occupé qu'en accord avec le gouvernement du Reich, étant entendu que le gouvernement allemand tiendra compte de ce qui est nécessaire à la vie des populations des territoires non-occupés[1].

Article 18.

Les frais d'entretien des troupes d'occupation allemande sur le territoire français seront à la charge du gouvernement français.

[1] Même si la formulation interne n'est pas exactement celle qu'avait suggérée la délégation française (voir document n° 66), le texte définitif tient compte de la proposition que celle-ci avait exprimée.

Article 19.

Tous les prisonniers de guerre et prisonniers civils allemands, y compris les prévenus et condamnés qui ont été arrêtés et condamnés pour des actes commis en faveur du Reich allemand, doivent être remis sans délai aux troupes allemandes.

Le gouvernement français est tenu de livrer sur demande tous les ressortissants allemands désignés par le gouvernement du Reich et qui se trouvent en France de même que dans les possessions françaises, les colonies, les territoires sous protectorat et sous mandat.

Le gouvernement français s'engage à empêcher le transfert de prisonniers de guerre ou de prisonniers civils allemands de France dans les possessions françaises ou bien à l'étranger. Pour ce qui concerne les prisonniers déjà transférés hors de France, de même que les prisonniers de guerre allemands malades, inévacuables ou blessés, des listes exactes portant la désignation de l'endroit de leur séjour doivent être présentées. Le Haut Commandement allemand s'occupera[1] des prisonniers de guerre allemands, malades ou blessés.

Article 20.

Les membres des forces armées françaises qui sont prisonniers de guerre de l'armée allemande resteront prisonniers de guerre jusqu'à la conclusion de la paix.

Article 21.

Le gouvernement français est responsable de la mise en sécurité de tous les objets et valeurs dont la remise en bon état ou la tenue à la disposition de l'Allemagne est stipulée dans cette convention ou dont le transfert en dehors de la France est défendu. Le gouvernement français sera passible de dommages et intérêts pour toutes les destructions, dommages ou détournements contraires à la présente convention.

Article 22.

Une commission d'armistice allemande, agissant sous les ordres du Haut Commandement allemand, règlera et contrôlera l'exécution de la convention d'armistice.

La commission d'armistice est en outre appelée à assurer la concordance nécessaire de cette convention avec la convention d'armistice italo-française. Le gouvernement français constituera au siège de la commission d'armistice allemande une délégation chargée de représenter les intérêts français[2] et de recevoir les ordres d'exécution de la commission allemande d'armistice.

[1] « Assume le contrôle » au lieu de « s'occupera » (TD).

[2] « Chargée de présenter les désirs français » au lieu de « chargée de représenter les intérêts français » (TD).

Article 23.

Cette convention d'armistice entrera en vigueur aussitôt que le gouvernement français sera également arrivé, avec le gouvernement italien, à un accord relatif à la cessation des hostilités. La cessation des hostilités aura lieu 6 heures après que le gouvernement italien aura annoncé au gouvernement du Reich la conclusion de cet accord.

Le gouvernement du Reich fera connaître par radio ce moment au gouvernement français.

Article 24.

La présente convention d'armistice est valable jusqu'à la conclusion du traité de paix. Elle peut être dénoncée à tout moment, pour prendre fin immédiatement, par le gouvernement allemand, si le gouvernement français ne remplit pas les obligations par lui assumées dans la présente convention.

La présente convention d'armistice a été signée le 22 juin 1940, à 18 h. 50, heure d'été allemande, dans la forêt de Compiègne.

Signé :

Huntziger

Keitel[1]

Guerre 1939-45, Vichy, Y Internationale, 20

[1] Il y eut un seul signataire pour chacune des parties : le président de la délégation.

70

M. HITLER, CHANCELIER DU REICH,
AU MARÉCHAL PÉTAIN, PRÉSIDENT DU CONSEIL.

T[1]. *Berlin, 22 juin 1940, 21 h. 12.*

J'ai pris la décision de donner satisfaction à votre demande et j'ordonne d'exclure directement[2] la ville même de[3] Bordeaux des opérations[4] de guerre, ceci aussi longtemps que restent en cours[5] les négociations sur l'armistice à conclure entre le gouvernement français et le gouvernement italien.

Guerre 1939-45, Vichy, Y Internationale, 21

71

M. CORBIN, AMBASSADEUR DE FRANCE À LONDRES,
À M. BAUDOUIN, MINISTRE DES AFFAIRES ÉTRANGÈRES.

T. n°s 2625 à 2626 *Londres, 22 juin 1940, 22 h. 57.*
Secret.
(*Reçu* : le 23, 6 h. 40)

Lord Halifax vient de m'appeler à (*sic* [de] ?) son cabinet. Il m'a dit que le gouvernement anglais avait appris avec une extrême émotion les exigences allemandes concernant notre flotte, qui équivalaient dans son esprit à une mainmise complète de l'Allemagne et de l'Italie sur nos bâtiments de guerre[6]. Même la contre-proposition faite par le gouvernement

[1] Mention marginale manuscrite : « la traduction était inexacte. »

[2] Correction manuscrite : à la place de « rigoureusement », barré.

[3] Correction manuscrite : à la place de « unmittelbar », barré.

[4] Correction manuscrite : à la place de « la zone », barré.

[5] Correction manuscrite : à la place de « dureront », barré.

[6] Dans la soirée du 22 juin 1940, W. Churchill fait une déclaration à propos des clauses de l'armistice franco-allemand, dont il dit avoir pris connaissance « avec douleur et stupéfaction ». Informé par R. Campbell qui a été reçu à deux reprises dans la journée par F. Charles-Roux, après une altercation avec Baudouin qui, dans la nuit du 21 au 22 juin, refusa de lui transmettre le texte, Churchill lance un appel à « tous les Français qui ne sont pas sous le joug de l'ennemi » pour qu'ils aident la Grande-Bretagne à poursuivre la guerre. Le texte original en anglais est reproduit dans *Keesing's Contemporary Archives, op. cit.*, p. 4112. On peut trouver la traduction française, par l'agence Havas, dans les Papiers 1940, Papiers Baudouin, 2.

français n'offrait aucune chance à ses yeux d'éviter que la flotte ne soit utilisée ensuite contre l'Angleterre, en dépit de toutes les promesses qui peuvent être faites aujourd'hui et que nous ne serons pas en mesure de faire respecter. Lord Halifax se refuse à croire que les affirmations formelles et répétées qu'il a reçues du gouvernement français ne soient pas maintenues. Il m'a représenté avec toute la force possible l'effet désastreux que produirait dans le monde entier une cession déguisée de notre flotte à l'ennemi alors que l'Angleterre combat seule pour sa défense et pour le salut des peuples libres. Il était sûr, m'a-t-il dit, qu'un appel à l'honneur de la France ne pouvait manquer d'être entendu.

Papiers 1940, Papiers Baudouin, 2

72

M. DE SAINT-QUENTIN, AMBASSADEUR DE FRANCE À WASHINGTON, À M. BAUDOUIN, MINISTRE DES AFFAIRES ÉTRANGÈRES.

T. n°s 1231 à 1232. *Washington, 22 juin 1940.*

Le Sous-Secrétaire d'État m'a communiqué la première information transmise par M. Biddle sur les conditions allemandes d'armistice. Il m'a exprimé en termes sincèrement émus l'indignation que lui causent de telles exigences. Il espérait que la révolte du sentiment public [...][1] déterminerait une aide plus vigoureuse à la cause alliée. De fait, le Congrès s'apprête à modifier les lois sociales, de manière à permettre l'intensification de la production industrielle. D'autre part, mon interlocuteur m'a indiqué que le Congrès avait finalement modifié la loi de neutralité de manière à permettre l'accès inconditionnel des navires de la Croix-Rouge dans les ports des zones interdites.

Sumner Welles s'est montré inquiet du mouvement d'opinion hostile aux États-Unis qui, d'après M. Biddle, se développerait en France. Je lui ai répondu que le malheur était souvent injuste et que les autorités responsables faisaient certainement tout leur possible pour enrayer de telles tendances.

J'estime, en effet, me plaçant au seul point de vue de l'intérêt français, que les auteurs de cette campagne sont aveugles ou bien coupables.

Papiers 1940, Bureau d'études Chauvel, 202

[1] Lacune de déchiffrement.

73

M. DE SAINT-QUENTIN, AMBASSADEUR DE FRANCE À WASHINGTON,
À M. BAUDOUIN, MINISTRE DES AFFAIRES ÉTRANGÈRES.

T. n° 1233 *Washington, 22 juin 1940, 20 h. 31.*

(*Reçu* : le 23, 8 h. 50)

Le Sous-Secrétaire d'État m'a fait part des inquiétudes que lui causait le sort des possessions françaises d'outre-mer au cas où notre flotte de guerre serait désarmée tout entière. Il a mentionné non seulement nos possessions du continent américain, mais celles du Pacifique, notamment les îles Marquises qu'il croit menacées par le Japon.

L'institution pour chacun de ces groupes de gouvernements locaux possédant des pouvoirs étendus et disposant sur mer et sur terre de forces de police suffisantes me paraît nécessaire si nous voulons éviter que l'opinion publique en ce pays ne réclame impérieusement la mise de ces territoires sous tutelle américaine.

Guerre 1939-45, Vichy, B Amérique, États-Unis, 27

74

NOTE DU SECRÉTAIRE GÉNÉRAL

Note d'audience

N. *Bordeaux, 22 juin 1940.*

Au cours de visites qu'ils ont faites aujourd'hui au Secrétaire général, l'ambassadeur d'Angleterre, le ministre du Canada et le ministre de l'Afrique du Sud lui ont fait prévoir qu'après la conclusion ou du moins l'entrée en vigueur d'une convention d'armistice entre la France et l'Allemagne, ils se verraient contraints, bien à regret, de quitter le territoire français parce que représentants de pays belligérants et, à cause de cela, dans l'incapacité de remplir leur mission en territoire occupé par l'ennemi ou même en territoire non-occupé mais environné de tous côtés par le territoire occupé[1].

[1] Sur le départ de ces diplomates – qui équivaut à la rupture unilatérale des relations diplomatiques de leurs pays respectifs avec la France – cf. notamment Hervé Cras, *L'Armistice de juin 1940 et la crise franco-britannique*, Paris, Service historique de la Marine, 1959, pp. 65-66.

Le Secrétaire général a exprimé le désir que leurs gouvernements respectifs ne prissent pas de décision précipitée, d'abord parce que la conclusion d'une négociation d'armistice avec l'Allemagne resterait subordonnée à la conclusion d'une négociation similaire avec l'Italie, ensuite parce qu'il n'était pas impossible qu'un moyen fût trouvé d'assurer une communication entre le territoire non-occupé et l'extérieur de la France.

Papiers 1940, Papiers Charles-Roux, 1

75

COMPTE RENDU D'ÉCOUTE DE LA RADIO BRITANNIQUE

Texte de l'allocution prononcée à Londres par le général de Gaulle (Radio anglaise : Daventry, en français)

C.R. *Londres, 22 juin 1940, 23 h. 15.*

Le gouvernement français, après avoir demandé un armistice, en connaît maintenant les conditions : il résulte de ces conditions que les forces françaises de terre, de mer et de l'air seront entièrement démobilisées, que nos armes seront entièrement livrées, que le territoire français tombera sous l'entière dépendance de l'Allemagne et de l'Italie. On peut dire que cet armistice est non seulement une capitulation, mais un asservissement.

Or, beaucoup de Français n'acceptent ni la capitulation ni la servitude, pour des raisons qui s'appellent l'honneur, le bon sens et l'intérêt supérieur de la patrie.

Je dis : l'honneur, car la France s'est engagée à ne déposer les armes que d'accord avec ses alliés. Tant que ses alliés continuent la guerre, son gouvernement n'a pas le droit de se rendre à l'ennemi. Les gouvernements polonais, norvégien, hollandais, belge et luxembourgeois, quoique chassés de leur territoire, ont compris ainsi leur devoir.

Je dis : le bon sens, car il est absurde de considérer la lutte comme perdue. Oui, nous avons subi une grande défaite. Un mauvais système militaire, des fautes commises dans la conduite des opérations, l'esprit d'abandon du gouvernement pendant les derniers combats nous ont fait perdre la Bataille de France. Mais il nous reste un vaste empire, une flotte intacte, beaucoup d'or ; il nous reste des alliés dont les ressources sont immenses et qui dominent les mers. Il nous reste les gigantesques possibilités de l'industrie américaine. Les mêmes conditions de la guerre qui nous ont fait battre par 5 000 avions et 5 000 chars pourraient nous donner demain la victoire par 20 000 avions et 20 000 chars.

Je dis : l'intérêt supérieur de la patrie, car cette guerre n'est pas seulement une guerre franco-allemande, qu'une bataille puisse décider, cette guerre est une guerre mondiale, et nul ne peut prévoir si les peuples qui sont neutres aujourd'hui le resteront demain, et même si les alliés de l'Allemagne resteront toujours ses alliés.

Si les forces de la liberté venaient à vaincre celles de la servitude, quel serait le destin d'un peuple qui se serait soumis à l'ennemi ?

L'honneur, le bon sens et l'intérêt supérieur de la patrie commandent à tout Français libre de continuer le combat, où qu'il soit et comme il le pourra. Il est par conséquent nécessaire de grouper partout où cela se peut une force française aussi grande que possible. Tout ce qui peut être réuni en fait d'éléments militaires français, toute la capacité française de production d'armement doivent être réorganisés partout où il y en a.

Moi, général de Gaulle, j'entreprends ici, en Angleterre, cette tâche nationale. J'invite tous les militaires français, les ingénieurs, les techniciens et les ouvriers français spécialisés de l'armement qui se trouvent en territoire britannique ou qui peuvent y parvenir à se réunir à moi. J'invite les chefs, les soldats, les marins, les aviateurs des forces françaises de terre, de mer et de l'air, où qu'ils se trouvent actuellement, à se mettre en rapport avec moi. J'invite tous les Français qui veulent rester libres à m'écouter et à me suivre. Vive la France libre dans l'honneur et l'indépendance[1] !

Guerre 1939-45, Vichy, Y Internationale, 295

[1] À la suite de ce discours, le général de Gaulle est déchu, sur proposition du général Weygand, de sa promotion au grade de général de brigade à titre temporaire. Cette allocution n'est pas évoquée dans les *Mémoires de guerre* du général de Gaulle, ni dans ses *Lettres, Notes et Carnets*, Paris, Plon, 1980.

76

Note de P. Baudouin, Ministre des Affaires étrangères.

Note d'audience

N. *Bordeaux, 23 juin 1940.*

J'ai reçu à minuit l'ambassadeur d'Angleterre qui est venu prendre congé de moi[1]. Il a dû s'embarquer ce matin sur un bâtiment de guerre britannique qui le ramènera en Angleterre.

Il m'a exprimé son regret de quitter le territoire français et il m'a développé, au sujet de sa décision, les raisons qu'il avait données l'après-midi à M. Charles-Roux.

Je lui ai marqué ma surprise d'un départ aussi rapide et je lui ai demandé si, en partant cette nuit, il obéissait à des instructions reçues de son gouvernement. Il m'a répondu qu'il n'avait pas reçu d'instructions précises à ce sujet de son gouvernement, mais qu'il était certain néanmoins que son gouvernement souhaitait sa présence en Angleterre pour lui faire un rapport complet sur les événements des derniers jours. L'Ambassadeur m'a dit qu'il n'avait pu envoyer, ces jours derniers, à Londres, que des télégrammes très fragmentaires. Londres ne paraît pas comprendre la situation en France. C'est ainsi que l'ambassadeur d'Angleterre a encore reçu, dans l'après-midi, un long télégramme de son gouvernement par lequel celui-ci le prie d'intervenir auprès du

[1] Voici comment P. Baudouin raconte cette entrevue dans ses mémoires : « Je venais de me coucher quand, à 23 h. 30, l'ambassadeur d'Angleterre est venu sonner à mon domicile. Je descends en robe de chambre et je lui ouvre la porte. Sir Ronald Campbell est encore plus nerveux et fatigué que les derniers jours. Ses traits sont tirés, son teint jaune et ses mains tremblent. Il vient prendre congé de moi, et comme je lui demande si c'est par ordre de son gouvernement qu'il part aussi précipitamment, il me répond qu'il est certain d'aller au-devant des désirs de son gouvernement en venant rapidement lui faire un compte rendu de la situation. Il ne me cache pas qu'un fossé sépare les façons de voir de nos deux pays. Il se propose de travailler à le combler. Je lui réponds qu'il ne peut que l'élargir en partant (ici une note : Dans un télégramme que lord Halifax adressa en juillet au gouvernement français, le chef du Foreign Office précisa que cette brutale rupture de contact n'avait pas été ordonnée par le gouvernement britannique. Sir Ronald Campbell n'avait reçu comme instruction que celle d'éviter de tomber entre les mains de l'ennemi). Je lui demande s'il part seul. Il me répond qu'il emmènera avec lui demain matin – car il s'embarque cette nuit sur un navire de guerre britannique ancré dans la Gironde – tous les membres de la Légation. « Ainsi, lui dis-je, le gouvernement britannique rappelle sa mission à Londres. Nous laissons notre ambassadeur à Londres. Je regrette que le gouvernement britannique n'ait plus d'observateur pour lui expliquer les événements de France. Il est vrai que les ministres du Canada et de l'Afrique du Sud avec lesquels j'entretiens des rapports très cordiaux restent et par conséquent je me permettrai de les appeler et de les considérer en votre absence comme les représentants de Sa Majesté britannique en France. » « Mais, me dit sir Ronald Campbell, ils partent avec moi. Ils sont là, dehors, dans ma voiture, attendant ma sortie pour venir prendre congé de vous. » in P. Baudouin, *Neuf mois au gouvernement*, *op. cit.*, p. 203. Voir aussi A. Kammerer, *La Vérité* ..., *op. cit.*, p. 235.

gouvernement français pour le décider à ne pas cesser les hostilités. Sir Ronald Campbell m'a dit que, dans ces conditions, il croyait qu'il était de l'intérêt commun de la France et de l'Angleterre qu'il hâte son départ pour Londres, où il pourra mettre au point beaucoup de questions.

L'ambassadeur d'Angleterre a regretté de ne pouvoir, étant donné l'heure, faire sa visite de départ au maréchal Pétain. Il m'a prié d'être son interprète auprès du Maréchal.

J'ai reçu après les ministres du Canada et de l'Afrique du Sud qui m'ont indiqué qu'ils suivaient l'ambassadeur d'Angleterre[1], qu'ils regrettaient de quitter rapidement le sol de France, mais qu'ils avaient la conviction qu'ils pourraient bientôt y revenir. Les deux ministres ont été particulièrement aimables et chaleureux dans leurs souhaits pour l'avenir de la France, alors qu'au contraire M. Campbell ne m'avait pas dit un seul mot d'espoir dans un avenir meilleur.

Papiers 1940, Papiers Baudouin, 2

[1] Voir document n° 74.

77

M. BAUDOUIN, MINISTRE DES AFFAIRES ÉTRANGÈRES,
À M. CORBIN, AMBASSADEUR DE FRANCE À LONDRES.

T. n°s 19 à 23 Bx[1] *Bordeaux, 23 juin 1940, 15 h. 30.*

Les récentes paroles du Premier ministre britannique ont provoqué en France l'impression la plus pénible[2].

Le gouvernement français ressent le plus vif regret d'une déclaration qui dénote un manque absolu de sang-froid et contient des affirmations directement contraires à la réalité, contre lesquelles il a le devoir de protester. Il s'étonne du complet changement d'attitude du Premier ministre. Le 11 juin au Grand Quartier général français, et le 14 juin à Tours[3], le Premier ministre avait manifesté une amicale compréhension de la nécessité, pour la France, de mettre fin aux hostilités. La violence de ses paroles et l'excès de ses expressions, qui vont jusqu'à mettre en doute

[1] Le numéro d'ordre et l'heure d'envoi de ce télégramme figurent sur la copie trouvée dans les Papiers 1940, Papiers Charles-Roux, 6. Sur le texte original des Papiers Baudouin, on a en revanche la mention marginale manuscrite : « Télégramme à Corbin. Approuvé par le conseil des ministres malgré l'opposition violente de Laval. » P. Baudouin apprend, par le maréchal Pétain, la nomination de ce dernier comme ministre d'État, en même temps que M. Marquet, juste avant le conseil des ministres de 11 heures : «Je suis bouleversé par cette nouvelle inattendue. Je regarde interrogativement le Maréchal qui, gêné, me dit : Je ne pouvais pas agir autrement. J'ai eu de grandes difficultés à vaincre la répugnance du président de la République qui ne voulait pas de Laval. Celui-ci s'est rendu compte qu'il a eu tort, il y a une semaine, de ne pas accepter le portefeuille de la Justice. Il faut que je le fasse entrer dans le gouvernement où ses intrigues seront moins dangereuses que s'il créait une opposition à l'extérieur. Le général Weygand est furieux et méprisant. Bouthillier me paraît aussi ému que moi. Le Maréchal me fait passer dans une pièce où nous attendait Laval. Il a les feuillets du discours Churchill à la main et me demande si j'en ai pris connaissance. Je réponds oui, et j'annonce au Maréchal l'événement de la nuit, c'est-à-dire le départ de l'ambassadeur d'Angleterre. J'ajoute que ni ce discours ni ce départ ne doivent modifier notre position qui est de maintenir l'alliance anglaise contre vents et marées. Il est temps – avant la signature de l'armistice – d'affirmer notre politique et de l'exposer nettement aux Anglais. Je donne lecture d'un projet de télégramme pour Londres dans ce sens. Une scène violente éclate alors entre Laval et moi, Laval préconisant la rupture et moi m'y opposant. Je déclare au Maréchal que s'il adopte le point de vue de Laval, je démissionne et – ce qui est plus grave – le général Weygand et l'amiral Darlan démissionneront aussi. Le Maréchal dit à Laval de se calmer et approuve le projet de télégramme. Nous entrons au Conseil. Le Conseil, où siègent Laval et Marquet, est ému de l'attitude du général de Gaulle qui vient d'adresser aux Français, de Londres, par radio, un appel à la rébellion. Il est ému également du discours radiodiffusé de M. Winston Churchill. Pierre Laval fait une violente sortie anti-anglaise et demande le rappel immédiat de l'Ambassadeur. Je recommande le calme. Je déclare que la politique française n'a que trop souffert de s'être laissée emporter, au cours de ces vingt dernières années, par des idéologies ou des passions. Mon appel produit de l'effet. » In P. Baudouin, *Neuf mois au gouvernement*, *op. cit.*, pp. 204-205.

[2] Voir document n° 71, note 6. La déclaration faite par W. Churchill en fin de journée, le 22 juin, devant les Communes, était également très sévère à l'encontre du gouvernement français.

[3] Voir document n° 6.

l'autorité constitutionnelle du gouvernement français, ne peuvent donc trouver leur excuse dans la surprise.

Obligé par les circonstances de se retirer de la lutte, le gouvernement français n'a pas un instant perdu de vue les liens qui l'attachent au gouvernement britannique.

Sa préoccupation dominante a été de ne se prêter à aucune mesure qui pût faire de la France ou d'un élément quelconque de l'activité française un instrument directement utilisé contre la Grande-Bretagne.

Le gouvernement français pense qu'aucune des conditions de l'armistice éventuel auquel il a souscrit n'implique le sacrifice de cette préoccupation.

Il a, en particulier, la certitude qu'en aucun cas la flotte française ne pourra être employée dans les opérations contre l'Angleterre. Des assurances formelles ont été données à plusieurs reprises à sir Ronald Campbell. Le maréchal Pétain et moi-même les avons renouvelées il y a trois jours à lord Lloyd et au Premier lord de l'Amirauté. Nous avons eu, tous ces jours-ci, le sentiment pénible – et les paroles du Premier ministre le confirment – que nos déclarations solennelles ne recevaient pas la confiance totale à laquelle elles avaient droit.

Quelles que soient les difficultés de la situation présente de la France, dont il faut bien se rendre exactement compte, elles ne doivent pas rompre le front moral et politique qu'ont jusqu'ici constitué les gouvernements français et britannique. C'est la conviction du gouvernement français ; c'est le sens dans lequel ont été et resteront dirigés ses efforts auprès de l'opinion publique de son propre pays.

Le Premier ministre s'est exprimé comme s'il considérait que le gouvernement actuel de la France n'interprétait pas fidèlement cette opinion publique ou n'en interprétait qu'une partie. Le Premier ministre se trompe. Il n'y a pas de gouvernement de Bordeaux. Il n'y a que le gouvernement de la France, appuyé sur le sentiment et l'adhésion des Français.

Je vous serais obligé de faire part sans délai à lord Halifax, de la manière la plus ferme et aussi la plus calme, des considérations qui précèdent. Vous ajouterez que le gouvernement français ne veut pas douter que le gouvernement britannique ne tienne à couper court à toute interprétation abusive du départ de l'ambassadeur d'Angleterre, hier soir[1].

Papiers 1940, Papiers Baudouin, 16

[1] Voir documents n°s 74 et 76.

78

M. CORBIN, AMBASSADEUR DE FRANCE À LONDRES,
À M. BAUDOUIN, MINISTRE DES AFFAIRES ÉTRANGÈRES.

T. n° 2631. *Londres, 23 juin 1940, 14 h. 35.*

(*Reçu* : le 23, 19 h. 30)

Ayant représenté ici une politique d'étroite collaboration entre les deux pays et ne pouvant désormais trouver les dispositions nécessaires pour l'accomplissement de cette tâche, je ne vois plus, en ce qui me concerne personnellement, la possibilité de servir utilement les intérêts de mon pays à ce poste. Je crois donc agir pour le mieux en confiant la gérance à M. Roger Cambon qui attendra les instructions du gouvernement. Avant de quitter l'Angleterre, je m'emploierai personnellement, et dans toute la mesure de mes moyens, à faciliter le départ des missions techniques et à régler dans les conditions les plus favorables le sort de nos compatriotes qui sont encore en Angleterre[1].

Papiers 1940, Papiers Baudouin, 2

79

M. BAUDOUIN, MINISTRE DES AFFAIRES ÉTRANGÈRES[2],
À M. CORBIN, AMBASSADEUR DE FRANCE À LONDRES.

T. n°s 26 à 28 Bx. *Bordeaux, 23 juin 1940, 21 h. 40.*

Je vous prie de remettre au Premier ministre le message personnel que lui adresse M. Paul Reynaud :

« Je fais appel à votre amitié et à la confiance que vous m'avez toujours témoignées. Rien ne réjouirait plus Hitler qu'une brouille publique et permanente entre nos deux pays. Votre déclaration d'hier[3] m'a si vivement ému que je m'en suis entretenu avec le maréchal Pétain. Je comprends vos angoisses et j'imagine que la question qui vous préoccupe le

[1] Sur la réaction embarrassée du ministre des Affaires étrangères, qui préfère ne pas sévir contre M. Corbin, cf. A. Kammerer, *La Vérité* ..., *op. cit.*, pp. 247-248.

[2] Le télégramme est signé : « Diplomatie p.o. Boisanger ».

[3] Voir document n° 71.

plus, comme elle me préoccupe moi-même, est celle de la flotte. Les stipulations de l'accord d'armistice à ce sujet sont en effet de nature à vous inquiéter mais je viens d'interroger l'amiral Darlan, en présence du Maréchal, à ce sujet[1]. Darlan m'a affirmé que lorsque les conditions d'application de cette disposition seront discutées devant la commission d'armistice, des dispositions seront prises pour qu'en aucun cas *(sic)* l'ennemi ne puisse utiliser notre flotte contre l'Angleterre au mépris des engagements pris par lui dans le texte qui vient d'être adopté.

Voilà qui doit vous rassurer sur ce point.

Vous avez bien voulu me dire à Briare et à Tours[2] que si un autre gouvernement que le mien, faisant une politique différente, demandait l'armistice, non seulement l'Angleterre ne perdrait pas son temps en vaines récriminations, mais qu'elle tiendrait compte des sacrifices inouïs que s'est imposés la France qui s'est immolée en avant-garde des démocraties et que, lors de la victoire finale, la France serait rétablie dans son pouvoir et dans sa dignité.

Ce langage m'avait beaucoup touché.

Je suis sûr que ces sentiments sont toujours au fond de votre cœur.

Croyez à mon amitié. »

Papiers 1940, Papiers Charles-Roux, 2

80

M. Baudouin, Ministre des Affaires étrangères,
à M. Corbin, Ambassadeur de France à Londres.

T. s.n. *Bordeaux, 23 juin 1940, 22 h. 05.*

Le gouverneur général de l'Algérie me fait savoir que le consul général d'Angleterre lui a communiqué un télégramme du gouvernement britannique disant que, la France ayant été obligée de signer l'armistice, le gouvernement français, dans le territoire occupé par l'ennemi, n'a plus de pouvoir constitutionnel et qu'en conséquence le gouvernement britannique demande à tous les pays français d'outre-mer de l'abandonner et de continuer la lutte avec la Grande-Bretagne[3].

[1] Cf. Paul Reynaud, *Mémoires*, T. II, *Envers et contre tous*, Paris, Flammarion, 1963, pp. 451-452.

[2] Voir document n° 6.

[3] Sur les démarches faites en ce sens par les consuls généraux de Grande-Bretagne en Algérie, au Maroc et en Tunisie, on peut se reporter à divers documents de la série Guerre 1939-45, Vichy, Z Europe, Grande-Bretagne, 331. Voir aussi document n° 81.

Je vous prie de représenter d'urgence à lord Halifax qu'une telle démarche – et nous savons qu'elle n'est pas isolée – est intolérable et qu'elle est de nature à faire supposer, de la part du gouvernement britannique, la résolution de rompre avec la France.

Je ne puis croire que le gouvernement britannique veuille prendre une telle responsabilité. Mais vous voudrez bien demander à lord Halifax de me fixer à ce sujet.

Papiers 1940, Papiers Charles-Roux, 6

81

M. BAUDOUIN, MINISTRE DES AFFAIRES ÉTRANGÈRES,
AUX REPRÉSENTANTS DE LA FRANCE À TUNIS, RABAT ET BEYROUTH.

T. n° 3 Bx (Tunis)[1] *Bordeaux, 23 juin 1940, 23 h. 05.*

Je suis averti que certains agents consulaires anglais dans nos possessions d'outre-mer multiplient les démarches auprès de nos autorités coloniales en s'inspirant d'instructions du gouvernement britannique[2], pour obtenir que nos colonies, pays de protectorat, ou pays sous mandat, se désolidarisent du gouvernement français, signataire éventuel d'un armistice, et déclarent continuer la lutte aux côtés de l'Angleterre.

J'ai protesté de la manière la plus formelle à Londres contre ces initiatives inadmissibles.

Je vous invite, en ce qui vous concerne, à maintenir les pays que vous gouvernez dans la voie de la discipline et de la fidélité à la mère-patrie.

Guerre 1939-45, Vichy, Z Europe, Grande-Bretagne, 331

[1] N° 10 Bx pour Rabat, 5 Bx pour Beyrouth. Mention marginale manuscrite : « Les colonies font le nécessaire en ce qui concerne leurs postes. »

[2] De Tunis, dans la soirée du 23 juin, M. Peyrouton écrit : « Je viens de recevoir la visite de M. Knight, consul général de Grande-Bretagne, qui m'a remis un message du gouvernement de Sa Majesté aux autorités françaises de Tunisie. Par première valise avion, je ne manquerai pas de transmettre le texte intégral à Votre Excellence qui voudra bien ci-dessous lire de ce document une analyse succincte : Rappel de l'engagement d'honneur souscrit par le gouvernement français et dénoncé par lui. Valeur combative de la marine, de l'aviation, de l'Empire français demeure intacte. Appel direct aux autorités civiles et militaires françaises d'outre-mer, invitation à collaborer avec l'Angleterre, même dans le cas où elles recevraient du gouvernement français l'ordre de se soumettre. Espoir de la création prochaine d'un "gouvernement français libre". Engagement du gouvernement anglais d'assurer le service des salaires et pensions de tous les fonctionnaires militaires et civils prêts à coopérer avec eux. » (télégrammes n°s 238 à 239, in Papiers 1940, Papiers Baudouin, 2, document non reproduit).

82

COMPTE RENDU

Négociation avec l'Italie[1]

C.R *s.l.* [*Rome*], *s.d.*[*24 ?*] *juin 1940*[2].

Dimanche 23 juin :

Départ du Bourget à 5 h. 25 (heure d'été allemande) en 3 avions Junkers.

Route par Reims – Luxembourg – Karlsruhe – Stuttgart – Augsburg – Munich.

Arrivée à Munich 8 h. 25.

On attend que les dispositions soient prises en Italie pour faire escorter la délégation par des avions militaires à partir du Brenner ; le départ, prévu pour 9 h. 30, est de ce fait reporté à 11 h. 10.

11 h. 15 – Départ de Munich

Route par Brenner, Padoue, Ravenne, Saint-Marin, Rome.

Arrivée à Rome à 15 h. à l'aéroport du Littorio.

La délégation est conduite en auto par l'extérieur de Rome à la villa Manzoni ; les membres y sont logés ainsi que dans deux villas voisines.

Les communications téléphoniques sont organisées avec Bordeaux.

19 h. 15 – Départ de la villa Manzoni.

19 h. 30 – Arrivée à la villa Incisa où un piquet de carabiniers rend les honneurs[3].

La délégation entre dans un salon d'attente et, à 19 h. 35, est introduite dans le salon où se trouvent les représentants de l'Italie[4].

[1] Ce titre ne figure pas sur le document. Il est de l'équipe éditoriale.

[2] On n'a mention ni de lieu de provenance, ni de date sinon l'indication marginale « heure d'été allemande. »

[3] Sur le trajet, les membres de la délégation française ont été salués « joyeusement ... Le petit peuple italien est sensible. [...] Il n'est point hostile à la France. » (in Papiers 1940, Papiers Rochat (armistice), cité par J.-B. Duroselle, *L'Abîme ...*, *op. cit.*, p. 202, Les mêmes expressions figurent dans L. Noël, Le *Diktat ...*, *op. cit.*, pp. 92-93.

[4] Charles Rochat joint à ses notes un croquis (non reproduit) du plan de table de la négociation lors de la séance du 23 juin, à la villa Incisa. Autour de la grande table centrale, face à face : amiral Le Luc-général Pricolo, général Parisot-maréchal Badoglio, général Huntziger-comte Ciano, M. Noël-général Cavagnari, général Bergeret-général Roatta ; sur une petite table à droite de l'entrée, M. Rochat-commandant Donati ; à gauche, commandant de Venel ; et le long du mur de part et d'autre de l'entrée, lieutenant-colonel de Dumast, capitaine de frégate de Larosière à gauche, M. Lagarde, colonel Lacaille, à droite. D'après F. Charles-Roux, le choix de la villa Manzoni, appartenant à la veuve d'un ancien ambassadeur d'Italie à Paris et

Le comte Ciano invite les plénipotentiaires français à s'asseoir.

Le comte Ciano se lève et dit :

« Le *Duce* du fascisme, chef du gouvernement, commandant supérieur des forces armées italiennes, a chargé le maréchal Badoglio, chef d'état-major des forces armées, de vous faire connaître les conditions d'armistice entre l'Italie et la France. »

Le maréchal Badoglio se lève et dit :

« Je suis chargé par mon gouvernement de vous remettre les présentes conditions d'armistice » et il remet aux plénipotentiaires le texte de la convention d'armistice.

Il se rassied et invite le général Roatta à en donner lecture.

Le général Roatta donne lecture de la traduction française de la convention d'armistice.

À la fin de cette lecture, le général Huntziger prend la parole, déclare qu'il va d'abord étudier le document, que pour une question qui engage l'avenir de son pays, il devra, bien que plénipotentiaire, en référer à son gouvernement, qu'il demande à pouvoir communiquer téléphoniquement avec celui-ci.

Le Maréchal répond que la délégation peut prendre le temps d'étudier le document et qu'elle aura toutes facilités pour communiquer avec son gouvernement ; il demande à quel moment le général Huntziger peut être en mesure de donner une réponse, semblant s'attendre à la recevoir le soir même.

Le général Huntziger déclare que l'examen de la convention par le gouvernement ne semble pas permettre de fixer la réunion avant le lendemain 10 heures.

Il en est ainsi décidé.

Les représentants italiens et français se lèvent alors ; les représentants italiens s'approchent aussitôt des plénipotentiaires français et le comte Ciano serre la main du général Huntziger et des autres plénipotentiaires ; à leur tour, le maréchal Badoglio et le général Roatta serrent la main des plénipotentiaires.

La délégation française quitte la salle à 20 heures et revient à la villa Manzoni à 20 h. 15.

La délégation se réunit aussitôt pour étudier le texte de la convention.

située hors de la ville pour loger la délégation, ainsi que celui de la villa Incisa, également hors de la ville, « avaient prouvé le désir du gouvernement fasciste d'empêcher que nos plénipotentiaires pussent être vus du public romain », peut-être comme « précaution contre un accueil trop compatissant ou contre quelque avanie ». Cf. François Charles-Roux, *Cinq mois tragiques aux Affaires étrangères, 21 mai-1er novembre 1940*, Paris, Plon, 1949, pp. 102-103.

À 21 h. 15, le général Huntziger et l'ambassadeur Noël entrent en communication avec le général Weygand.

De 21 h. 40 à 24 h., dictée téléphonique de la traduction de la convention d'armistice.

24 juin, 0 h. 05 : le général Bergeret téléphone au général Pujo.

Guerre 1939-45, Vichy, Y Internationale, 183

83

Projet italien de convention d'armistice

s.l. [Rome], s.d. [24][1] *juin 1940.*

Convention d'armistice

Entre le chef d'état-major italien, représentant le *Duce*, commandant des troupes italiennes en opérations, et le chef de la délégation française pour l'armistice

Article 1.

La France cessera les hostilités contre l'Italie dans le territoire français métropolitain, dans l'Afrique française du Nord, dans les colonies, dans les territoires protégés et sous mandat. Elle cessera également les hostilités contre l'Italie par mer et dans les airs.

Article 2.

Les troupes italiennes se maintiendront, au moment de l'entrée en vigueur de la présente convention d'armistice, et pour toute la durée de celui-ci, sur les lignes qu'elles ont atteintes sur tous les théâtres d'opérations.

Article 3.

Dans le territoire français métropolitain, la zone comprise entre les lignes visées à l'article 2 et une ligne située à 50 kilomètres de celles-ci, à vol d'oiseau, sera démilitarisée pour la durée de l'armistice.

[1] La traduction en français effectuée par les Italiens du texte de convention d'armistice fut remis à la délégation le soir du 23 juin et fut téléphoné dans la soirée à Bordeaux, de la villa Manzoni. Mais la mention manuscrite « texte proposé par les Italiens (non valable) », qui annonce les litiges sur la traduction, est vraisemblablement du lendemain.

En Tunisie, la zone comprise entre la frontière actuelle tuniso-libyenne et la ligne indiquée sur la carte annexée[1] sera démilitarisée pour la durée de l'armistice.

En Algérie, ainsi que dans les territoires de l'Afrique française situés au sud de celle-ci et confinant *(sic)*, une zone comprise entre la frontière libyque et une ligne parallèle distante de 200 kilomètres sera démilitarisée pendant la continuation de la lutte de l'Italie contre l'Empire britannique ; le territoire de la colonie de la Côte française des Somalis sera démilitarisé en entier pour la durée de l'armistice[2].

L'Italie aura le droit entier et permanent, pendant la durée de l'armistice, d'utiliser le port et les installations portuaires de Djibouti et la voie ferrée Djibouti–Addis-Abeba dans son trajet français pour ses transports de quelque nature que ce soit.

Article 4.

Les zones à démilitariser, visées à l'article 3, seront évacuées par les troupes françaises dans les dix jours qui suivront la cessation des hostilités, à l'exception du personnel strictement nécessaire pour la garde et la manutention des ouvrages de fortification, casernes, magasins et bâtiments militaires.

Article 5.

Sous réserve de l'obligation mentionnée à l'article 10 ci-après, toutes les armes mobiles et les munitions correspondantes existant dans les zones à démilitariser du territoire français métropolitain et celui contigu à la Libye, autres que celles dont sont dotées les troupes qui évacuent, comme il est dit ci-dessus, les territoires en cause, doivent être évacuées dans un délai de 15 jours. Les armes fixes des ouvrages de fortification et les munitions correspondantes doivent être remises dans le même laps de temps en situation de ne pouvoir être utilisées.

Dans le territoire de la Côte française des Somalis, toutes les armes mobiles et les munitions correspondantes autres que celles dont sont dotées les troupes qui évacuent le territoire seront déposées, dans le même délai de 15 jours, dans les localités qui seront déterminées par la commission italienne d'armistice visée ci-après.

[1] Document non retrouvé.

[2] Dans la traduction française que l'on peut trouver dans les Papiers 1940, Papiers Baudouin 1, avec la mention manuscrite « 24 juin », le texte devient « une zone comprise entre la frontière libyenne et une ligne parallèle de 200 kilomètres sera démilitarisée pour la même durée. Tant que dureront les hostilités entre l'Italie et l'Empire britannique et pour la durée du présent armistice, le territoire de la colonie de la Côte française des Somalis sera démilitarisé en entier. »

Pour les armes fixes et les munitions des ouvrages de fortification existant dans ledit territoire, seront appliquées les dispositions fixées pour le territoire français métropolitain et pour celui contigu à la Libye.

Article 6.

En vue de la continuation de la lutte contre l'Empire britannique[1], les places fortes militaires, maritimes et les bases navales de Toulon, Bizerte, Ajaccio et Oran (Mers-el-Kebir) seront démilitarisées jusqu'à la cessation des hostilités contre ledit Empire.

Cette démilitarisation devra être effectuée dans un délai de 15 jours et devra être telle que ces places fortes, ces bases soient rendues inutilisables au point de vue de leur aptitude offensive, défensive[2] et logistique.

Article 7.

Dans les zones, places-fortes militaires et bases navales à démilitariser, les autorités militaires, maritimes et civiles françaises et les forces de police nécessaires au maintien de l'ordre public demeureront naturellement en fonction[3].

Article 8.

La commission italienne d'armistice visée ci-après déterminera sur la carte les limites exactes des zones, places-fortes militaires, maritimes, bases navales à démilitariser et les délais des modalités d'exécution de la démilitarisation. Ladite commission aura le droit entier et permanent de contrôler l'exécution dans lesdites zones, places et bases, des mesures fixées par les articles précédents, soit au moyen de visites de contrôle, soit au moyen de délégation permanente sur place.

Article 9.

Toutes les forces armées de terre, de mer et de l'air[4] seront démobilisées et désarmées dans un délai à fixer ultérieurement à l'exception des formations nécessaires au maintien de l'ordre intérieur, ceci étant valable aussi bien pour la France métropolitaine que pour les territoires de l'Afrique du Nord française, la Syrie et la Côte française des Somalis ; la force et l'armement de ces formations seront désormais d'accord entre l'Italie et l'Allemagne.

1 Dans la traduction française précitée : « Tant que dureront les hostilités entre l'Italie et l'Empire britannique. »

2 Dans la traduction française après « défensive » : « leur capacité logistique sera, sous le contrôle de la commission italienne d'armistice, limitée aux besoins des bâtiments de guerre français qui, dans les conditions prévues à l'article 12 ci-après, y seront basés. »

3 Dans la traduction française, une phrase est ajoutée : « Y resteront aussi les autorités territoriales, militaires et maritimes qui seront déterminées par la commission italienne d'armistice. »

4 Dans la traduction française, est ajouté : « de la France métropolitaine ».

Article 10.

L'Italie se réserve le droit d'exiger comme garantie de l'exécution de la convention d'armistice la remise en tout ou en partie des armes collectives d'infanterie, d'artillerie, autos blindées, chars, véhicules automobiles et hippomobiles, aéroplanes et munitions, appartenant aux unités qui ont été engagées de quelque façon que ce soit contre des forces armées italiennes.

Ces armes et ces matériels devront être remis dans l'état dans lequel ils se trouvaient au moment de l'armistice.

Article 11.

Les armes, munitions et matériels de guerre de toutes natures qui demeurent dans le territoire français non-occupé y compris les armes et munitions évacuées des zones et places-fortes militaires, maritimes et bases navales à démilitariser, à l'exception de la partie qui sera[1] laissée à la disposition des unités autorisées, seront réservées et placées sous le contrôle italien ou allemand. La fabrication du matériel de guerre de quelque nature que ce soit dans le territoire occupé doit cesser immédiatement.

Article 12.

Les unités de la marine de guerre française seront concentrées dans les ports qui seront désignés. Elles seront démobilisées et désarmées sous le contrôle de l'Italie ou de l'Allemagne.

Feront exception les unités dont les gouvernements italien ou allemand autoriseraient l'emploi pour la sauvegarde des territoires coloniaux français.

La répartition[2] des unités navales en temps de paix sera un élément déterminant pour le choix des ports dont il est question ci-dessus.

Tous les navires de guerre éloignés de la France métropolitaine qui ne seraient pas reconnus nécessaires à la sauvegarde des intérêts coloniaux français seront rappelés dans des ports métropolitains.

Le gouvernement italien déclare qu'il n'a pas l'intention d'employer dans la présente guerre les unités de la marine de guerre française placées sous son contrôle et que de même il n'a pas l'intention d'avancer des prétentions sur la flotte française à la conclusion de la paix.

Pendant l'armistice, les navires français nécessaires au dragage des mines pourront cependant être requis[3].

1 Dans la traduction française, on a un conditionnel : « serait » au lieu de « sera ».

2 Dans la traduction française : « l'emplacement » au lieu de « la répartition ».

3 Dans la traduction française : « demandés ».

Article 13.

Tous les barrages de mines seront notifiés au Commandement suprême italien. Les autorités françaises pourvoiront dans un délai de 10 jours à faire décharger avec leur personnel toutes les intersections ferroviaires et routières, les champs de mines et fourneaux de mines préparés dans les zones, places-fortes militaires, maritimes et bases navales à démilitariser.

Article 14.

Le gouvernement français, outre qu'il s'engage à ne pas entreprendre en quelque lieu que ce soit, sous une forme quelconque, d'hostilités contre l'Italie, s'engage à empêcher les membres de ses forces armées et les citoyens français en général de sortir du territoire national pour participer d'une manière quelconque à des hostilités contre l'Italie.

Les troupes italiennes appliqueront contre ceux qui transgresseraient cette règle et contre les citoyens français précédemment à l'étranger qui entreprendraient collectivement ou individuellement des actes d'hostilité contre l'Italie le traitement réservé aux combattants hors la loi.

Article 15.

Le gouvernement français s'engage à empêcher que les unités de guerre, les aéroplanes, des armes, des matériels de guerre et des munitions de quelque nature que ce soit, de propriété française ou existant dans les territoires français, ou contrôlés par la France, soient envoyés sur les territoires de l'Empire britannique ou d'autres États étrangers.

Article 16.

Aucun navire marchand de la marine française ne pourra sortir jusqu'à ce que le gouvernement italien ou allemand accorde la reprise partielle ou totale du trafic maritime commercial français.

Les navires marchands qui ne se trouveraient pas au moment de l'armistice dans les ports français ou dans les ports placés sous le contrôle français seront rappelés dans ces ports ou dirigés sur des ports neutres.

Article 17.

Tous les navires marchands italiens capturés seront immédiatement restitués avec tout le chargement qui était dirigé sur l'Italie au moment de leur capture.

Les marchandises non périssables italiennes ou dirigées sur l'Italie, capturées à bord de navires non italiens, devront de même être restituées.

Article 18.

Il est fait défense immédiate de décoller à tous les avions qui se trouvent sur le territoire français ou sur les territoires[1] placés sous contrôle français.

Tous les aéroports et installations des territoires ci-dessus seront placés sous contrôle italien ou allemand.

Les avions étrangers qui se trouveraient dans les territoires visés seront remis aux autorités militaires italiennes ou allemandes.

Article 19.

Seront interdites les transmissions de radio en général dans tous les territoires de la France métropolitaine, de l'Afrique du Nord française, de la Syrie, de la Côte des Somalis, tant que les gouvernements allemand et italien ne prendront pas de dispositions différentes[2].

Article 20.

Le trafic des marchandises en transit entre l'Allemagne et l'Italie à travers les territoires français inoccupés sera libre.

Article 21.

Seront immédiatement libérés et remis aux autorités militaires italiennes les détenus italiens militaires et civils.

Seront immédiatement libérés et remis aux autorités militaires italiennes tous les prisonniers italiens de guerre et les civils italiens internés pour une cause quelconque, arrêtés ou condamnés pour des raisons politiques ou de guerre ou pour tout acte quelconque en faveur du gouvernement italien.

Le gouvernement italien se réserve le droit de réclamer la remise d'individus ayant la citoyenneté italienne au moment de l'armistice, qui seront désignés nominativement et qui se trouveraient en territoire non-occupé français ou sous contrôle français[3].

[1] Dans la traduction française, au singulier : « le territoire ».

[2] Cet article devient dans la traduction française : « Jusqu'au moment où le gouvernement italien et le gouvernement allemand fixeront d'autres dispositions, seront interdites les transmissions radio en général dans tous les territoires de la France métropolitaine. Les conditions dans lesquelles pourront s'effectuer les communications radio entre la France, l'Afrique française du Nord, la Syrie et la Côte des Somalis seront déterminées par la commission italienne d'armistice. »

[3] Cet article devient dans la traduction française : « Tous les prisonniers de guerre et les civils italiens internés, arrêtés ou condamnés pour des raisons politiques ou de guerre ou pour des actes quelconques en faveur du gouvernement italien seront immédiatement libérés et remis aux autorités militaires italiennes. »

Article 22.

Le gouvernement français se porte garant de la bonne conservation de tout ce qu'il doit ou peut devoir remettre en vertu de la présente convention.

Article 23.

La[1] commission italienne d'armistice dépendant du commandant suprême italien sera chargée de régler et de contrôler soit directement, soit au moyen de ses organes, l'exécution de la présente convention d'armistice. Elle sera également chargée d'harmoniser la présente convention avec celle déjà conclue entre l'Allemagne et la France.

Article 24.

Au siège de la commission visée à l'article précédent, s'installera une délégation française chargée de faire connaître les *desiderata* de son gouvernement relativement à l'exécution de la présente convention et de transmettre aux autorités françaises compétentes les dispositions de la commission italienne d'armistice.

Article 25.

La présente convention d'armistice entrera en vigueur au moment de sa signature.

Les hostilités cesseront sur tous les théâtres d'opération six heures après le moment où le gouvernement italien aura communiqué au gouvernement allemand la conclusion du présent accord.

Le gouvernement italien notifiera ce moment au gouvernement français par radio.

Article 26.

La présente convention d'armistice demeurera en vigueur jusqu'à la conclusion du traité de paix. Elle pourra être dénoncée par l'Italie à tout moment, avec effet immédiat, si le gouvernement français ne remplit pas les obligations assumées.

Guerre 1939-45, Vichy, Y Internationale, 184

[1] Dans le texte français, « une [commission] ».

84

VERBATIM

Communications téléphoniques échangées entre la délégation française et le gouvernement

à 21 h. 30 le 23 juin, à 11 h. 30 le 24 juin.

s.l. [*Rome*], *s.d.* [*24 ?*] *juin 1940*[1].

Communication téléphonique entre la délégation française et le général Weygand le 23 juin à 21 heures 30[2].

Le général Huntziger : «J'ai le texte de la convention qui nous a été remise ce soir[3]. Je vous donne mon impression sur les points les plus intéressants. On vous téléphonera le texte complet dans une heure.

Caractéristiques principales : démilitarisation de certaines zones, arrêt des troupes italiennes sur les positions qu'elles occupent aujourd'hui, démilitarisation en France d'une zone de 50 km au-delà de ces positions. En Tunisie, démilitarisation à partir de la Libye de certaines zones fixées sur une carte, 200 km de démilitarisation le long des frontières avec la Libye et l'AOF et l'AEF. Les ports de Toulon, Bizerte, Ajaccio, Mers-el-Kébir doivent être rendus impropres à des opérations offensives, défensives et logistiques. Pour Djibouti, évacuation et utilisation du port et de la voie ferrée par les Italiens. »

Le général Weygand demande que lui soit envoyé par avion le texte de ce projet de convention.

Le général Huntziger fait remarquer que cet envoi, qui demanderait un ou deux jours, retarderait sans bénéfice utile la signature de l'accord en cours et, par voie de conséquence, la mise en application de la convention d'armistice franco-allemande.

M. Léon Noël insiste auprès du général Weygand sous la forme suivante : je crois devoir insister très vivement auprès de vous dans le même sens que le général Huntziger. Après le premier contact et une première lecture du projet de convention, nous avons accepté une séance demain à

[1] Ni la provenance ni la date de ce document ne sont mentionnées dans l'en-tête. Seule la partie relative aux « Réponses du gouvernement français » est datée de Rome, 24 juin 1940, 11 h. 30.

[2] Contrairement à ce qui s'était passé à Rethondes, toutes facilités ont été faites à la délégation française pour communiquer avec Bordeaux.

[3] Voir document n° 83.

10 heures. Le texte va vous être envoyé par téléphone. La moitié des articles est calquée sur le texte allemand que vous connaissez.

Étant donné le désir que nous avons tous de régler l'affaire, il y aurait lieu, après des précisions et explications demandées et après que le gouvernement en aura décidé après avoir pris connaissance du texte, de donner les pouvoirs nécessaires à la délégation française pour que tout puisse être réglé rapidement.

Il faudrait que le gouvernement puisse se réunir ce soir à 11 h. par exemple. Il aurait le texte et pourrait prendre une décision.

Le gouvernement, après avoir examiné ce texte, devrait cette fois faire confiance à la délégation pour obtenir des explications, éclaircissements et modifications qui nous paraissent nécessaires.

Nous sommes dominés par deux considérations essentielles :

1) le temps qui passe et la nécessité de ne plus perdre de temps ;

2) l'esprit général du texte qui nous a été remis.

Ce qui vous a paru obscur dans nos communications s'éclaircira à la lecture de ce texte.

Guerre 1939-45, Vichy, Y Internationale, 183

ANNEXE

Réponse du gouvernement français[1]

Rome, 24 juin 1940, 11 h. 30.

Article 1 et article 2. Pas d'observation.

Article 3. Dans le paragraphe relatif à l'Algérie, mettre à la place de : « en vue de la continuation », les mots : « pendant la continuation ».

Article 4. Au lieu de : « à l'exception du personnel », mettre : « à l'exception des troupes nécessaires au maintien de l'ordre et du personnel ... ».

[1] Cette réponse a été élaborée par le gouvernement français à la suite de la réunion du conseil des ministres qui s'est tenue le 24 juin à 8 heures du matin. Voici comment P. Baudouin le décrit : « Nous nous réunissons en conseil des ministres à 8 heures pour examiner les propositions italiennes. [...] Une sorte de stupeur frappe certains membres du Conseil qui hier encore affirmaient que l'Italie exigerait l'occupation de toute la rive gauche du Rhône et du littoral méditerranéen. [...] Le Conseil aborde la discussion des articles. Le seul qui accroche est l'article 9 qui prévoit la démobilisation et le désarmement de la plupart des troupes de l'Afrique du Nord et de Syrie. [...] », in P. Baudouin, *Neuf mois au gouvernement*, *op. cit.*, p. 209. Pour les modifications apportées au texte initial, voir les notes du document n° 83.

Article 5. Pas d'observation.

Article 6. Comme dans l'article 3, au début (« pendant la continuation ...) ».

2e phrase : vérifier que « inutilisables » n'implique aucune destruction des ouvrages.

Article 7. Mettre : « les autorités militaires, maritimes et civiles » (il est impossible d'entretenir des forces avec seulement des autorités civiles).

Article 8. Pas d'observation.

Article 9. « Le gouvernement français repousse la démobilisation et le désarmement des forces de l'Afrique du Nord, de la Syrie et de la Côte des Somalis, car il est contraire à l'honneur d'accepter que des troupes qui n'ont pas combattu soient contraintes de déposer leurs armes.

Le gouvernement français est certain d'autre part que cette mesure provoquerait de graves actes de rébellion de la part des indigènes qui composent la majorité de ces troupes. Elle mettrait en péril l'existence et les biens des citoyens français et, avec une gravité accrue, le sort des colonies étrangères ».

Article 10. Enlever dans cet article « les aéroplanes » et prévoir, comme dans l'armistice allemand, que les avions seront « désarmés et stockés en lieu sûr sous le contrôle d'autorités allemandes ou italiennes ».

Article 11. Pas d'observation.

Article 12. Remplacer les paragraphes 1, 2 et 3 par le texte suivant :

« La flotte de guerre française (à l'exception de la partie qui est laissée à la disposition du gouvernement français pour la sauvegarde des intérêts français dans son empire colonial), après avoir été démobilisée et après avoir débarqué ses munitions sous le contrôle de l'Italie ou respectivement de l'Allemagne, sera basée dans les ports français ».

« Les effectifs de chaque navire ne devront pas dépasser la moitié des effectifs normaux du temps de paix ».

Pour le paragraphe 4, après le mot « métropolitaine » ajouter : « ou de l'Afrique ».

Articles 13, 14, 15, 16, 17, 18. Pas d'observation.

Article 19. Demander la même rédaction que l'article allemand.

Article 20. Pas d'observation.

Article 21. Le gouvernement français demande la suppression du second alinéa, car la clause de livraison qu'il demande est contraire à l'honneur en raison de la pratique du droit d'asile.

Article 23, 24, 25, 26. Pas d'observation.

Guerre 1939-45, Vichy, Y Internationale, 183

85

NOTE DE M. BAUDOUIN, MINISTRE DES AFFAIRES ÉTRANGÈRES

Note d'audience

N. *Bordeaux, 24 juin 1940, 11 h. 30.*

Je viens de recevoir M. Lequerica. Je lui ai sommairement exposé nos difficultés avec le gouvernement Winston Churchill ; je lui ai demandé d'insister immédiatement auprès du gouvernement italien pour que celui-ci ne maintienne pas ses exigences de démobilisation et de désarmement en Afrique du Nord et en Syrie. Des rébellions, *soutenues par l'Angleterre*[1], ne manqueraient pas de se produire. Il n'est pas de l'intérêt de l'Italie, ni de celui de l'Espagne, de pousser la France vers de si graves difficultés. M. Lequerica m'a promis son intervention immédiate.

Guerre 1939-45, Vichy, Y Internationale, 184

86

M. BAUDOUIN, MINISTRE DES AFFAIRES ÉTRANGÈRES,
AUX REPRÉSENTANTS DE LA FRANCE À TUNIS, RABAT ET ALGER.

T. n° 4 Bx (Tunis)[2]. *Bordeaux, 24 juin 1940, 11 h. 15.*

Il ressort des télégrammes que j'ai reçus de vous ces jours-ci qu'une émotion d'ailleurs compréhensible s'est répandue dans les populations que vous administrez à l'idée que le gouvernement français pourrait

[1] Souligné dans le texte.

[2] Sous le n° 11 Bx pour Rabat, 2 Bx pour Alger et 2 Bx pour général Noguès, Alger.

abandonner sans combat à une occupation étrangère tout ou partie des territoires où nous exerçons soit la souveraineté, soit le protectorat[1].

Je peux vous assurer que cette idée est dépourvue de tout fondement. Il n'est pas question d'éventualité de cette nature. L'hypothèse de l'occupation militaire par une puissance étrangère d'une partie quelconque de l'Afrique du Nord est exclue. En ce qui concerne la démobilisation des effectifs français actuellement sous les drapeaux dans ces territoires, le gouvernement n'est pas disposé à y consentir.

Le gouvernement sait pouvoir compter sur votre énergie et sur votre dévouement pour assurer, dans les pays soumis à votre autorité, le maintien de la cohésion, de l'union et de la discipline nationale affirmées par le maréchal Pétain dans sa dernière allocution et plus nécessaires que jamais dans les circonstances qui en font pour tous un impérieux devoir.

Papiers 1940, Papiers Charles-Roux, 4

[1] Cf. le télégramme n°s 233 à 237 en date du 23 juin de M. Peyrouton qui écrit de Tunis, à son retour d'Alger : « Dans le cas où cette partie de l'Afrique du Nord se trouverait placée devant l'obligation de se soumettre, il y aurait, chez nos protégés spécialement, une telle déception qu'il nous faudrait craindre des troubles dont les éléments français, injustement rendus responsables, pourraient être victimes. Le général Noguès m'a confirmé qu'en Algérie et au Maroc, on enregistrait les mêmes réactions et qu'on envisageait les mêmes éventualités. » (In Papiers 1940, Papiers Baudouin, 2, document non reproduit). Le 24 juin, à 11 h. 30, F. Charles-Roux envoie un télégramme sous le n° 6 Bx à Beyrouth dans lequel il écrit : « Il est à ma connaissance qu'une émotion bien compréhensible s'est répandue parmi les populations des pays sous mandat, ainsi que parmi les résidents français, à l'idée qu'une occupation militaire étrangère pourrait s'établir dans les territoires du Levant en conséquence de l'armistice discuté avec l'Italie. Je peux vous donner l'assurance qu'il n'est question de rien de tel. » (In Guerre 1939-45, Vichy, Y Internationale, 24, document non reproduit).

87

M. BAUDOUIN, MINISTRE DES AFFAIRES ÉTRANGÈRES,
À M. ROGER CAMBON[1], MINISTRE PLÉNIPOTENTIAIRE DE FRANCE À LONDRES.

T. n° 29 Bx. *Bordeaux, 24 juin 1940, 12 h.*

Je vous serais obligé de demander au gouvernement britannique le rappel des consuls généraux d'Angleterre qui, à Rabat, Tunis et Alger, ont fait auprès des autorités françaises la démarche inadmissible dont je vous ai informé antérieurement[2].

Guerre 1939-45, Vichy, G Afrique-Levant, 1

88

COMPTE RENDU

Réunion plénière de la villa Incisa, 24 juin 1940, 15 h. 40

C.R. *Rome, 24 juin 1940.*

Le général Huntziger : « M. le maréchal, je suis prêt à vous soumettre quelques demandes de précisions. La traduction que j'ai sous les yeux est une traduction légèrement modifiée et un peu différente de celle qui nous a été remise hier soir[3]. Elle constitue la traduction fidèle du texte italien. »

Le général Huntziger remet la traduction[4].

Le général Huntziger : « Article 1 et article 2 : pas d'observation. »

[1] F. Charles-Roux rapporte ainsi les conditions de la succession de C. Corbin : Celui-ci « avait attendu, pour notifier sa démission au Foreign Office, que le ministre français des Affaires étrangères l'eût annoncée à la presse : ce que M. Paul Baudouin ne fit qu'avec quelques jours de retard. [...] La gérance de notre ambassade à Londres avait, dès le 23 juin, passé à M. Roger Cambon. Ministre plénipotentiaire, il était très ancien dans le poste et très apprécié des Anglais, en raison de ses mérites et de son nom. Notre représentation diplomatique en Angleterre resta donc assurée dans des conditions presque normales. » Cf. F. Charles-Roux, *Cinq mois tragiques ..., op. cit.*, pp. 92-93.

[2] Voir documents n°s 80 et 81.

[3] Voir document n° 83.

[4] Sur le déroulement des débats lors de cette séance, voir le témoignage de Léon Noël, *Le Diktat ..., op. cit.*, pp. 96-104.

Article 3.

Le général Huntziger : « Je vous demande de vouloir bien accepter les suggestions suivantes : insérer dans le paragraphe relatif à l'Algérie la phrase : "pour la même durée". »

Le maréchal Badoglio accepte cette insertion.

Le général Huntziger : « Le texte italien dit : "en vue de la continuation de la lutte contre l'Empire britannique". Nous savons que la lutte continue entre vous et l'Empire britannique, mais vous comprendrez, parce que nous sommes entre soldats, que nous vous demandions de remplacer cette rédaction par une autre qui pourrait être : "pendant que dureront les hostilités entre l'Italie et l'Empire britannique". »

Le maréchal Badoglio accepte la formule suivante : « tant que dureront les hostilités entre l'Italie et l'Empire britannique et pour la durée du présent armistice, le territoire de la Côte française des Somalis, etc. ».

Le général Huntziger donne lecture de l'article 4 et propose qu'à la fin de l'article on ajoute : « et compte tenu des dispositions de l'article 9 ».

Le général Roatta fait remarquer que les forces prévues pour le maintien de l'ordre le sont dans les zones non-occupées seulement, et non pas dans les zones démilitarisées. Il se réfère à l'article 7 qui ne prévoit que des forces de police dans les zones et places démilitarisées.

Le général Huntziger : « Je ne cherche pas à rétablir une armée dans les zones démilitarisées ; mais je vous demande de considérer que dans de telles zones, Nice par exemple, il peut y avoir besoin de maintenir des troupes. Ceci ne se fera que d'accord avec la commission d'armistice. Mais dire que dans la zone démilitarisée il n'y aura jamais de troupes qui viennent aider la gendarmerie et la police serait s'exposer à des incidents graves, en particulier en période de démobilisation. Il est désirable que vous fassiez preuve de largeur de vues pour nous permettre d'empêcher tout désordre. Il est impossible, en effet, d'exclure de cette zone tout élément militaire. C'est uniquement une question d'ordre ; nous allons avoir une période très difficile ; le gouvernement du maréchal Pétain ne veut pas que le désordre vienne compliquer sa tâche. Il faut lui donner la possibilité de le réprimer éventuellement. »

Le maréchal Badoglio, après discussion, propose le texte suivant :

« ... et des troupes pour le maintien de l'ordre intérieur qui seront déterminées, dans chaque cas particulier, par la commission italienne d'armistice prévue ci-après ».

Le général Huntziger : « Dans cet article, il est prévu que les zones seront évacuées dans les 10 jours. Je tiens honnêtement à attirer l'attention sur le fait que cette prescription sera difficile à observer. Il faudra en effet signer l'armistice, le notifier, réunir la commission d'armistice, y envoyer les représentants français, assurer des communications difficiles. Je ne demande pas de modification du texte, mais je tiens à attirer l'attention sur le fait que le délai de 10 jours me paraît extrêmement court. »

Le maréchal Badoglio : « Je tiens à vous déclarer que la commission italienne d'armistice agira toujours de façon à aplanir les difficultés. »

Le général Huntziger : « Vous ne trouverez également de notre part aucune difficulté : nous exécuterons si nous signons. »

Le maréchal Badoglio : « Je donnerai des ordres précis à la commission ; nous comprenons vos difficultés et nous en voulons pas les augmenter. »

Le général Huntziger remercie le Maréchal.

Article 5.

Le général Huntziger : « Je n'ai pas d'observation à faire ; je signale seulement les délais, en particulier le délai de 15 jours prévu pour évacuer les armes et le même délai de 15 jours concernant la Côte des Somalis. Nous demandons à la commission italienne d'armistice de tenir compte de nos difficultés ; nous sommes décidés à exécuter de notre mieux, mais ce ne seraient que des conditions indépendantes de notre volonté qui nous retarderaient. »

Article 6.

Le général Huntziger : « J'adresse la même demande qu'en ce qui concerne l'article 3, c'est-à-dire remplacer : "en vue de la continuation des hostilités entre l'Italie et l'Empire britannique" par "tant que dureront les hostilités entre l'Italie et l'Empire britannique". »

Le maréchal Badoglio : « C'est entendu. »

Le général Huntziger : « L'article 6 dit dans sa dernière phrase : "Cette démilitarisation devra être effectuée dans un délai de 15 jours et devra être telle que les places-fortes et bases soient rendues inutilisables au point de vue de leur capacité offensive, défensive et logistique". En ce qui concerne la capacité défensive et offensive, il n'y a aucune objection. En ce qui concerne la capacité logistique, je donne la parole à l'amiral Leluc. »

L'amiral Le Luc : « Nous demandons la substitution à la rédaction proposée de la rédaction suivante :

"... inutilisables au point de vue de leur capacité offensive et défensive ; leur capacité logistique sera limitée à la satisfaction des besoins des bâtiments de la flotte française basés sur ces ports".

Il y a en effet des bâtiments français désarmés, des dragueurs de mines, des bâtiments réservés à la sauvegarde de l'Empire dans les ports démilitarisés. Il convient donc que ces ports aient encore certains moyens logistiques (hôpitaux, vivres, combustibles) pour pourvoir aux besoins de ces bâtiments. »

L'amiral Cavagnari souhaiterait une rédaction plus précise.

L'amiral Le Luc mentionne les grandes quantités de matériel qu'il y aurait à évacuer de Toulon (combustible, vivres, approvisionnements).

L'amiral Cavagnari suggère que ces approvisionnements soient évacués dans les magasins à l'intérieur.

L'amiral Le Luc fait remarquer que nous ne disposons plus de ces magasins.

L'amiral Cavagnari accepte la proposition sous réserve qu'on y ajoute « ... sous le contrôle de la commission italienne d'armistice ». Le texte devient donc :

« ... leur capacité logistique sera, sous le contrôle de la commission italienne d'armistice, limitée aux besoins des bâtiments de guerre français qui, dans les conditions prévues à l'article 12 ci-après, y seront basés. »

Article 7.

Le général Huntziger donne lecture de l'article 7. Nous demandons qu'au lieu de mentionner dans cet article les autorités civiles seules, on mentionne « les autorités militaires, maritimes, civiles et les forces de police ». Il est en effet impossible de faire commander les forces militaires qui se trouveront dans les zones et places démilitarisées par des autorités civiles. Or le texte de l'article 7 semble indiquer que seules les autorités civiles resteraient sur place pour subvenir aux besoins de ces diverses catégories de marins et de soldats.

L'amiral Cavagnari demande de préciser s'il s'agit des autorités militaires ou des autorités maritimes.

L'amiral Le Luc : « Si à Toulon, nous avons 30 bâtiments de guerre sur rade, il faudra des autorités maritimes à terre différentes des autorités embarquées pour faire régner la discipline à terre. »

Le général Huntziger : « De même pour le secteur de Nice, par exemple, il est nécessaire qu'il existe une autorité militaire pour administrer, commander les éléments qui resteront dans la région. »

Le maréchal Badoglio propose de régler la question en ajoutant la phrase suivante :

« ... y resteront aussi les autorités territoriales, militaires et maritimes, qui seront déterminées par la commission italienne d'armistice. »

Le général Huntziger accepte.

Article 8.

Le général Huntziger : « Pas d'observation. »

Article 9.

Le général Huntziger donne lecture de l'article 9.

«J'ai une observation importante à formuler. La première phrase ne soulève aucune objection de ma part. En ce qui concerne la seconde phrase : "Ceci est valable aussi bien pour la France métropolitaine que pour les territoires de l'Afrique du Nord française, la Syrie et la Côte française des Somalis". Je désire attirer votre attention sur les faits suivants :

Vous savez ce que sont les pays indigènes, surtout les territoires de l'Afrique du Nord. Nous avons des contingents indigènes importants à renvoyer dans leur pays. Plus tard, des prisonniers y reviendront. Ces deux catégories constituent un élément qui ne sera pas facile à commander. Ils devront être rendus à leurs occupations, à leurs tribus, d'où il résultera un grand trouble. D'autre part, dans ces pays nous avons des formations que nous avons mises sur pied ; si nous les libérons soudainement, nous aurons d'autres inconvénients qui risquent de troubler la vie de ces pays. Quand on sait combien ces populations sont sensibles, quand on pense que l'autorité française sera moins forte du fait que notre pays a eu le malheur d'être vaincu par la force des armes, on peut se demander ce qui se passera. Il en est de même pour la Syrie, de même également pour la Côte française des Somalis, encore qu'à un degré moindre. Il s'agit de pays indigènes où l'autorité du Blanc ne doit pas être bafouée. Ce n'est l'intérêt de personne, et en particulier ce n'est pas l'intérêt de la grande puissance coloniale qu'est l'Italie. Ces troubles risqueraient d'avoir des répercussions dans tous les territoires musulmans. Je vous suggère une solution qui ne vous paraîtra pas déraisonnable. À vrai dire, vous avez déjà écrit dans l'article 9 que la démobilisation s'effectuerait dans un délai à déterminer, mais étant donné l'importance de la question, je vous propose le texte suivant :

"Article 9. Toutes les forces armées de terre, de mer et de l'air de la France métropolitaine seront démobilisées et désarmées dans un délai à fixer ultérieurement, à l'exception des formations nécessaires au maintien de l'ordre intérieur. La force et l'armement de ces formations seront déterminés par l'Italie et l'Allemagne.

En ce qui concerne les territoires de l'Afrique du Nord française, de la Syrie et de la Côte française des Somalis, la commission italienne d'armistice, en établissant les modalités de démobilisation et de désarmement, prendra en considération l'importance particulière du maintien de l'ordre dans lesdits territoires". »

Le maréchal Badoglio accepte cette rédaction.

Article 10.

Le général Huntziger donne lecture de l'article 10 et donne la parole au général Bergeret.

Le général Bergeret : «Je demande que l'éventualité de la livraison des avions soit épargnée aux équipages de l'armée de l'air française qui, depuis 10 mois, luttent à 1 contre 5. Je demande que leurs appareils soient désarmés et placés sous le contrôle italien. »

Le maréchal Badoglio : « Je suis d'accord. »

Le général Bergeret : « Je vous remercie, M. le Maréchal. »

Le général Huntziger : « Je joins mes remerciements à ceux du général Bergeret. »

Le maréchal Badoglio : « On supprimera dans le texte le mot "aéroplanes". »

Article 11.

Le général Huntziger : « Pas d'observation. »

Article 12.

Le général Huntziger : « Je donne la parole à l'amiral Le Luc. »

L'amiral Le Luc : « Il pourrait arriver que le stationnement dans certains ports exposât des navires de guerre français à des attaques aériennes de la part de la Grande-Bretagne. Je demande que la notion de port d'attache ne soit considérée que comme une simple indication. »

Le maréchal Badoglio : « Nous avons déclaré que nous n'avions l'intention de toucher à vos bâtiments ni pendant ni après les hostilités. Nous ne ferons rien qui puisse les exposer à être coulés. »

Articles 13, 14 et 15.

Le général Huntziger : « Pas d'observation. »

Article 16.

Le général Huntziger : « Je donne la parole à l'amiral. »

L'amiral Le Luc : « Il serait souhaitable que l'arrêt du trafic fût le plus court possible. »

Articles 17 et 18.

Le général Huntziger : « Pas d'observation. »

Article 19.

Le général Huntziger donne lecture de l'article 19.

« Je comprends très bien qu'il y aura des précautions à prendre en ce qui concerne l'usage de la radio, surtout en ce qui a trait aux émissions. Pour la France métropolitaine, je n'ai rien à dire, car nous avons des moyens de communication qui permettent d'administrer le pays sans utiliser la TSF. Mais pour l'Afrique du Nord, la Syrie et la Côte française des Somalis, nous n'avons pas d'autre moyen de donner des ordres ; nous risquons de ne pas nous faire obéir. Il conviendrait donc de nous donner toutes les facilités possibles. Je comprends parfaitement que vous nous demandiez de supprimer toutes les communications qui pourraient constituer un danger pour vos opérations et compromettre votre sécurité dans la lutte que vous poursuivez. Je pourrais engager ma parole que rien ne sera entrepris dans ce sens, et je vous demande si vous ne pouvez pas trouver une formule moins impérative que celle de l'article 19. »

Le maréchal Badoglio suggère que les communications par radio de la France avec l'Afrique du Nord, la Somalie et la Syrie soient soumises au contrôle de la commission italienne d'armistice.

Le général Huntziger : « Certaines de ces communications devront être chiffrées. »

Le maréchal Badoglio : « Je vous demande de comprendre que ma bonne volonté doit avoir une limite dans ce qui est écrit. Si vous acceptez la rédaction ci-dessus, je pense que tout ira bien. »

Le général Huntziger : « J'accepte l'addition que vous voulez bien nous proposer.

Le texte suivant est arrêté : "Les conditions dans lesquelles pourront s'effectuer les communications radios entre la France, l'Afrique du Nord, la Syrie et la Côte française de Somalis seront déterminées par la commission italienne d'armistice". »

Article 20.

Le général Huntziger : « Pas d'observation. »

Article 21[1].

Le général Huntziger : « En ce qui concerne le premier alinéa, pas d'observation. »

Il donne lecture du 2e alinéa :

« Le gouvernement italien se réserve le droit de réclamer la remise d'individus ayant la citoyenneté italienne au moment de l'armistice, qui seront désignés nominativement et qui se trouveraient en territoire non-occupé français, ou sous contrôle français. »

« Le gouvernement français estime que cette prescription du 2e alinéa serait douloureuse pour nous dans tous les cas. Il n'a pas l'intention de donner asile à des gens qui tenteraient de se livrer à des agissements contre l'Italie. Mais il lui serait pénible, douloureux, de voir consacrer par un texte l'obligation de livrer des gens qui ont cherché asile en

[1] Sur les enjeux de cet article, cf. Pierre Milza et Denis Peschanski (sous la dir. de), *Exils et migration. Italiens et Espagnols en France, 1938-1946,* Paris, L'Harmattan, 1994, pp. 153-155. De nombreux documents sur cette question figurent dans la série Guerre 1939-45, Vichy, Y Internationale, 233 et 235.

France, au moment où le droit d'asile y était d'usage. Voilà ce que je tiens à vous dire tout simplement. »

Le maréchal Badoglio : « Vous avez cependant accepté cette obligation en ce qui concerne les citoyens allemands[1]. »

Le général Huntziger : « C'est vrai, mais j'ai obtenu du général Keitel qu'il ne s'agirait que des incitateurs à la guerre qui s'étaient livrés à des actes politiques contre l'Allemagne. »

Le maréchal Badoglio : « Cet article échappe à ma compétence militaire ; je puis seulement vous dire que le chef du gouvernement avait inséré cette phrase comme une affirmation de principe. Si vous le désirez, je suspendrai la séance et je ferai téléphoner au chef du gouvernement. »

Le général Huntziger donne lecture de la déclaration du général Keitel à ce sujet. Il ajoute : « Le gouvernement du maréchal Pétain a l'intention d'exécuter loyalement ses engagements et de rétablir l'ordre au plus tôt dans notre pays. Il est décidé à empêcher quelque manifestation que ce soit contre les puissances avec lesquelles il aura signé l'armistice. »

Le maréchal Badoglio répète que la question échappe à sa compétence et prescrit de téléphoner immédiatement au chef du gouvernement italien à ce sujet.

Articles 22, 23, 24, 25 et 26.

Le général Huntziger : « Sans observation. »

*
* *

Le général Huntziger : « Je vais communiquer les modifications adoptées à mon gouvernement et lui demander sa réponse. »

*
* *

17 h. 10. La séance est levée.

*
* *

[1] Il s'agit de l'article 19 de la convention d'armistice franco-allemand. Voir document n° 69.

17 h. 30.

Le maréchal Badoglio fait connaître par l'intermédiaire du général Parisot que le deuxième alinéa de l'article 21 est abrogé.

Guerre 1939-45, Vichy, Y Internationale, 183

89

COMPTE RENDU

Communication téléphonique entre le général Huntziger et le général Weygand

le 24 juin entre 17 h. 40 et 19 h. 10

C.R. s.l. [*Rome*], *24 juin 1940.*

17 h. 30 – Le général Huntziger fait connaître au général Weygand que toutes les suggestions du gouvernement français et celles de la délégation sont acceptées sous quelques réserves de forme.

En particulier, le 2e alinéa de l'article 21 est supprimé, la mention de la livraison éventuelle des avions de guerre est supprimée[1].

19 h. – Le général Huntziger donne lecture du nouvel article 9.

En ce qui concerne l'article 12, le général Huntziger fait remarquer au général Weygand qu'il n'a pas paru possible, comme le demandait le gouvernement français, d'adopter pour le texte de cet article figurant dans la convention franco-italienne une rédaction différente de celle couvrant le même objet dans la convention franco-allemande.

19 h. 10 – Le général Weygand téléphone le message suivant : n° 81 sur DN. Ordre est donné à la délégation française présidée par le général Huntziger de signer la convention d'armistice avec l'Italie, rendre compte de l'exécution.

Guerre 1939-45, Vichy, Y Internationale, 183.

[1] Voir documents nos 83 et 88.

90

COMPTE RENDU

Deuxième séance plénière, 24 juin 1940

C.R. *Rome, 24 juin 1940.*

Entrée en séance – 19 h. 15.

Le général Huntziger : « Monsieur le maréchal, d'ordre de mon gouvernement, je déclare que je suis prêt à signer la convention d'armistice au nom de la France. »

Le maréchal Badoglio : « Nous signons également. »

Il est 19 h. 15.

Dès que la notification aura été donnée au gouvernement allemand, commencera le délai de 6 heures, après quoi s'arrêteront les hostilités.

Le général Huntziger : « Monsieur le Maréchal, permettez-moi, au moment où se terminent les débats, de vous remercier de la haute tenue avec laquelle vous les avez dirigés et de vous assurer de l'immense considération que votre personnalité a chez nous dans les milieux militaires. Je désirerais vous lire une déclaration personnelle :

"Monsieur le Maréchal,

Dans les circonstances présentes infiniment douloureuses, la délégation française trouve un réconfort dans le ferme espoir que la paix qui interviendra bientôt permettra à la France de réaliser son œuvre de reconstruction et de renouvellement et qu'elle fournira une base solide à l'établissement de relations durables entre nos deux pays, dans l'intérêt de l'Europe et de la civilisation". »

Le maréchal Badoglio : « Je vous remercie, mon général, de ce que vous m'avez dit. Les vœux que vous avez faits sont les miens. Je ne pourrais vous adresser d'autres paroles. Je souhaite que la France se relève. C'est une grande nation ; elle a une grande histoire et je suis certain qu'elle assurera son avenir. Ceci, de soldat à soldat. C'est ce que je vous souhaite de tout mon cœur. »

Le maréchal Badoglio : « La communication a été faite au gouvernement allemand à 19 h. 35, heure italienne. Les hostilités cesseront donc à 1 h. 35, heure italienne d'été, le 25 juin 1940. »

Le général Huntziger rappelle qu'il appartient au gouvernement italien d'informer le gouvernement français de cette communication.

Le maréchal Badoglio fait connaître que les ordres sont donnés à cet effet.

Guerre 1939-45, Vichy, Y Internationale, 183

91

Convention d'armistice avec l'Italie

(traduction française du texte italien)[1]

Rome, 24 juin 1940.

Entre le chef d'état-major général italien, chargé par le *Duce*, commandant des troupes italiennes en opérations, et le chef de la délégation française pour l'armistice.

Article 1.

La France cessera les hostilités contre l'Italie dans le territoire français métropolitain, dans l'Afrique française du Nord, dans les colonies, dans les territoires protégés et sous mandat. Elle cessera également les hostilités contre l'Italie par mer et par air.

Article 2.

Les troupes italiennes se maintiendront, au moment de l'entrée en vigueur de la présente convention d'armistice, et pour toute la durée de celle-ci, sur les lignes qu'elles ont atteintes sur tous les théâtres d'opérations.

Article 3.

Dans le territoire français métropolitain, la zone comprise entre les lignes visées à l'article 2 et une ligne située à cinquante kilomètres de celle-ci, à vol d'oiseau, sera démilitarisée pour la durée de l'armistice.

En Tunisie, la zone comprise entre la frontière actuelle tuniso-libyenne et la ligne indiquée sur la carte annexée sera démilitarisée pour la durée de l'armistice.

En Algérie, ainsi que dans les territoires de l'Afrique française situés au sud de l'Algérie et confinant à la Libye, une zone comprise entre la frontière libyenne et une ligne parallèle distante de 200 km sera démilitarisée pour la même durée.

Tant que dureront les hostilités entre l'Italie et l'Empire britannique et pour la durée du présent armistice, le territoire de la colonie de la Côte française des Somalis sera démilitarisée en entier.

[1] C'est finalement la traduction française qui a été adoptée. Voir les notes du document n° 83 pour les différences avec la traduction italienne en français. Pour l'original, voir le fonds « Conservation des traités », série « Traités avec l'Italie ».

L'Italie aura le droit, entier et permanent, pendant la durée de l'armistice, d'utiliser le port et les installations portuaires de Djibouti, et la voie ferrée Djibouti–Addis-Abeba sur le parcours français, pour des transports de quelque nature que ce soit.

Article 4.

Les zones à démilitariser visées à l'article 3 seront évacuées par les troupes françaises dans les 10 jours qui suivront la cessation des hostilités, à l'exception du personnel strictement nécessaire pour la garde et l'entretien des ouvrages de fortifications, casernes, magasins et bâtiments militaires, et des forces pour le maintien de l'ordre à l'intérieur que la commission d'armistice déterminera dans chaque cas particulier.

Article 5.

Sous réserve de l'obligation mentionnée à l'article 10 ci-après, toutes les armes « mobiles » et les munitions correspondantes existant dans les zones à démilitariser du territoire français métropolitain et dans celui contigu à la Libye, autres que celles dont sont dotées les troupes qui évacuent, comme il est dit ci-avant, les territoires en cause, doivent être évacuées dans un délai de 15 jours. Les armes fixes des ouvrages de fortification et les munitions correspondantes doivent être mises dans le même laps de temps en situation de ne pas pouvoir être utilisées.

Dans le territoire de la Côte française des Somalis, toutes les armes « mobiles » et les munitions correspondantes autres que celles dont sont dotées les troupes qui évacuent le territoire seront déposées, dans le même délai de 15 jours, dans les localités qui seront déterminées par la commission italienne d'armistice visée ci-après.

Pour les armes fixes et les munitions des ouvrages des fortifications existant dans ledit territoire, on appliquera les dispositions fixées pour le territoire français métropolitain et pour celui contigu à la Libye.

Article 6.

Tant que dureront les hostilités entre l'Italie et l'Empire britannique, les places-fortes militaires maritimes et les bases navales de Toulon, Bizerte, Ajaccio et Oran (Mers-el-Kébir) seront démilitarisées jusqu'à la cessation des hostilités contre ledit Empire. Cette démilitarisation devra être effectuée dans un délai de 15 jours et devra être telle que ces places-fortes et bases soient rendues inutilisables au point de vue de leur capacité offensive-défensive. Leur capacité logistique sera, sous le contrôle de la commission italienne d'armistice, limitée aux besoins des bâtiments de guerre français qui, dans les conditions prévues à l'article 12 ci-après, y seront basés.

Article 7.

Dans les zones, places-fortes militaires maritimes et bases navales à démilitariser, les autorités civiles françaises et les forces de police nécessaires au maintien de l'ordre public demeureront naturellement en fonction. Y resteront aussi les autorités territoriales militaires et maritimes qui seront déterminées par la commission italienne d'armistice.

Article 8.

La commission italienne d'armistice visée ci-après déterminera sur la carte les limites exactes des zones, places-fortes militaires, maritimes, bases navales à démilitariser et les détails des modalités d'exécution de la démilitarisation. Ladite commission aura le droit entier et permanent de contrôler l'exécution dans lesdites zones, places et bases, des mesures fixées par les articles précédents, soit au moyen de visites de contrôle, soit au moyen de délégation permanente sur place.

Article 9.

Toutes les forces armées de terre, de mer et de l'air de la France métropolitaine seront démobilisées et désarmées dans un délai à fixer ultérieurement, à l'exception des formations nécessaires au maintien de l'ordre intérieur.

La force et l'armement de ces formations seront déterminées par l'Italie et l'Allemagne.

En ce qui concerne les territoires de l'Afrique du Nord française, la Syrie et la Côte française des Somalis, la commission italienne d'armistice, en établissant les modalités de démobilisation et de désarmement, prendra en considération l'importance particulière du maintien de l'ordre dans lesdits territoires.

Article 10.

L'Italie se réserve le droit d'exiger, comme garantie de l'exécution de la convention d'armistice, la remise, en tout ou partie, des armes collectives d'infanterie, d'artillerie, autos blindées, chars, véhicules automobiles et hippomobiles et munitions appartenant aux unités qui ont été engagées ou déployées de quelque façon que ce soit contre les forces armées italiennes.

Ces armes et ces matériels devront être remis dans l'état dans lequel ils se trouvaient au moment de l'armistice.

Article 11.

Les armes, munitions et matériels de guerre de toute nature qui demeureront dans les territoires français non-occupés, y compris les armes et munitions évacuées des zones, places-fortes militaires maritimes et bases navales à démilitariser, à l'exclusion de la partie qui serait laissée à la disposition des unités autorisées, seront réunies et placées sous contrôle italien ou allemand.

La fabrication du matériel de guerre de toute nature dans les territoires non-occupés doit cesser immédiatement.

Article 12.

Les unités de la marine de guerre française seront concentrées dans les ports qui seront désignés ; elles seront démobilisées et désarmées sous le contrôle de l'Italie ou de l'Allemagne.

Feront exception les unités dont les gouvernements italien et allemand autoriseraient l'emploi pour la sauvegarde des territoires coloniaux français.

L'emplacement des unités navales en temps de paix sera un élément déterminant pour le choix des ports visés ci-dessus.

Tous les navires de guerre éloignés de la France métropolitaine qui ne seraient pas reconnus nécessaires à la sauvegarde des intérêts coloniaux français seront rappelés dans les ports métropolitains.

Le gouvernement italien déclare qu'il n'a pas l'intention d'employer, pendant la présente guerre, les unités de la marine de guerre française placées sous son contrôle et que, de même, il n'a pas l'intention d'avancer des prétentions, à la conclusion de la paix, sur la flotte française.

Pendant l'armistice, les navires français nécessaires au dragage des mines visés à l'article suivant pourront cependant être demandés.

Article 13.

Tous les barrages de mines seront notifiés au Commandement suprême italien.

Les autorités françaises pourvoiront, dans un délai de 10 jours, à faire décharger avec leur personnel toutes les interruptions ferroviaires et routières, champs de mines et fourneaux de mines en général, préparés dans les zones, places-fortes militaires maritimes et bases navales à démilitariser.

Article 14.

Le gouvernement français, outre qu'il s'engage à ne pas entreprendre en quelque lieu que ce soit une forme quelconque d'hostilités contre l'Italie, s'engage à empêcher les membres de ses forces armées et les citoyens français en général, de sortir du territoire national pour participer d'une manière quelconque à des hostilités contre l'Italie.

Les troupes italiennes appliqueront contre ceux qui transgresseraient cette règle et contre les citoyens français précédemment à l'étranger qui entreprendraient collectivement ou individuellement des actes d'hostilités contre l'Italie le traitement réservé aux combattants hors-la-loi.

Article 15.

Le gouvernement français s'engage à empêcher que des unités de guerre, des aéroplanes, des armes, des matériels de guerre et des munitions de quelque nature que ce soit, de propriété française ou existant dans des territoires français contrôlés par la France, soient envoyés sur les territoires de l'Empire britannique ou d'autres États étrangers.

Article 16.

Aucun navire marchand de la marine française ne pourra sortir jusqu'à ce que les gouvernements italien ou allemand accordent la reprise partielle ou totale du trafic maritime commercial français.

Les navires marchands français qui ne se trouveraient pas au moment de l'armistice dans les ports français ou placés sous le contrôle français seront rappelés dans ces ports ou dirigés sur des ports neutres.

Article 17.

Tous les navires marchands italiens capturés seront immédiatement restitués, avec tout le chargement qui était dirigé sur l'Italie au moment de leur capture.

Les marchandises non-périssables italiennes ou dirigées sur l'Italie, capturées à bord de navires non italiens, devront de même être restituées.

Article 18.

Il est fait défense immédiate de décoller pour tous les avions qui se trouvent sur le territoire français ou sur le territoire placé sous contrôle français.

Tous les aéroports et toutes les installations des territoires susdits seront placés sous contrôle italien ou allemand.

Les avions étrangers qui se trouveraient dans les territoires visés ci-dessus seront remis aux autorités militaires italiennes ou allemandes.

Article 19.

Jusqu'au moment où le gouvernement italien et le gouvernement allemand fixeront d'autres dispositions, seront interdites les transmissions radio en général, dans tous les territoires de la France métropolitaine. Les conditions dans lesquelles pourront s'effectuer les communications radio entre la France, l'Afrique française du Nord, la Syrie et la Côte des Somalis seront déterminées par la commission italienne d'armistice.

Article 20.

Le trafic des marchandises en transit entre l'Allemagne et l'Italie à travers le territoire français non-occupé sera libre.

Article 21.

Tous les prisonniers de guerre et les civils italiens internés, arrêtés ou condamnés pour des raisons politiques ou de guerre ou pour des actes quelconques en faveur du gouvernement italien, seront immédiatement libérés et remis aux autorités militaires italiennes.

Article 22.

Le gouvernement français se porte garant de la bonne conservation de tout ce qu'il doit ou peut devoir remettre en vertu de la présente convention.

Article 23.

Une commission italienne d'armistice dépendant du Commandement suprême italien, sera chargée de régler et contrôler, soit directement, soit au moyen de ses organes, l'exécution de la présente convention.

Elle sera également chargée d'harmoniser la présente convention avec celle déjà conclue entre l'Allemagne et la France.

Article 24.

Au siège de la commission visée à l'article précédent s'installera une délégation française chargée de faire connaître les *desiderata* de son gouvernement relativement à l'exécution de la présente convention et de transmettre aux autorités françaises compétentes les dispositions de la commission italienne d'armistice.

Article 25.

La présente convention d'armistice entrera en vigueur au moment de la signature.

Les hostilités cesseront, sur tous les théâtres d'opérations, six heures après le moment où le gouvernement italien aura communiqué au gouvernement allemand la conclusion du présent accord.

Le gouvernement italien notifiera ce moment au gouvernement français par radio.

Article 26.

La présente convention d'armistice demeurera en vigueur jusqu'à la conclusion du traité de paix. Elle pourra être dénoncée par l'Italie à tout moment, avec effet immédiat, si le gouvernement français ne remplit pas les obligations assumées.

Les plénipotentiaires soussignés, dûment autorisés, déclarent approuver les conditions indiquées ci-dessus.

Rome, 24 juin 1940 – XVIII à 19 h. 15.

(s[igné])
Huntziger
Badoglio

Papiers 1940, Papiers Rochat, 50

92

M. Albert Lebrun, Président de la République française,
à Sa Majesté George VI, roi d'Angleterre.

T[1]. *24 juin 1940.*

J'ai reçu avec l'émotion que Votre Majesté peut aisément comprendre le message personnel qu'Elle m'a fait transmettre par Son ambassadeur sir Ronald Campbell[2]. Dans les cruelles circonstances où se trouve mon pays après avoir épuisé les dernières possibilités de résistance militaire à l'invasion dont il a subi le choc presque avec ses seules forces, je ne peux que rappeler à Votre Majesté les assurances réitérées qui ont été données par mon gouvernement au gouvernement britannique et selon lesquelles la flotte de guerre française ne pourra pas être employée contre

[1] Il est mentionné que ce télégramme est reproduit par M. Lebrun dans son livre *Témoignage*, pp. 98-99.

[2] Le message du roi George VI dont on trouve la copie dans les Papiers 1940, Papiers Baudouin, 2, est le suivant : « I learn with deep anxiety and dismay that your government under cruel pressure of these tragic days contemplate sending French fleet to French North African ports where it could be dismantled. This must in effect leave the French fleet where it would be in evident danger of falling into hostile hands. I need not remind you, Monsieur le Président, should this occur how great would be the danger involved to our common cause and I rely on the solemn and explicit word of France already given to my Government that in no circonstances would your government assent to any conditions that involved this consequence. »

la Grande-Bretagne[1]. Je me plais à espérer que ces assurances seront de nature à maintenir le gouvernement de Votre Majesté dans la voie de l'amitié où mon pays souhaite de pouvoir persévérer[2].

Papiers 1940, Papiers Charles-Roux, 2

93

M. BAUDOUIN, MINISTRE DES AFFAIRES ÉTRANGÈRES,
AUX REPRÉSENTANTS DE LA FRANCE À TUNIS, RABAT,
BEYROUTH ET ALGER.

T. n° 6 Bx (Tunis)[3] *Bordeaux, 24 juin, 21 h. 30.*

Un armistice avec l'Italie sera signé ce soir dans les conditions qui vous ont été indiquées par mon télégramme de ce matin[4], c'est-à-dire sans qu'aucune occupation militaire soit prévue pour l'Afrique du Nord ni pour les États du Levant et en remettant toute mesure de démobilisation ou de réduction des effectifs au jugement d'une commission d'armistice qui tiendra le plus grand compte des besoins intérieurs.

Je vous adresserai demain un télégramme vous donnant des explications rétrospectives sur le développement de la situation qui a conduit aux deux armistices successifs avec l'Allemagne et avec l'Italie.

Guerre 1939-45, Vichy, Y Internationale, 185

[1] La formule n'est pas exactement celle qui avait été utilisée jusqu'à présent (notamment par P. Baudouin) : « la non-livraison de la flotte ». Selon A. Kammerer, *La Vérité ..., op. cit.*, p. 244, « les Anglais pouvaient invoquer cette nouvelle formule comme une promesse formelle et ils n'y manquèrent pas ... ».

[2] Il y a sans doute ici référence aux démarches effectuées en Afrique du Nord par les agents britanniques (voir les documents n°s 80, 81, 86, 87), ainsi qu'aux interventions du général de Gaulle transmises sur les ondes de la *BBC*.

[3] Sous les n° 13 Bx pour Rabat, 7 Bx pour Beyrouth, 3 Bx pour Alger, 5 Bx pour Alger, gouverneur général.

[4] Voir document n° 86.

94

Compte rendu du Centre d'écoute du Haut Commissariat pour l'Information

Allocution du général de Gaulle, Davendry, 22 h. en français

C.R. *s.l.* [*Londres*][1], *24 juin 1940.*

Ce soir, je dirai simplement, parce qu'il faut que quelqu'un le dise, quelle honte, quelle révolte s'est élevée dans les cœurs des bons Français. Inutile d'épiloguer sur les conditions des armistices franco-allemand et franco-italien. Elles se résument en ceci : la France et les Français sont pieds et poings liés livrés à l'ennemi. Même si cette capitulation était écrite sur le papier, innombrables sont chez nous les hommes, les femmes, les jeunes gens, les enfants qui ne s'y résignent pas, qui ne l'admettent pas, qui n'en veulent pas.

La France est comme un boxeur qu'un coup terrible a terrassé. Elle gît à terre, mais elle sait, elle sent qu'elle vit toujours d'une vie profonde et forte.

Elle sait, elle sent que l'effort n'est pas fini et que la cause n'est pas entendue. Elle sait, elle sent qu'elle vaut beaucoup mieux que la servitude acceptée par le gouvernement de Bordeaux. Elle sait, elle sent que dans son Empire, des forces puissantes de résistance sont debout pour sauver l'honneur.

Déjà, en beaucoup de points de son Empire d'outre-mer s'est affirmée la volonté de poursuivre la guerre. La France sait et sent que ses alliés sont plus résolus que jamais à combattre et à vaincre. Elle aperçoit dans le Nouveau Monde des milliers de forces matérielles et morales qui, peut-être, se lèveront un jour pour écraser les ennemis de la liberté.

Il faut qu'il y ait un soleil, il faut qu'il y ait une espérance, il faut que quelque part brille et brûle la flamme de la résistance française.

Officiers français, soldats français, marins français, aviateurs français, ingénieurs et ouvriers français ! Où que vous soyez, efforcez-vous de rejoindre ceux qui veulent combattre encore. Un jour, je vous le promets, nous ferons ensemble l'armée française d'élite, l'armée mécanisée, terrestre, navale et aérienne qui, en union avec nos alliés, rendra la liberté au monde et la grandeur à la patrie[2].

[1] On a indiqué le lieu d'origine du discours et non celui du Centre d'écoute.

[2] Pendant une bonne partie de la journée de la veille – dimanche 23 juin – le général de Gaulle s'est entretenu avec diverses personnalités du lycée français de Londres, dans l'objectif de mettre sur pied un Comité national.

La signature de l'armistice avec l'Italie

Ce soir, *Radio-Rome* a annoncé que le gouvernement de Bordeaux a signé l'armistice avec l'Italie. Le speaker a dit à 19 h. 35, heure italienne, 18 h. 35, heure d'État britannique, que l'armistice a été signé. Les hostilités cesseront 6 heures après la signature de l'armistice, soit à 0 h. 35.

La signature de cet armistice donne automatiquement effet à l'armistice de Compiègne.

La France est soumise à une capitulation dont les termes n'ont pas même été annoncés au peuple par le gouvernement de Bordeaux, bien qu'ils aient été publiés dans de nombreux pays, y compris la Russie. Les conditions comprennent le désarmement de la France et l'occupation de plus de la moitié de son territoire par les Allemands.

Il se peut que les Français ne connaissent pas encore les conditions de l'armistice. Nous les répétons donc (conditions déjà données précédemment).

D'après les rapports qui nous parviennent, lors des délibérations du gouvernement Pétain consacrées à examiner la possibilité pour le gouvernement de se retirer, une grande partie du cabinet était opposée à une capitulation complète. D'après l'*Exchange Telegraph*, des rapports disent que la flotte de défense côtière en Méditerranée est englobée dans les pourparlers d'armistice. L'Italie a réclamé de fortes positions militaires à Djibouti, Tunis, Algérie et Maroc. On ne connaît encore rien de précis à Londres sur les conditions imposées par l'Italie à la France.

Des informations disent qu'elles sont sans pitié et humiliantes, bien qu'en aucune manière l'Italie n'ait vaincu la France. La France a résisté avec succès aux opérations sur terre et s'est affirmée contre les attaques italiennes avec des succès importants.

Les Français à Tunis et à Djibouti veulent continuer la guerre. La cupidité italienne ne résulte même pas d'un succès par les armes.

L'empressement du gouvernement Pétain d'asservir la France rencontre un esprit plus robuste qui prédomine aux colonies.

Guerre 1939-45, Vichy, Y Internationale, 295

95

M. BAUDOUIN, MINISTRE DES AFFAIRES ÉTRANGÈRES,
À M. DE SAINT-QUENTIN, AMBASSADEUR À WASHINGTON.

T. n°s 13 à 19 Bx[1]. *Bordeaux, 24 juin 1940, 23 h. 50.*

Vous connaissez certainement par la presse et la radio l'attitude que le gouvernement britannique a prise à notre égard et qui s'est traduite d'abord par l'allocution radiodiffusée de M. Winston Churchill, ensuite par un communiqué officiel relatif aux conditions de l'armistice franco-allemand[2] et par l'annonce qu'un Comité national français serait constitué à Londres d'accord avec le gouvernement de Sa Majesté[3]. Ces initiatives ont produit sur nous l'impression la plus pénible et elles menacent de rompre l'amitié franco-britannique.

Afin de permettre au gouvernement des États-Unis d'apprécier plus sainement la décision que nous avons dû prendre, je vous prie de voir le Secrétaire d'État et de lui exposer ce qui suit :

La France n'est pas une coupable ; elle est une victime.

Après s'être engagée dans une guerre qu'elle entreprenait dans des conditions d'infériorité profonde en effectifs et en matériel, sans autre alliée que la Grande-Bretagne insuffisamment préparée et lente à combler les lacunes de sa préparation, sans possibilité de diversion orientale lorsque la Pologne eut été éliminée, elle a subi presque seule le choc de l'offensive allemande sur le front occidental et lutté jusqu'au-delà des extrêmes limites de ses possibilités de résistance militaire.

Dès avant le milieu du mois de juin, il est apparu au commandement et au gouvernement, non seulement que la situation ne pourrait pas être rétablie, mais que l'aggravation progressive n'en saurait plus être limitée en aucune mesure et aboutirait fatalement à l'occupation totale du pays, malgré une résistance héroïque, qui n'a pas cessé même après le moment où elle était devenue désespérée.

La guerre sur terre était déjà virtuellement gagnée par l'Allemagne lorsque l'Italie est entrée en campagne, créant à la France un front de plus sur lequel notre armée des Alpes résiste encore avec succès.

[1] Sur l'exemplaire de la série Papiers 1940, Reconstitution Fouques-Duparc, 26, il est mentionné que des copies ont été envoyées à Berne (sous les n°s 9 à 15 Bx) et Ankara.

[2] Voir documents n°s 71 et 77.

[3] Un communiqué vient d'être publié par *United Press* : tout en reconnaissant le gouvernement du maréchal Pétain, Londres accordera tout son appui au Comité national mis en place par le général de Gaulle. Le 26 juin, le gouvernement britannique reconnaît le général de Gaulle comme chef de tous les Français libres, où qu'ils se trouvent.

Enfin, l'invasion de notre territoire sur une superficie de plus en plus vaste a amené un reflux de réfugiés civils, qui se chiffrent à environ six millions de personnes, ajoutées à environ deux millions de Belges ; d'où des difficultés intérieures de caractère administratif, économique, financier, social et sanitaire, dont il est facile de se faire une idée.

Le gouvernement britannique, qui a suivi heure par heure le développement des opérations militaires, n'a rien ignoré des éléments multiples de la situation qui nous a contraints à demander l'armistice et qui en justifiait la demande avant même la date où nous nous sommes résignés à le faire. Il ne peut contester, ni qu'il n'a pas été en état de nous fournir un concours militaire suffisant pour rendre efficace la résistance acharnée de nos armées, ni qu'il a connu la nécessité de plus en plus évidente dont nous avons pu tardivement tenir compte en cherchant à mettre fin aux hostilités.

La cessation des hostilités en France aurait eu lieu en fait même si une convention d'armistice ne l'avait pas réalisée en droit. L'occupation totale du pays aurait eu lieu en fait si une convention d'armistice n'avait été conclue pour la limiter en droit et en fait à une occupation partielle hélas très étendue.

En faisant face à cette situation tragique, le gouvernement ne s'est pas dissimulé un instant que les conditions de l'armistice avec l'Allemagne seraient fatalement conditionnées par l'épuisement des dernières possibilités de résistance militaires de la France. Du moins s'est-il efforcé d'obtenir du vainqueur que la flotte de guerre française ne pût pas être employée contre l'Angleterre. Il en a donné l'assurance réitérée au gouvernement britannique et, indépendamment des engagements qu'il a obtenus à cet égard de l'Allemagne et de l'Italie, il a pris ses dispositions matérielles pour que cet engagement ne pût pas être violé[1].

Le gouvernement sait combien sont grandes les souffrances morales et physiques que la France endure présentement et qui l'attendent dans l'avenir prochain. Il souhaite qu'un pays ami comme les États-Unis en mesure toute l'ampleur et en tienne justement compte à la France, en appréciant en toute connaissance de cause les raisons inéluctables qui l'ont obligé à se retirer de la lutte.

Nous serions reconnaissants au président Roosevelt d'user de son influence à Londres pour amener le gouvernement britannique à revenir à la compréhension amicale dont il avait fait preuve envers la France jusqu'à ces tout derniers jours, et à rendre ainsi possible la continuation

[1] Il est à noter que cet argumentaire est repris quasiment mot à mot dans un télégramme envoyé le 25 juin 1940 à Tunis, Rabat, Beyrouth et Alger (in Papiers 1940, Papiers Charles-Roux, 4, document non reproduit).

entre elle et la Grande-Bretagne de l'amitié que, pour notre part, nous souhaitons préserver dans le présent et dans l'avenir[1].

Guerre 1939-45, Vichy, B Amérique, États-Unis, 58

96

NOTE DE M. BAUDOUIN, MINISTRE DES AFFAIRES ÉTRANGÈRES

Note d'audience

N. *Bordeaux, 25 juin 1940.*

J'ai reçu à midi 30 l'ambassadeur d'Espagne. Je l'avais prié hier de signaler au gouvernement italien, par l'intermédiaire de Madrid, combien il était souhaitable que dans la négociation d'armistice, le gouvernement italien n'exige pas une démobilisation des troupes de l'Afrique du Nord[2]. Des mouvements de rébellion y sont en effet à craindre, en partie encouragés par l'Angleterre[3].

M. de Lequerica est venu me dire que cette communication avait été faite au gouvernement italien. À cette occasion, le gouvernement espagnol l'a prié de me dire que si des troubles éclataient dans le Maroc français, le gouvernement espagnol prêterait volontiers une aide militaire à la France pour maîtriser ces troubles.

M. de Lequerica m'a dit que le gouvernement espagnol désirait vivement que le Maroc restât franco-espagnol et qu'aucune tierce puissance ne s'y immisce.

Au cours de la conversation, M. de Lequerica m'a dit, à titre personnel, qu'il considérait comme très souhaitable pour la bonne harmonie des gouvernements français et espagnol, que certaines questions pendantes au Maroc soient réglées. Il m'a, en particulier, signalé celle de la

[1] On trouve dans les Papiers 1940, Papiers Charles-Roux, 2, des notes (s.d.) de la main de F. Charles-Roux rendant compte des résultats de la démarche française auprès du gouvernement de Washington : « Saint-Quentin, les 28, 29 et 30 juin, s'exprima dans ce sens avec Cordell Hull et Sumner Welles. Pas de difficulté à comprendre que nous ayons demandé et conclu l'armistice. Mais regret que nous n'ayons pas fait rallier la flotte britannique par la nôtre. Cordell Hull refuse de servir d'avocat auprès des Anglais, d'intermédiaire officiel entre eux et nous. Saint-Quentin émet alors l'espoir qu'il parle à lord Lothian dans le même sens (bonne entente) où il a parlé à lui, Saint-Quentin. L'état-major américain considérait cette résistance militaire comme inutile à partir du 16 mai et le président Roosevelt, à la fin de mai, nous attribuait très peu de chances. »

[2] Voir document n° 85.

[3] Voir documents nos 80, 81, 86, 87.

délimitation de la zone espagnole[1] qui n'a pas jusqu'ici été réglée conformément aux demandes du gouvernement de Madrid. M. de Lequerica m'a dit qu'il n'était sur ce sujet chargé d'aucune mission par son gouvernement et il a insisté sur le fait que c'était à titre personnel qu'il me faisait cette suggestion.

Guerre 1939-45, Vichy, Y Internationale, 184

97

M. DE SAINT-QUENTIN, AMBASSADEUR DE FRANCE À WASHINGTON,
À M. BAUDOUIN, MINISTRE DES AFFAIRES ÉTRANGÈRES.

T. n°s 1237 à 1238. *Washington, 25 juin 1940.*

Le Département d'État avait reçu aujourd'hui de son ambassadeur à Londres, qui le tenait du Foreign Office, une analyse plus détaillée des conditions de l'armistice avec l'Allemagne.

M. Sumner Welles m'a dit ses inquiétudes au sujet de l'article 8[2] d'après lequel le gouvernement allemand donnait sa parole d'honneur que les navires internés sous sa surveillance dans les ports français ne seraient pas employés contre l'Angleterre mais se réservait de les réclamer lors de la paix.

Le Sous-Secrétaire d'État craignait que M. Hitler ne manque une fois de plus à ses engagements. Il considérait d'ailleurs la cession de notre flotte à l'Allemagne après la paix comme une éventualité menaçante pour la sécurité des États-Unis.

J'ai répondu qu'il se plaçait ainsi dans l'hypothèse d'une victoire définitive de l'Allemagne, qui poserait pour les États-Unis bien d'autres problèmes. Mon interlocuteur a repris que dans l'ignorance où il était encore des textes d'États, ces démonstrations n'avaient pas un caractère affirmatif.

D'autre part, l'article de l'armistice qui, d'après le résumé publié par le *New York Herald Tribune*, ferait obligation au gouvernement français de livrer à l'Allemagne ceux des sujets allemands se trouvant en territoire français qu'elle réclamerait[3], a produit une forte émotion. Si cette

[1] En 1912, la convention de Fès a accordé à l'Espagne une zone d'influence sur la région septentrionale du Rif et sur une partie méridionale (Ifni, Tarfaya) aux contours relativement imprécis.

[2] Voir document n° 69.

[3] Il s'agit ici de l'article 19 de la convention d'armistice franco-allemande. Voir document n° 69.

nouvelle était confirmée, nous devrions nous attendre à un vif mouvement d'opinion dans ce pays où le droit d'asile est de tradition et où les réfugiés exercent aujourd'hui une grande influence.

Papiers 1940, Bureau d'études Chauvel, 202

98

NOTE DU DÉPARTEMENT

Télégramme reçu par le général Weygand en provenance du général Noguès

N. *Bordeaux, 25 juin 1940.*

Je vous adresse le texte d'un télégramme reçu du général Mittelhauser :

« J'ai pris publiquement position, en accord avec le Haut Commissaire, pour continuer la lutte. Je suppose qu'un gouvernement de la France impériale va se constituer en Afrique du Nord ainsi qu'un commandement en chef des forces de l'Empire. Je vous serais reconnaissant de me tenir informé. Il me paraît urgent que quelqu'un prenne en mains la conduite de la guerre, coordonne la conduite des opérations militaires, navales et aériennes en liaison avec le commandement britannique et organise le ravitaillement général ».

J'ai reçu des télégrammes analogues de l'AOF et de l'AEF.

Comme je vous l'ai télégraphié, vous seul pouvez ici assumer des responsabilités qui vont s'étendre sur toute la France d'outre-mer et canaliser les initiatives individuelles.

Votre personnalité réaliserait l'union de tous et votre qualité de membre du gouvernement permettrait de maintenir les décisions prises dans le cadre national.

À la suite de ce télégramme, le général Weygand a câblé séparément au général Noguès[1] et au général Mittelhauser pour leur confirmer ses instructions de la veille[2] et leur ordonner de rendre compte immédiatement de l'exécution des ordres ainsi donnés.

[1] Le 23 juin, le général Noguès déclarait encore : « L'Afrique du Nord, avec ses ressources naturelles, les renforcements d'aviation en cours, qui ont une importance capitale, avec l'appui de la flotte, est en mesure de résister longtemps aux entreprises de l'ennemi. » (cité par Jacques Marseille, « L'empire », in J.-P. Azéma et F. Bédarida (sous la dir. de), *La France des années noires*, vol. I : *De la défaite à Vichy*, Paris, Le Seuil, 1993, p. 272.

[2] Document non retrouvé.

Le général Weygand prie le Département d'adresser un télégramme très net à M. Puaux.

Papiers 1940, Papiers Baudouin, 2

99

M. Baudouin, Ministre des Affaires étrangères,
à M. Gabriel Puaux, Haut-Commissaire dans les États français du Levant.

T. n°s 8 à 9 Bx. *Bordeaux, 25 juin 1940, 18 h. 35.*

Le général Mittelhauser a télégraphié au général Noguès que, d'accord avec vous, il avait « pris position pour la constitution de la résistance » et souhaitait coordonner son action avec celle d'autres chefs militaires dans nos possessions d'outre-mer.

Le général Weygand, mis au courant par le général Noguès, a télégraphié ses ordres au général Mittelhauser.

Je suis persuadé que vous n'avez jamais eu d'autre intention que de conformer votre attitude à la décision que le gouvernement présidé par le maréchal Pétain a dû prendre pour des raisons inéluctables. Dans les cruelles circonstances du moment présent, vous avez, comme représentant de la France, à donner l'exemple de la discipline nationale et du loyalisme et à maintenir dans cette ligne de conduite les agents sous vos ordres et vos ressortissants.

Connaissant votre fidélité au devoir, je ne doute pas que vous n'ayez clairement aperçu quel était le vôtre[1].

Papiers 1940, Papiers Charles-Roux, 4

[1] G. Puaux répond le 26 juin 1940 : « Contrairement à ce que pense V.E., il n'était pas facile pour moi d'apercevoir clairement quel était mon devoir. Le maintien d'une résistance de notre empire m'apparaissait comme le moyen le plus efficace de venir en aide aux armées britanniques dont seule la victoire peut délivrer la France de l'asservissement définitif dont elle est menacée. [...] Je ne puis cacher à V.E. que ma déception de patriote a été profonde. [...] » (télégrammes n°s 657 à 659 de Beyrouth, in Papiers 1940, Papiers Charles-Roux, 4, document non reproduit).

100

M. BAUDOUIN, MINISTRE DES AFFAIRES ÉTRANGÈRES,
AUX REPRÉSENTANTS DIPLOMATIQUES DE LA FRANCE À BELGRADE, BUCAREST, ATHÈNES, LE CAIRE, SOFIA, BUDAPEST, MOSCOU, LISBONNE, MADRID, DUBLIN.

T. n°s 3 à 11 Bx (Belgrade)[1]. *Bordeaux, 27 juin 1940, 18 h. 30.*

Les indications qui suivent sont destinées à vous éclairer sur les circonstances qui nous ont conduits aux deux armistices conclus avec l'Allemagne et l'Italie[2].

Après s'être engagée, pour un intérêt qui était autant celui de toutes les nations libres que le sien propre, dans une guerre qu'elle entreprenait dans des conditions d'infériorité profonde, en effectifs et en matériel, sans autre alliée que la Grande-Bretagne insuffisamment préparée et lente à combler les lacunes de sa préparation, sans possibilité de diversion orientale lorsque la Pologne eut été éliminée, que les États balkaniques se furent figés dans la neutralité et que la Turquie eut esquivé l'exécution de ses engagements, la France a subi presque seule le choc de l'offensive allemande, menée avec la totalité des forces du Reich. Elle a lutté jusqu'au-delà des extrêmes limites de ses possibilités de résistance militaire[3].

Dès avant le milieu du mois de juin, il était apparu au commandement et au gouvernement non seulement que la situation ne pourrait plus être rétablie, mais que l'aggravation progressive n'en saurait être limitée et aboutirait fatalement à l'occupation totale du pays, malgré une résistance héroïque qui a continué même après le moment où elle fut devenue désespérée.

[1] Les autres numéros d'ordre sont les suivants : n°s 9 à 17 Bx (Bucarest), 1 à 9 Bx (Athènes), 3 à 11 Bx (Le Caire), 2 à 10 Bx (Budapest), 6 à 14 Bx (Moscou), 22 à 31 Bx (Lisbonne), 12 à 20 Bx (Madrid), 1 à 9 Bx (Dublin). On peut trouver le texte manuscrit de ce télégramme dans Guerre 1939-45, Vichy, Y Europe, 22, avec la mention « 26 [juin] » biffée pour être remplacée par « 27 ». Le 26, un télégramme semblable a aussi été adressé à Ottawa (n°s 3 à 13 Bx), Prétoria (4 à 14 Bx) et Sydney (1 à 11 Bx). « Pour Prétoria seulement » a été ajouté dans le paragraphe suivant, en réponse à un télégramme n° 43 (non retrouvé) en provenance de ce poste : « L'attitude prise par M. Churchill ne rendrait que plus désirable l'intervention amicale du général Smuts auprès du Premier ministre britannique pour amener le gouvernement anglais à une plus saine appréciation des événements. » (in Guerre 1939-45, Vichy, Z Europe, Grande-Bretagne, 331).

[2] À noter qu'en réponse à l'émoi suscité par l'armistice au Levant et en Afrique du Nord (voir documents n°s 98 et 99) le premier télégramme précisant la position du gouvernement a été adressé dès le 25 juin, à 22 h., aux représentants de Tunis (n°s 7 à 13 Bx), Rabat (15 à 21 Bx), Beyrouth (10 à 16 Bx), Alger (7 à 13 Bx), et au général Noguès (4 à 10 Bx), in Papiers 1940, Papiers Charles-Roux, 3. Voir *DDF (1939-44)*, II, document n° 419.

[3] On peut remarquer la similitude des expressions utilisées, tout au long de ce texte, avec celles employées pour convaincre le président Roosevelt du bien-fondé de la décision française (voir document n° 95).

La guerre sur terre était déjà virtuellement gagnée par l'Allemagne lorsque l'Italie est entrée en campagne, créant à la France un front de plus sur lequel notre armée des Alpes, réduite à très peu de forces, n'a permis aux Italiens qu'une progression tout à fait insignifiante.

L'invasion de notre territoire par les Allemands sur une superficie de plus en plus vaste a amené un reflux de réfugiés civils, qui se chiffrent à environ six millions de Français du Nord, ajoutés à environ deux millions de Belges : d'où des difficultés intérieures de caractère administratif, économique, financier, social et sanitaire, dont il est facile de se faire une idée.

Le gouvernement britannique, qui a suivi heure par heure le développement des opérations militaires, n'a rien ignoré des éléments multiples de la situation qui nous a contraints à demander l'armistice et qui en justifiait la demande même avant la date où nous nous sommes résignés à le faire.

Le 26 mai, M. Paul Reynaud s'est rendu à Londres pour faire part aux ministres anglais des appréhensions qu'autorisaient déjà l'usure de nos forces et la modicité de nos réserves, ainsi que pour se concerter avec eux sur l'éventualité d'une solution diplomatique du conflit par le moyen d'une conférence internationale, pour laquelle penchait lord Halifax, mais dont la suggestion fut repoussée par M. Churchill et M. Attlee. Moins de trois semaines plus tard, dans un Conseil suprême tenu à Tours, M. Churchill fit preuve d'une amicale compréhension pour la nécessité de l'armistice, auquel la situation contraignait désormais le gouvernement français. Il exprima alors son sentiment à cet égard en termes généreux dont nous prîmes acte et, peu de jours après, nous fit remettre copie de deux télégrammes de lord Halifax à sir Ronald Campbell, qui déliaient la France de son engagement envers la Grande-Bretagne, sous deux conditions relatives à une consultation entre les deux gouvernements et au sort de notre flotte de guerre. Le Premier ministre n'est revenu sur ces intentions, dont nous avions apprécié l'équité, que pour nous proposer un plan de fusion générale des deux empires, qui venait malheureusement trop tard pour que l'application pratique en fût encore réalisable à notre profit.

Pendant toute la durée de ces pourparlers, il ne nous a jamais dissimulé que, malgré sa bonne volonté pour nous envoyer des renforts en troupes de terre et en aviation, ces renforts resteraient parcimonieusement limités, soit par la faiblesse des disponibilités de l'armée anglaise en effectifs, soit par les exigences de la défense aérienne de l'Angleterre.

La Grande-Bretagne ne saurait donc contester, ni qu'elle n'a pas été en état de nous fournir un concours militaire suffisant pour rendre efficace la résistance acharnée de nos armées, ni qu'elle a connu la nécessité de plus en plus évidente dont nous avions dû tardivement tenir compte en cherchant à mettre fin aux hostilités.

La cessation des hostilités avec l'Allemagne aurait eu lieu en fait même si une convention d'armistice ne l'avait pas réalisée en droit. L'occupation totale du pays par les Allemands aurait eu lieu en fait si l'armistice n'avait été conclu pour la limiter en droit et en fait à une occupation partielle hélas très étendue.

Quant à l'armistice avec l'Italie, il a été rendu nécessaire par l'exigence que l'Allemagne a élevée d'en faire dépendre l'entrée en vigueur de l'armistice franco-allemand.

En faisant face à cette situation tragique, le gouvernement ne s'est pas dissimulé que les termes de l'armistice avec l'Allemagne seraient fatalement conditionnés par l'épuisement des dernières possibilités de résistance militaire de la France métropolitaine. Mais il a jugé, après mûre délibération et en pleine connaissance de cause, que c'était d'abord le seul moyen de mettre des bornes aux souffrances que la nation endure et à celles qui l'attendent dans l'avenir prochain, ensuite le moyen le moins incertain de préserver l'empire colonial contre les convoitises des puissances qui nous combattaient.

De fait, l'armistice avec l'Allemagne ne prévoit aucune mesure concernant nos possessions d'outre-mer et l'armistice avec l'Italie exclut toute occupation militaire italienne d'une partie quelconque desdites possessions. Il n'y est prévu de démobilisation et de réduction d'effectifs qu'après décision d'une commission d'armistice qui tiendra le plus grand compte des besoins intérieurs.

En ce qui concerne la flotte de guerre, le gouvernement a obtenu qu'elle ne puisse être employée contre l'Angleterre.

L'urgence des problèmes à résoudre dans la métropole n'aurait pas permis que le gouvernement transférât son siège sur l'autre rive de la Méditerranée et j'ajouterai que pour devenir justifiable du point de vue militaire, ce transfert aurait eu besoin de se fonder sur un fait nouveau, tel que l'entrée en guerre des États-Unis, qui eût contenu l'annonce d'un changement ultérieur dans le rapport des forces, ou l'intervention armée des pays balkaniques et de la Turquie, qui eût créé tardivement une diversion à notre avantage. Ni l'une ni l'autre ne s'est produite, en dépit de nos efforts.

Tel est le tableau exact des circonstances qui ont déterminé le double armistice du 25 juin.

Papiers 1940, Papiers Charles-Roux, 3

INDEX DES NOMS DE PERSONNES

A

B

C

D

E

F

G

H

I

J

K

L

M

N

P

R

S

T

V

W

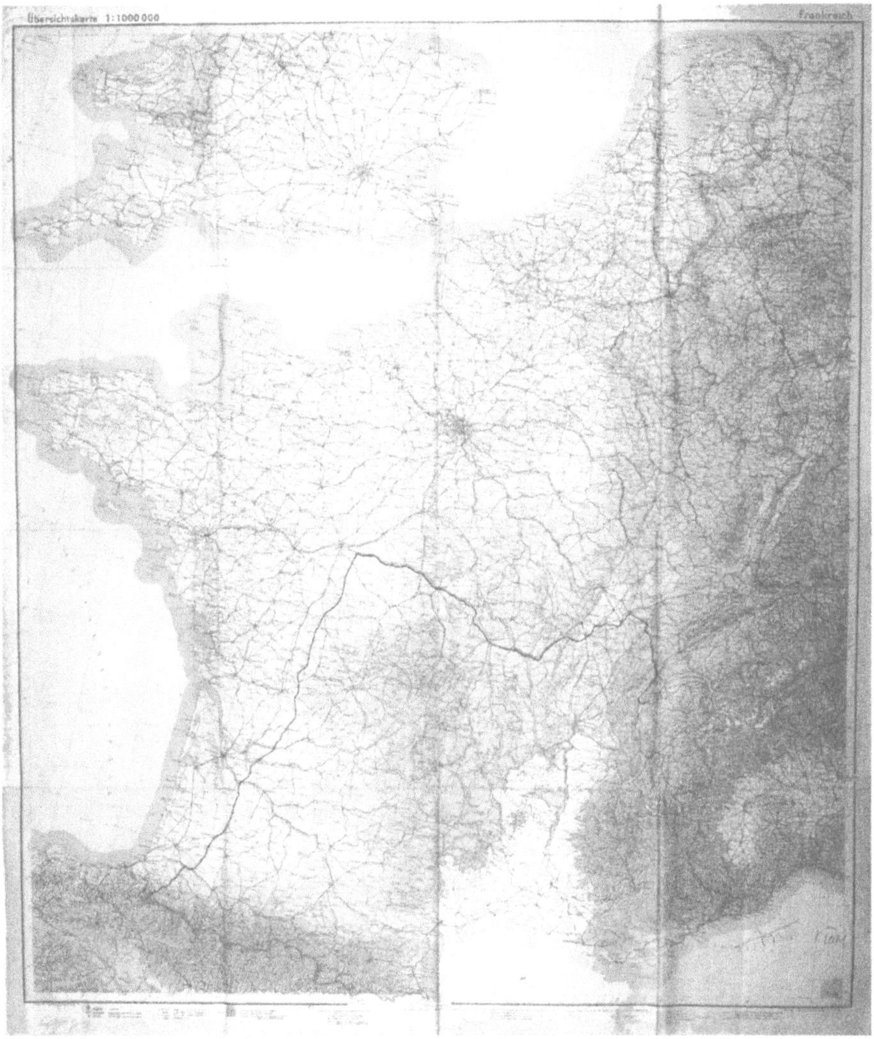

Carte annexée à l'accord d'armistice franco-allemand
du 22 juin 1940
(Ministère des Affaires étrangères, Conservation des Traités)

Dépôt légal : Bibliothèque Nationale de France (2003)

Information bibliographique publiée par « Die Deutsche Bibliothek »

« Die Deutsche Bibliothek » répertorie cette publication dans la « Deutsche Nationalbibliografie » ; les données bibliographiques détaillées sont disponibles sur le site http://dnb.ddb.de.

La liste des *Documents diplomatiques français*
disponibles peut être consultée sur le site Internet
www.peterlang.net

Kolibri 360 GmbH
Ferdinand-Jühlke-Straße 7
99095 Erfurt, Deutschland
produktsicherheit@kolibri360.de

Druck:
CPI Druckdienstleistungen GmbH
im Auftrag der
Kolibri 360 GmbH
Ferdinand-Jühlke-Str. 7
99095 Erfurt